# 商业银行柜员基础实务


**主　编**

张　驰　张博凯　涂祥策

**副主编**

谭雪亚　吴雨霜



中国财经出版传媒集团

经济科学出版社

Economic Science Press

**图书在版编目（CIP）数据**

商业银行柜员基础实务/张驰，张博凯，涂祥策主编.
—北京：经济科学出版社，2021.6（2022.7 重印）
ISBN 978-7-5218-2581-7

Ⅰ.①商… Ⅱ.①张…②张…③涂… Ⅲ.①商业银行-银行业务-高等职业教育-教材 Ⅳ.①F830.33

中国版本图书馆 CIP 数据核字（2021）第 098019 号

责任编辑：胡成洁
责任校对：靳玉环
责任印制：范 艳

**商业银行柜员基础实务**
主 编 张 驰 张博凯 涂祥策
副主编 谭雪亚 吴雨霜
经济科学出版社出版、发行 新华书店经销
社址：北京市海淀区阜成路甲 28 号 邮编：100142
经管中心电话：010-88191335 发行部电话：010-88191522
网址：www.esp.com.cn
电子邮箱：espcxy@126.com
天猫网店：经济科学出版社旗舰店
网址：http://jjkxcbs.tmall.com
北京季蜂印刷有限公司印装
710×1000 16 开 14.25 印张 240000 字
2021 年 8 月第 1 版 2022 年 7 月第 2 次印刷
ISBN 978-7-5218-2581-7 定价：63.00 元
**（图书出现印装问题，本社负责调换。电话：010-88191510）**

# 前　言

随着信息化发展，商业银行柜台业务由传统纸质化办公模式逐渐转型为电子智能化经营模式。传统个人业务已由纸质化转变为网银、电话银行等服务形式，避免客户多次往返银行。同时，银行内部设置新型 ATM 机，具备存取款两用功能，节省了只需存取款的客户等待柜员办理业务的时间。同时针对个人业务还在营业大厅内设置了终端一体机，可代替柜员办理各类个人储蓄、查询等业务。既节约了人工成本，又大大提高了银行的业务经营效率。

在信息化占据主导地位的如今，银行业务模式发生了巨大变化，使得传统银行内部业务也有巨大转变。传统纸质化办公正被智能化终端机、网银、新型 ATM 机和电话银行所取代。

2020 年，国家宣布试发行数字人民币，数字人民币成为国家法定货币，使得人民币识别等一系列业务及传统现金业务都可能发生改变。

本书针对职业技术学院的学生编写。商业银行柜员实务是从事银行类业务学生步入基础工作岗位的一门衔接性课程，目的在于指导相关专业学生在商业银行的实习。希望通过对本门课程的学习，能使学生在学成到岗后做到“零实习期”。本书要求“理实一体化”，强调“学中做”“做中学”，力求能让学生在完成学业后直接到岗参加工作。

笔者发现，现存相关商业银行柜员业务的教材对于信息智能化银行办公及经营模式以及数字货币的思考都未提及，因此特编写此教材，希望为即将实习于商业银行基础岗位的学生和就业人员提供更新的指导。

本书具有以下特点：

第一，针对银行柜员各类业务有明细的步骤以及票据图样，帮助学生一目了然了解业务流程。同时有助于教师在教学过程中，通过模拟业务强化学生的实际操作能力。

第二，介绍了新型数字人民币的概念、样图及优缺点，教师在教学过程中可引导学生思考工作中的其他相关业务。

第三，增加了近年来商业银行关于网银、电话银行、银行智能终端一体机及新型 ATM 机功能及操作流程的介绍，顺应商业银行内部对大堂经理、电话客服等基础岗位的新要求。

此外，职业技术院校的学生就业与学生在校的表现密不可分，特别是近年来商业银行对于获得过技能大赛奖项的学生尤为看重，因此，本书除介绍商业银行基本业务外，也特别按照商业银行业务综合技能大赛的要求，编写了五笔打字法相关知识。目的是帮助学生在大赛的字符录入环节中，更快速有效地获取高分。

职业技术院校中金融专业学生在商业银行的就业十分重要，希望同学们在学习完本门课程后，能切实提高自身在商业银行基础岗位就业的综合竞争力。

# 目录

CONTENTS

# 第一章

# 商业银行柜台业务技能

## 第一节　字符录入业务技能

**能力目标**

掌握商业银行字符录入技能，能在规定时间内准确无误地完成字符的录入。

**基础知识**

五笔输入法被公认为字符录入速度最快的输入法。五笔输入法除具有打字速度快、重码少、便于盲打等优点外，在很多情况下由于我们不知道生僻字的读音，录入通常无法进行。而五笔输入法可以根据字根来录入。因此，对于银行柜台业务来说，五笔输入法是最好最快的输入法。图 1－1 是五笔键盘的基本界面。

### 一、认识键盘

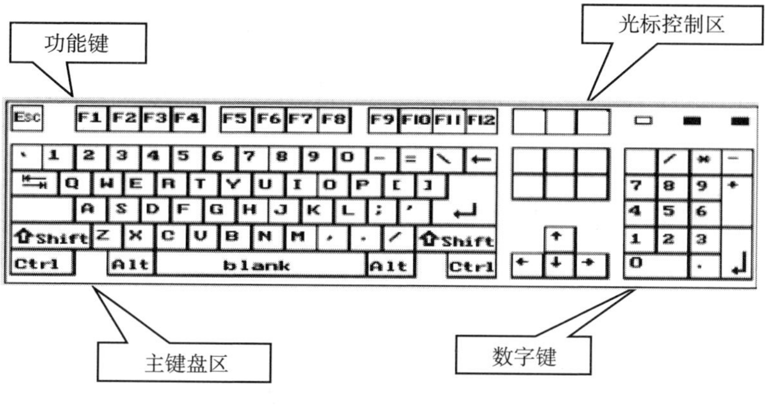


**图 1－1　键盘的基本界面**

资料来源：蒙山县教育局．五笔字型输入法［DB/DL］. https：//wenku. baidu. com/view/4cc1b09fa7c30c22590102020740be1e640ecc2d. html？ qq－pf－to＝pcqq. c2c.

## 二、正确的姿势

初学键盘输入时，首先必须注意的是击键人端坐的姿势。如果初学时的姿势不当，则不能做到准确快速地输入，也容易疲劳。而正确的姿势应该做到以下要点。

身体应保持笔直，稍偏于键盘右方，如图 1－2 所示。

应将全身重量置于椅子上，座椅要旋转到便于手指操作的高度，两脚平放。

两胳膊轻轻贴于腋边，调节到人能保持正确的击键姿势。

显示器宜放在键盘的正后方，输入原稿前，先将键盘右移 5 厘米，再将原稿紧靠键盘左侧放置，以便阅读。

**图 1－2　打字的正确坐姿**

资料来源：蒙山县教育局．五笔字型输入法［DB/DL］. https：//wenku. baidu. com/view/4cc1b09fa7c30c22590102020740be1e640ecc2d. html？qq－pf－to＝pcqq. c2c.

## 三、五笔输入基本常识

### （一）五笔概述及笔画

1. 五笔字型输入法的构成原理

汉字是一种意形结合的象形文字，形体复杂，笔画繁多，它最基本的成分是笔画，由基本笔画构成汉字的偏旁部首（字根），再由字根组成有形有意的汉字。

2. 五笔字型输入法的特点

五笔字型是一种纯字型的编码方案，它由 130 个字根组成，重码少，便于盲打，输入速度快。

书写汉字时，一次写成的一个连续不断的线段叫笔画。在只考虑笔画的运笔方向而不计其长短轻重时，汉字的笔画分为以下五类。

横　竖　撇　捺　折

1　2　3　4　5

横：运笔方向从左到右，提笔也属于横，如现、场、特、冲。

竖：运笔方向从上到下，左竖钩也属于竖，如了、才、利。

撇：运笔方向从右上到左下，如川、毛、人。

捺：运笔方向从左上到右下，点也属于捺，如学、家、心。

折：所有带转折的笔画（除左竖钩外）。

## （二）字根及字根分布

1. 字根的介绍

由笔画构成的相对不变的结构叫字根，如下面三个字中，破折号左边是字，破折号右边是它们的字根：

李——木、子

的——白、勺

地——土、也

汉字有很多字根，五笔输入法将那些组字能力强、在日常汉语中出现次数多的笔画结构选作基本字根。基本字根约有130个。

五笔字型输入法将130多个基本字根按起笔划分为五类：横起笔、竖起笔、撇起笔、捺起笔、折起笔，每一类分别占用键盘上相连的一个区域，以起笔的代号为编号，称为区号，图1－3解析了5个区整体的字根分布。每区占5个键，键位的编号称为位号。各键的代码可以用区位号表示。

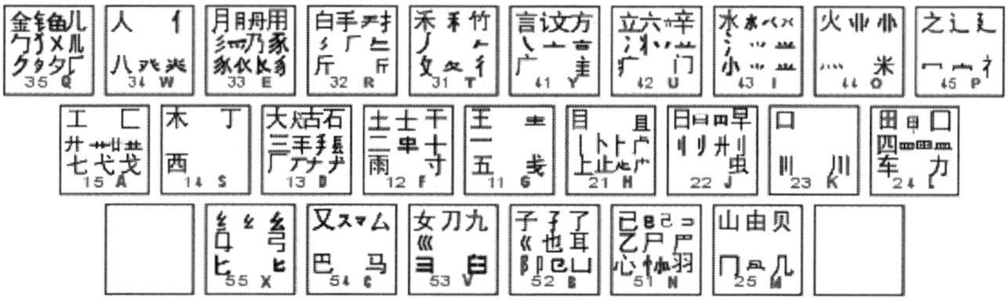

**图1－3　五笔字根整体分布**

资料来源：蒙山县教育局．五笔字型输入法［DB/DL］．https：//wenku.baidu.com/view/4cc1b09fa7c30c22590102020740be1e640ecc2d.html？qq－pf－to＝pcqq.c2c.

一区横起笔（见图1－4），二区竖起笔（见图1－5），三区撇起笔（见图1－6），四区捺起笔（见图1－7），五区折起笔（见图1－8）。

一区：横起笔

11　王旁青头戋（兼）五一　　12　土士二干十寸雨

13　大犬三（羊）古石厂　　14　木丁西

15　工戈草头右框七

**图1－4　一区横起笔的字根分布**

资料来源：蒙山县教育局．五笔字型输入法［DB/DL］. https：//wenku. baidu. com/view/4cc1b09fa7c30c22590102020740be1e640ecc2d. html？ qq－pf－to＝pcqq. c2c.

二区：竖起笔

21　目具上止卜虎皮　　22　日早两竖与虫依

23　口与川，字根稀　　24　田甲方框四车力

25　山由贝，下框几

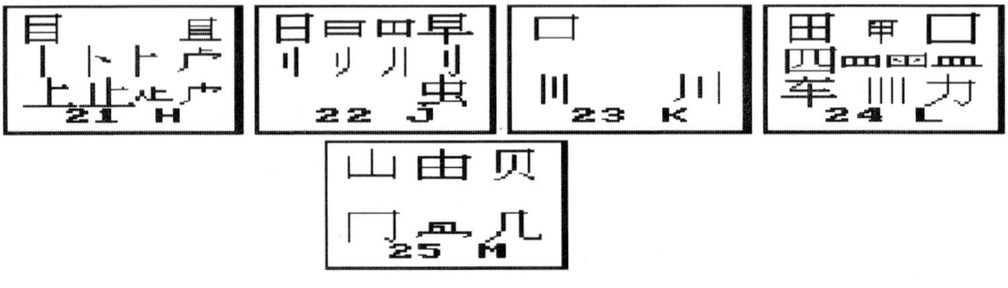

**图1－5　二区横起笔的字根分布**

资料来源：蒙山县教育局．五笔字型输入法［DB/DL］. https：//wenku. baidu. com/view/4cc1b09fa7c30c22590102020740be1e640ecc2d. html？ qq－pf－to＝pcqq. c2c.

三区：撇起笔

31　禾竹一撇双人立，反文条头共三一

32　白手看头三二斤　　33　月彡（衫）乃用家衣底

34　人和八，三四里

35　金勹缺点无尾鱼，犬旁留乂儿一点夕，氏无七（妻）

**图1－6　三区横起笔的字根分布**

资料来源：蒙山县教育局．五笔字型输入法［DB/DL］. https：//wenku. baidu. com/view/4cc1b09fa7c30c22590102020740be1e640ecc2d. html？qq－pf－to＝pcqq. c2c.

四区：捺起笔

41　言文方广在四一，高头一捺谁人去

42　立辛两点六门疒（病）　43　水旁兴头小倒立

44　火业头，四点米　45　之宝盖，摘礻（示）衤（衣）

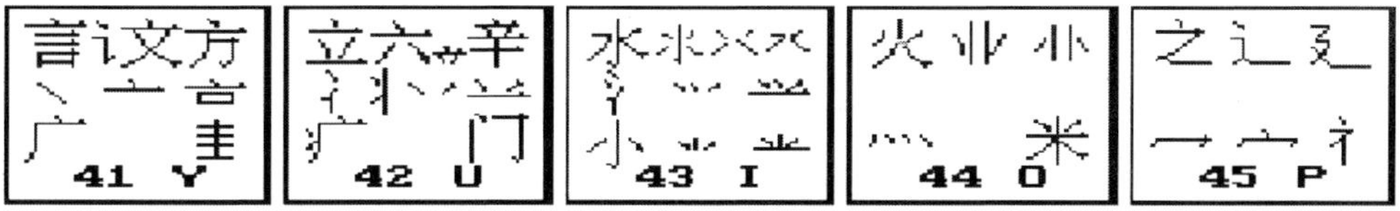


**图1－7　四区横起笔的字根分布**

资料来源：蒙山县教育局．五笔字型输入法［DB/DL］. https：//wenku. baidu. com/view/4cc1b09fa7c30c22590102020740be1e640ecc2d. html？qq－pf－to＝pcqq. c2c.

五区：折起笔

51　已半巳满不出己，左框折尸心和羽

52　子耳了也框向上　53　女刀九臼山朝西

54　又巴马，丢矢矣　55　慈母无心弓和匕，幼无力

**图1－8　五区横起笔的字根分布**

资料来源：蒙山县教育局．五笔字型输入法［DB/DL］. https：//wenku. baidu. com/view/4cc1b09fa7c30c22590102020740be1e640ecc2d. html？qq－pf－to＝pcqq. c2c.

2. 分布规律

字根首笔笔画代号与所在区号一致（分区原则），部分字根的第二笔代号与其位号保持一致，如：

王、石、白、文、之

部分字根的单笔画数目与其位号保持一致，一个点在 41 上，两个点在 42 上，三个点在 43 上，四个点在 44 上。相似的字根一般放在一起。

### （三）五笔汉字的输入方法

1. 字根间的结构关系

基本字根在组成汉字时，按照字根之间的位置关系可以分为单、散、连、交 4 种连接方式。

（1）单字根结构。单字根指本身就单独可作为汉字的字根，单字根在 130 个字根中占很大比重，有八九十个。

（2）散字根结构。构成汉字不只一个字根，且字根间保持一定距离，字根的位置为左右或上下，既不相连也不相交。

（3）连笔字根结构。指一个字根与一个单笔画相连，包括以下类型。

①单笔画与某基本字根相连，如：

自（丿连目）且（月连一）尺（尸连丶）

单笔画与基本字根间有明显距离者不认为相连，如个、么、旦、旧。

②带点结构，如：勺、术、太、主、义、头、斗。

这些字中的点与另外的基本字根并不一定相连，其间可连可不连，可稍远可稍近。

③交叉字根结构，一般为两个或多个字根交叉重叠构成的汉字，如：本、里、夷、申、必、东。

2. 字型结构

有些汉字，它们所含的字根相同，但字根之间的关系不同，如下面两组字：

叭、只　两个字都由字根“口、八”组成

旭、旮　两个字都由字根“九、日”组成

为了区分这些字，使含相同字根的字不重码，还需要字型信息。汉字字型划分为三类：左右型、上下型、杂合型，代号分别是 1、2、3。

（1）左右型汉字（代号为 1）。如果一个字能分成左右两部分或左中右三部分，则为左右型汉字。

每一部分可以是一个基本字根，也可以由几个基本字根组合而成。

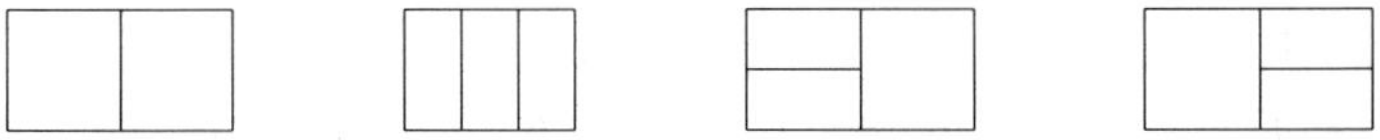

北　　　测　　　别　　　谈

（2）上下型汉字（代号为2）。如果一个字能分成上下两部分或上中下三部分，则为上下型汉字。每一部分可以是一个基本字根，也可以是由几个基本字根组合而成。

字　　　意　　　想　　　花

（3）杂合型汉字（代号为3）。如果组成一个汉字的各部分字根之间没有明确的左右型或上下型关系，则为杂合型汉字。下列情况均属杂合型：

连字根汉字　　　自、勺、千、下、义

交叉字根汉字　　东、电、本、农、里

内外型汉字　　　团、同、困、匝、这、边

3. 汉字的拆分原则

（1）遵循书写笔序。应按从左到右、从上到下、从外到里的顺序拆分汉字。

新：立、木、斤（正确）；立、斤、木（错误）

因：口、大（正确）；大、口（错误）

夷：一、弓、人（正确）；大、弓（错误）

（2）取大优先。保证每次拆出最大的字根，即拆出的字根数量最少的那种拆法优先。

果：日、木（正确）；日、一、小（错误）；日、十、八（错误）

估：人、古（正确）；人、十、口（错误）

（3）兼顾直观。拆得的字根要有较好的直观性，便于联想记忆，给输入带来方便。

自：丿、目（正确）；丿、丨、𠃌、三（错误）

世：廿、乚（正确）；一、凵、乚（错误）

亲：立、木（正确）；立、一、小（错误）

（4）能连不交。在拆出的字根数目相同的情况下，按“连”结构拆分比按“交”结构拆分优先。

天：一、大（正确）；二、人（错误）

丑：乙、土（正确）；刀、二（错误）

于：一、十（正确）；二、丨（错误）

（5）能散不连。在拆出的字根数目相同的情况下，按“散”结构拆分比按“连”结构拆分优先。

午：𠂉、十（正确）；丿、干（错误）

（6）笔画勿断。一个笔画不能割断在两个字根里。

里：日、土（正确）；田、土（错误）

4. 末笔字型识别码

“叭、只”“旮、旭”这样的字单凭字根不能区分，因此有必要用汉字的字型来作为补充。“沐、汀、洒”三字中，“木、丁、西”在同一个键上，引起重码，但这三个字的末笔画不同，故可用最后一个笔画加以区分。

所谓末笔字型识别码就是根据一个汉字的末笔画和字型所决定的一个编码，它是一个两位数字，第一位（十位）是末笔画代号（横1、竖2、撇3、捺4、折5），第二位（个位）是字型代号（左右型1、上下型2、杂合型3），把识别码看成为一个键的区位码，就可以得到末笔字型识别码。

注意：

（1）末字根为“刀、力、九、七”等时，末笔画一律认为折。

（2）以“辶”为末笔的字，约定以去掉“辶”部分后的末笔为整个字的末笔字型识别码。如“进、逞、远”的识别码分别为“K(23)、D(13)、V(53)”，而且这些含“辶”的字都视为杂合型。

（3）“左、右、有、看、者、布、包、友、灰”等字视为上下型，“司、床、厅、龙、尼、式、后、反、处、办、皮、习、死、疗、压”等字视为杂合型。

5. 键名字

五笔字型字根助记词中，每句之首的字便是键名字。

输入方法：将键名字所在的键连击四次，各键上的键名字如图1－9所示。

6. 成字字根汉字

除25个键名字外，还有几十个汉字根本身可单独作为字根，称为成字字根汉字，输入方法：成字字根所在键代码＋首笔码＋次笔码＋末笔码。其中首笔码、次笔码、末笔码是指单笔画所在的键，横G、竖H、撇T、捺Y、折N。当成字根只有两笔时，只有三码，最后需补一个空格键，例如：

竹　TTGH　　五　GGHG　　力　LTN　　干　FGGH

| | | | | | | | | | |
|---|---|---|---|---|---|---|---|---|---|
| 金 | 人 | 月 | 白 | 和 | 言 | 立 | 水 | 火 | 之 |
| Q | W | E | R | T | Y | U | I | O | P |
| 工 | 木 | 大 | 土 | 王 | 目 | 日 | 口 | 田 | : |
| A | S | D | F | G | H | J | K | L | ; |
| Z | 纟 | 又 | 女 | 子 | 已 | 山 | < | > | ? |
| | X | C | V | B | N | M | , | . | / |

**图 1－9　键名字分布**

资料来源：蒙山县教育局．五笔字型输入法［DB/DL］. https：//wenku. baidu. com/view/4cc1b09fa7c30c22590102020740be1e640ecc2d. html？qq－pf－to＝pcqq. c2c.

单笔画字根汉字输入方法：单笔画字根所在键连击两次＋L 键连击两次。例如：

一　GGLL　　丨　HHLL　　丿　TTLL　　丶　YYLL　　乙　NNLL

7. 输入法

（1）三个字根组成的汉字输入方法：第一字根码＋第二字根码＋第三字根码＋识别码。

（2）多个字根组成的汉字输入方法：第一字根码＋第二字根码＋第三字根码＋末字根码。

（3）简码与词组输入。

一级简码输入方法：所在键＋空格键。根据每个键位上的字根形态特征，在 5 个区的 25 个位上，每键安排了一个使用频率最高的汉字，称为一级简码，如图 1－10 所示。

| | | | | | | | | | |
|---|---|---|---|---|---|---|---|---|---|
| 我 | 人 | 有 | 的 | 和 | 主 | 产 | 不 | 为 | 这 |
| Q | W | E | R | T | Y | U | I | O | P |
| 工 | 要 | 在 | 地 | 一 | 上 | 是 | 中 | 国 | : |
| A | S | D | F | G | H | J | K | L | ; |
| Z | 经 | 以 | 发 | 了 | 民 | 同 | < | > | ? |
| | X | C | V | B | N | M | , | . | / |

**图 1－10　一级简码的分布**

资料来源：蒙山县教育局．五笔字型输入法［DB/DL］. https：//wenku. baidu. com/view/4cc1b09fa7c30c22590102020740be1e640ecc2d. html？qq－pf－to＝pcqq. c2c.

二级简码输入方法：该字的前两码＋空格。五笔字型将汉字频率表中排在前面的常用字定为二级简码汉字，二级简码汉字共有589个。

三级简码字母与单字全码的前三个相同，但用空格代替了末字根或识别码，这样省去了部分汉字识别码的判断和编码，给使用带来了很大方便。

二字词输入方法：每个字取其全码的前两码组成四码。例如：

| | |
|---|---|
| 勤奋 AKDL | 西藏 SGAD |
| 经济 XCIY | 广东 YYAI |
| 赠送 MUUD | 教条 FTTS |
| 早晨 JHJD | 差异 UDNA |

三字词输入方法：前两个字取其前一码，最后一字取其前两码组成四码。例如：

| | | |
|---|---|---|
| 新技术 URSY | 老一辈 FGDJ | 广州市 YYYM |
| 所有制 RDRM | 必然性 NQNT | 医学院 AIBP |
| 总书记 UNYN | 意味着 UKUD | 慰问信 NUWY |

四字词输入方法：每个字各取全码中的第一码组成四码。例如：

| | | |
|---|---|---|
| 安全系数 PWTO | 经济基础 XIAD | 少数民族 IONY |
| 因势利导 LRTN | 莫名其妙 AQAV | 科学技术 TIRS |
| 针锋相对 QQSC | 大公无私 DWFT | 降低成本 BWDS |

多字词输入方法：取第一、第二、第三和最后一个字的首字根的代码组成四码。例如：

| | |
|---|---|
| 中华人民共和国 KWWL | 发展中国家 NNKP |
| 新疆维吾尔自治区 UXXA | 中国人民解放军 KLWP |

## 第二节　人民币识别业务技能

**能力目标**

掌握第五套人民币各版别的防伪特征，掌握辨认真假人民币的技巧。

### 一、第五套人民币概述

现行使用的是第五套人民币，因此本书的人民币识别主要介绍第五套人民币的相关知识。

第五套人民币主要有四个版别：1999 年版、2005 年版、2015 年版和 2019 年版。

为适应经济发展和市场货币流通的要求，1999 年 10 月 1 日，在中华人民共和国成立 50 周年之际，中国人民银行陆续发行第五套人民币（1999 年版）。第五套人民币共有 1 角、5 角、1 元、5 元、10 元、20 元、50 元、100 元 8 种面额，其中 1 元、1 角、5 角有纸币和硬币。1 角、5 角纸币和硬币均沿用第四套人民币。

中国人民银行于 2019 年 8 月 30 日起发行 2019 年版第五套人民币 50 元、20 元、10 元、1 元纸币和 1 元、5 角、1 角硬币。

第五套人民币继承了中国印制技术的传统经验，采用了钞票设计的先进技术，在防伪性能和适应货币处理现代化方面有了较大提高。

## 二、第五套人民币面值及外观特点

1. 1 元纸币

正面：兰花，为花中四君子之一，四季名花之司春使者。

背面："三潭印月"。"三潭印月"是杭州西湖十景之一。

2. 5 元纸币

正面：水仙，雅号"凌波仙子"，深受国人喜爱。

背面：泰山，为全国名山之冠，同衡山、恒山、华山、嵩山合称五岳，因地处我国东部，故称东岳。

3. 10 元纸币

正面：水仙月季，被誉为"花中皇后"。中国是月季的原产地，后月季传入欧洲，继而赢得了世界的青睐。

背面：夔门，又名瞿塘关，位于巍峨壮丽的白帝城下，是出入四川盆地的门户。

4. 20 元纸币

正面：荷花，号称"花中君子"，四季名花之司夏使者。

背面：桂林山水。桂林是世界著名的风景游览城市。

5. 50 元纸币

正面：菊花，为花中四君子之一，四季名花之司秋使者。

背面：布达拉宫实景。布达拉宫始建于公元7世纪，是藏王松赞干布为远嫁西藏的唐朝文成公主而建。

6. 100元纸币

正面：茶花，是中国传统名花，也是云南省省花。

背面：人民大会堂。

各面额人民币标准尺寸见表1－1。

表1－1　　各面额人民币标准尺寸

| 面值 | 类别 | 尺寸（毫米） |
|---|---|---|
| 100元 | 纸币 | 长155　宽77 |
| 50元 | 纸币 | 长150　宽70 |
| 20元 | 纸币 | 长145　宽70 |
| 10元 | 纸币 | 长140　宽70 |
| 5元 | 纸币 | 长135　宽63 |
| 1元 | 纸币 | 长130　宽63 |
| 1元 | 硬币 | 直径25 |
| 5角 | 硬币 | 直径20.5 |
| 1角 | 硬币 | 直径19 |

资料来源：中国人民银行．第五套人民币［DB/DL］. http：//www. pbc. gov. cn/。

7. 硬币

硬币主图分别为兰花（1角）、荷花（5角）、菊花（1元）。

## 三、防伪要点

### （一）2005年版人民币与1999年版人民币比较

1. 水印

第五套人民币50元、100元为毛泽东人头像固定水印；1元、5元、10元、20元为花卉图案固定水印。

2. 红蓝纤维

第五套人民币1999版5元、10元、20元、50元、100元面额纸币票面上，可看到纸张中水印处随机分布有红色和蓝色纤维。在2005年版中取消了红蓝纤维。

3. 安全线

第五套人民币1999年版100元、50元中有磁性微文字安全线，20元有明暗相间的磁性安全线。2005年版100元、50元、20元、10元、5元有全息磁性开窗安全线。1999年版10元、5元为全息磁性开窗安全线。在2005年版中，安全线变为部分可见、部分不可见。

4. 手工雕刻

第五套人民币纸币正面主景毛泽东头像，均采用手工雕刻凹版印刷工艺，形象生动，凹凸感强。

5. 隐形数字

第五套人民纸币正面右上方有一装饰图案，若将1999年版纸币观察方法为将票面置于与眼睛接近平行的位置，面对光源做平面旋转45°或90°角，可看到面额数字。2005年版纸币观察方法为将票面置于与眼睛接近平行的位置，面对光源做上下倾斜晃动，可以看到隐形面额数字部分出现纸币面额的数字。

6. 白水印

第五套人民币1999年版5元、10元，2005年版100元、50元、20元、10元、5元位于正面横号码下方，迎光透视，可以看到透光性很强的面额水印。

7. 光变数字

第五套人民币100元纸币正面左下方用新型油墨印刷了面额数字，当与票面垂直观察时为绿色，而倾斜一定角度则变为蓝色。50元纸币如此操作，面额数字可由金色变为绿色。

8. 阴阳图案

第五套人民币2005年版100元、50元、20元、10元纸币和1999年版100元、50元、10元正面左下角和背面右下方各有一圆形局部图案，透光观察时，正背图案组成一个完整的古钱币图案。

9. 凹版印刷

第五套人民币中国人民银行行名、面额数字、盲文面额标记、凹印手感线等均采用雕刻凹版印刷，用手指触摸有明显凹凸感。

10. 冠字号码

第五套人民币各券别冠字号码均采用两位冠字、八位号码。1999年版第五套人民币 100 元、50 元纸币均为横竖双号码，横号均为黑色，竖号分别为蓝色和红色；20 元、10 元、5 元为双色横号码（左半部分为红色，右半部分为黑色）。2005 年版第五套人民币 100 元、50 元纸币调整为双色异形横号码（左侧为暗红色，右侧为黑色），其字符变化特点是号码由中间向左右两边逐渐变小。

11. 编码荧光油墨印刷

1999 年版第五套人民币纸币冠字号码部分采用无色荧光油墨印刷，在特定波长的紫外光下可以看到荧光冠字号码。

12. 胶印缩微文字

第五套人民币纸币安全线多处印有胶印缩微文字，如“RMB100”“RMB50”。

13. 专用纸张

第五套人民币纸币采用特种原材料由专用抄造设备抄制的印钞专用纸张印制，在紫外光下无荧光反应。

14. 变色纤维

第五套人民币纸币在特定波长的紫外光下可以看到纸张中随机分布有黄色和蓝色荧光纤维。

15. 无色荧光图

第五套人民币纸币正面行名下方胶印底纹处，在特定波长的紫外光下可以看到面额数字，该图案采用无色荧光油墨印刷，可供机读。

16. 有色图案

第五套人民币 100 元背面主景上方椭圆形图案中的红色纹线在特定波长的紫外光下呈明亮的橘黄色；20 元券背面的中间在特定波长的紫外光下会显现绿色荧光图案。

17. 胶印接线印刷

第五套人民币 100 元正面左侧的中国传统图案是用胶印接线技术印刷的，每根线均有两种以上的颜色。

18. 凹印接线印刷

第五套人民币 100 元背面面额数字“100”、20 元正面左侧面额数字“20”是采用凹印接线技术印刷的，两种墨色过渡自然。

19. 凹印缩微文字

第五套人民币纸币正面右上方装饰图案中印有凹印缩微文字，在放大镜下，可看到“RMB100”“RMB20”等字样。

20. 磁性标记

用特定的检测仪检测，100 元、50 元的黑色横号码，20 元、10 元、5 元的双色横号码的黑色部分，以及各面额人民币的安全线有磁性，可供机读。

21. 防复制

2005 年版第五套人民币各面额纸币（包括 1999 年版 1 元纸币）的水印周围，有一些特殊排列的圆圈，其作用是防止纸币被复印或打印。很多彩色复印机、扫描仪、打印机和图像处理软件（如 Photoshop）均有识别此特殊图案的功能，发现带此图案的原稿就会拒绝复印或打印。

22. 凹印手感线

2005 年版第五套人民币各面额纸币以及 1999 年版 1 元纸币的正面右侧，自上而下、有规律地排列着一列线条。用手触摸时，凹凸感明显。

### （二）2015 年版人民币与 2005 年版人民币比较

2015 年 11 月 12 日起发行 2015 年版第五套人民币 100 元纸币，在保持规格、主图案、主色调等与 2005 年版第五套人民币 100 元纸币相同的前提下，对票面图案、防伪特征及图案布局进行了调整，更易于识别真伪。

2015 年版第五套人民币 100 元纸币发行后，与同面额其他版别流通人民币等值流通。

1. 正面图案主要调整

（1）取消了票面右侧的凹印手感线、隐形面额数字和左下角的光变油墨面额数字。

（2）票面中部增加了彩色光变数字，票面右侧增加了光变镂空开窗安全线和竖号码。

（3）票面右上角面额数字由横排改为竖排，并对数字样式做了调整；中央团花图案中心花卉色彩由橘红色调整为紫色，取消花卉外的淡蓝色花环，并对团花图案、接线形式做了调整；胶印对印图案由古钱币图案改为面额数字“100”，并由票面左侧中间位置调整至左下角。

2. 毛主席像上的区别

2005 年版的 100 元人民币毛主席像为普通印刷图案，而 2015 年版为手工雕刻图案，凹凸感更强，易于识别。

3. 背面图案主要调整

2015年版取消了全息磁性开窗安全线和右下角的防复印标记。减少了票面左右两侧边部胶印图纹，适当留白；胶印对印图案由古钱币图案改为面额数字“100”，位置由票面右侧中间调整至右下角。

面额数字“100”上半部颜色由深紫色调整为浅紫色，下半部由大红色调整为橘红色，并对线纹结构进行了调整；票面局部装饰图案色彩由蓝、红相间调整为紫、红相间；左上角、右上角面额数字样式均做了调整。时间由“2005年”调整为“2015年”。

### （三）2019年版人民币与2015年版人民币比较

自2019年8月30日起发行2019年版第五套人民币50元、20元、10元、1元纸币和1元、5角、1角硬币。

1. 5角硬币

（1）5角硬币由黄变白。从1980年中国第一次铸造5角硬币起，5角硬币颜色就是黄色，一直持续至今。而2019年第五套人民币的5角硬币，颜色却由原先的金黄色变为了镍白色。

（2）5角硬币材质改变。1980年以来，我国境内流通过的5角硬币，分别用过铜、铜锌合金、钢芯镀铜合金等材质。现今使用最多的5角硬币，属1999年版第五套人民币5角硬币，其材质是钢芯镀铜合金。而2019年版第五套人民币的5角硬币，材质将全部改为钢芯镀镍，自然硬币颜色也由金黄色变为了镍白色。

（3）5角硬币大小形状调整。新5角硬币正背面内周缘由圆形调整为多边形，是为了方便特殊群体（如弱视人群）识别。

2. 1元硬币

1元硬币防伪技术创新。在新1元硬币正面面额数字轮廓内有一组隐形图文“¥”和“1”。转动硬币，从特定角度可观察到“¥”，而从另一角度则可观察到“1”。这种隐形图文雕刻技术是国际造纸领域公认的先进防伪技术，新1元硬币增加隐形图文特征后，防伪性能明显提升，更加便于公众识别真伪。

新1元硬币直径由25毫米调整为22.25毫米，直径缩小了11%，更加便于公众携带使用。

3. 纸币

2019年版50元、20元和10元纸币增加了光彩光变面额数字，同时取消全息磁性开窗安全线和凹印手感线。水印由古钱币对印图案调整为面额数字对印图案，提升了水印清晰度和层次效果。其中50元纸币取消了光变油墨面额数字。

2019年版1元纸币增加了磁性全埋安全线和白水印。

## 四、残币兑换

残缺人民币是指有的人民币由于某种原因明显缺少了一部分的票币。中国人民银行颁布的《残缺人民币兑换办法》中规定，持有残缺人民币者可到银行进行兑换。

及时回收市场流通中的损伤、残缺人民币，保持人民币的整洁，维护国家货币的信誉，需要企事业单位、广大群众、银行等各方面的配合，不论是单位还是个人，如果留有不宜流通的损伤、残缺人民币，不宜再次使用或对外找付，应挑拣、粘补整理好，可随时送存银行或办理兑换。

## 五、假币处理

办理人民币存取款和残币兑换等业务的金融机构发现伪造、变造的人民币，数量较多、有新版的伪造人民币或者有其他制造贩卖伪造、变造的人民币线索的，应当立即报告公安机关；数量较少的，由该金融机构两名以上工作人员当面予以收缴，加盖“假币”字样的戳记，向持有人出具中国人民银行统一印制的收缴凭证。

辨别人民币纸币真伪，采用“一看、二摸、三听、四测”的方法。

一看：
- 看水印
- 看安全线
- 看光变油墨
- 看票面图案
- 看图案线条、缩微文字

二摸：
- 摸人像、盲文点、中国人民银行行名等
- 摸纸币是否薄厚适中，挺括度

三听：清脆响亮

四测：放大镜、紫外灯光、磁性检测仪

# 第三节　传票翻打业务技能

**能力目标**

掌握商业银行传票翻打技能，能在规定时间内准确无误地完成传票计算和录入工作。

**基础知识**

传票翻打，也称为传票核算，是指在经济核算过程中，对各种单据、发票或凭证进行汇总计算的方法，一般采用加减运算。它是加减运算在实际工作中的具体应用，可以为会计核算、财会分析、统计报表提供及时、准确、可靠的基础数字，是财经工作者必备的一项基本功，并被列入全国会计技能比赛的正式项目。

进行传票翻打，除熟练加减法运算外。还应掌握盲打、整理、摆放、找页、翻页、数页等基本功。

## 一、数字盲打

数字盲打是在键盘上敲打数字的时候视线不用来回于传票和键盘之间的行为，盲打可使输入的速度增加，是银行柜员的基本要求，盲打要求操作人员对键盘有很好的定位能力。

本项目训练时间不少于 4 周，每天不少于 1 小时。

要尽快熟悉键盘。做到盲打，要靠各种练习和刻苦训练来完成。

### （一）操作要诀

（1）精力集中，操作过程中眼睛不看键盘，强调手、眼、脑的协调配合，做到“眼到手就到”；

（2）坐姿端正；

（3）盲打指法分配准确；

（4）键盘盲打定位准确；

（5）掌握好节奏，不要时快时慢甚至停顿，要动作连贯，一气呵成。

### （二）练习方法

1. 从基本键位 4、5、6 练习起

准备手势为食指放于键盘数字“4”的位置，中指放于“5”的位置，无名指放于“6”的位置。数字键盘如图 1 – 11 所示。

**图 1 – 11 数字键盘**

2. 延展到其他键位

每一次打完数字后，食指、中指、无名指都要回到“4”“5”“6”这三个基本键位上。手掌上下浮动带动手指敲击键位，手指微贴键盘有节奏地敲击，指尖抬起幅度 1 厘米以内，幅度不要过大。养成良好的指法对以后各阶段大幅度提速极为重要。

3. 渐渐掌握不同键的位置

最终练习要求可以不用眼看就能准确无误地找准键位。

提示：录入正确率应达到 100%，平时练习就要以此为目标。因此学生平时训练就应“先准后快”，不要急于求成。

## 二、整理摆放

### （一）练整理

（1）传票在翻打前，首先要检查传票是否有错误，如有无缺页、重页、数码不清、错行、装订方向错误等问题。一经发现，应及时更换传票，待检查无误后，方可整理传票。

（2）整理传票，将传票捻成扇形，使每张传票自然松动，不会出现粘在一起的情形。

（3）票面捻扇形的方法：两手拇指放在传票封面上，两手的其余四指放在背面，左手捏住传票的左上角，右手拇指放在传票封面的右下方；然后，右手拇指向顺时针方向捻动，左手配合右手向反方向用力，轻轻捻动即成扇形；扇面幅度不宜过大，只要把传票封面向下突出、背面向上突出，便于翻页即可；最后用夹子将传票的左上角夹住，再用一个较小的票夹夹在传票最后一页的右下角，将传票架起，使扇形固定，防止错乱。

### （二）练摆放

将整理好的传票应摆放在桌面适当的位置。如果使用小键盘，可将传票放在算具的左上方，贴近算具，以便看数翻打。捻成的扇形幅度不宜过大，只要把传票封面向下突出，便于翻页即可。

## 三、练找页

### （一）操作要求

（1）快速准确地找到每题的起始页，提高传票翻打的准确度和速度。

（2）熟悉传票，首先要进行找页练习。找页的关键是手感，即能准确把握纸页的厚度，如 10 页、20 页、30 页、50 页等的厚度。

（3）用左手迅速准确地找到起始页数。

（4）在学习时间安排上，本项目训练时间不少于 1 周。

### （二）练习方法

1. 练习形式

训练形式灵活多样，进行竞赛、测试都可以。

2. 练习内容

（1）单页翻找训练。由教师报起始页数，学生快速翻找。由学生相互之间报起始页数，进行翻找训练。

（2）多页翻找训练。教师给出一组起始页数，要求学生连续进行翻打。每组数量由少至多（5 题、10 题、20 题、……），循序渐进。

此项练习可以采取限量不限时和限时不限量两种形式。

## 四、练翻页

### （一）训练目的和操作要求

1. 训练目的

左手连贯、快速、准确翻页，提高翻页技巧。

2. 操作要求

（1）票页不宜翻得过高，角度适宜，以能看清数据为准。

（2）左手翻页应保持连贯。

（3）本项目训练时间不少于1周。

### （二）练习形式

先练习看着传票翻页，熟练后再练习盲翻。

翻页计算时，可先采用一次一页翻打，熟练后可进行一次两页或三页的翻打。

## 五、传票翻打

### （一）训练目的和操作要求

1. 训练目的

快速准确地进行传票翻打。

2. 操作要求

（1）手、眼、脑协调配合。

（2）精神集中，翻打同步。

（3）加强练习，分步进行。

（4）本项目训练时间不少于10周。

### （二）练习形式

传票翻打要求眼、手、脑并用，协调性强，可以先练习第五行数字，因第五数字在传票的最下方，便于看数、记数，不易出错，待第五行数字的翻打达到一定熟练程度后，练习行次再逐步上移。

练习形式一：10组20页翻打（限时5分钟）。

练习形式二：30组20页翻打（限时20分钟）。

练习形式三：5组100页翻打（限时25分钟）。

# 第四节　点钞业务技能

**能力目标**

掌握商业银行点钞技能，能在规定时间内准确无误地完成点钞和录入工作。

**基础知识**

点钞分为单指单张点钞法和多指多张点钞法。

## 一、单指单张点钞法

用一个手指一次点一张的点钞方法叫单指单张点钞法。这种方法是点钞中最基本、最常用的一种方法，使用范围较广，频率较高，适用于收款、付款和清点各种钞票。这种点钞方法由于持票面小，能看到票面的四分之三，容易发现假钞票及残破票，缺点是点一张记一个数，比较费力。具体操作步骤如下。

### （一）持票

左手横执钞票，钞票下面朝向身体，左手拇指在钞票正面左端约四分之一处，食指与中指在钞票背面与拇指同时捏住钞票，无名指与小指自然弯曲并伸向票前左下方，与中指夹紧钞票，食指伸直，拇指向上移动，按住钞票侧面，将钞票压成瓦形，左手将钞票从桌面上擦过，拇指顺势将钞票向上翻成微开的扇形，同时，右手拇指、食指做点钞准备。

### （二）清点

左手持钞并形成瓦形后，右手食指托住钞票背面右上角，用拇指尖逐张向下捻动钞票右上角，捻动幅度要小，不要抬得过高。要轻捻，食指在钞票背面的右端配合拇指捻动，左手拇指按捏钞票，不要过紧，要配合右手起自然助推的作用。右手的无名指将捻起的钞票向怀里弹，要注意轻点快弹。

### （三）记数

与清点同时进行。在点数速度快的情况下，往往由于记数迟缓而影响点钞的效率，因此记数应该采用分组记数法。把 10 作 1 记，即 1、2、3、4、5、6、7、8、9、1（即 10），1、2、3、4、5、6、7、8、9、2（即 20），以此类推，直到 1、2、3、4、5、6、7、8、9、10（即 100）。采用这种记数法记数既简单又快捷，省力又好记。但记数时应默记，不要念出声，做到脑、眼、手密切配合，既准又快。

## 二、多指多张点钞法

多指多张点钞法是建立在单指单张点钞基础上的一种传统的银行点钞方法，同样也是相关专业的学生需要掌握的一种基本技能，指法步骤如图 1－12 所示。多指多张点钞法在熟练后，点钞速度远超过两指两张点钞法。先学会三指三张，多指多张就很容易了。

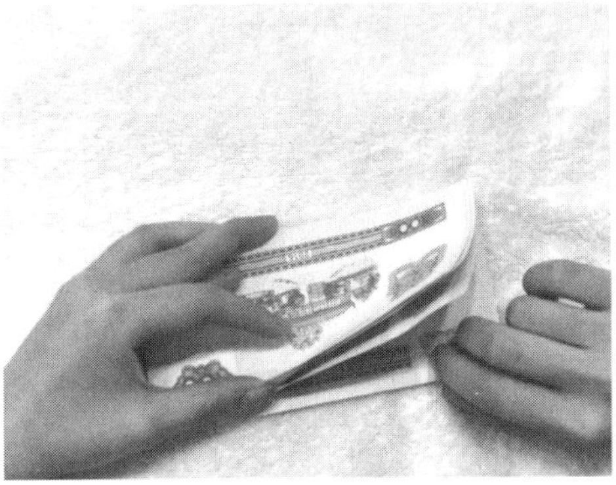
（a）

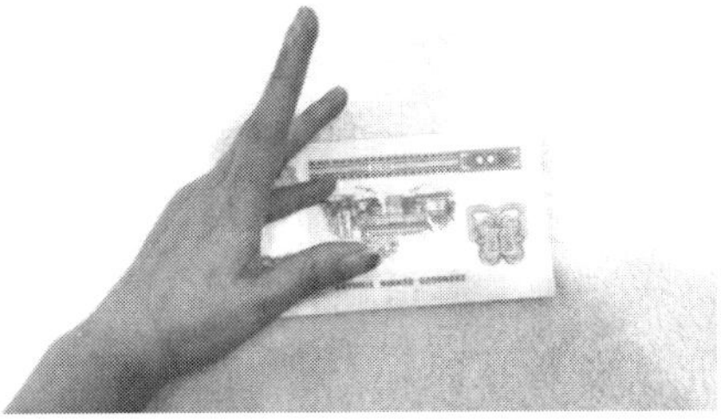
（b）

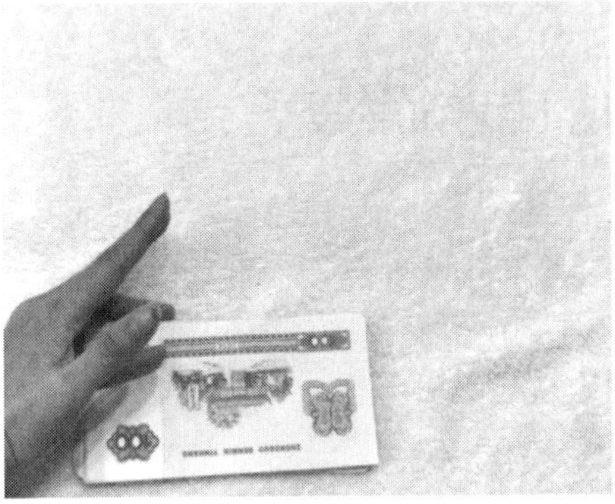
（c）

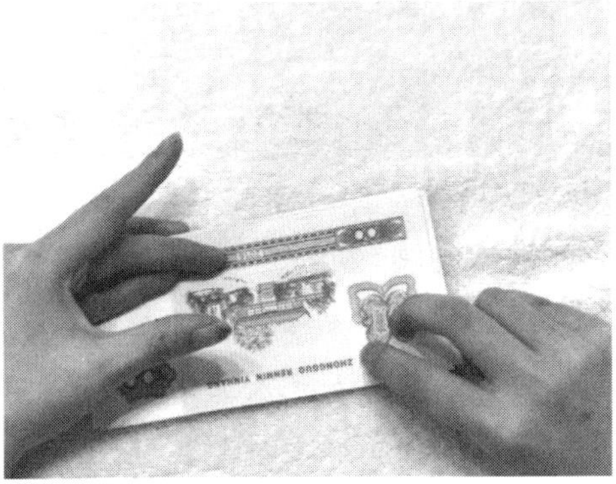
（d）

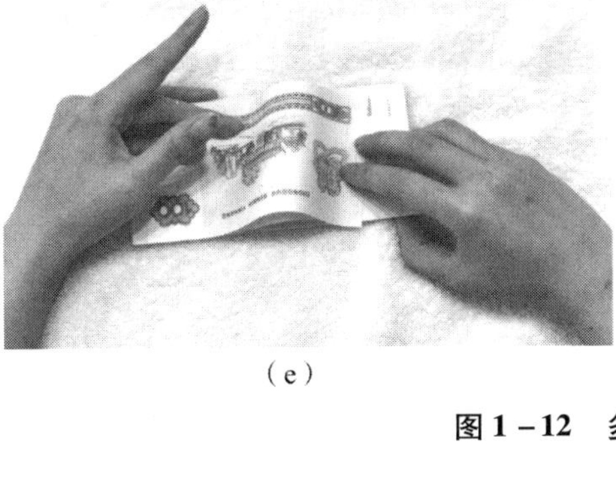
（e）

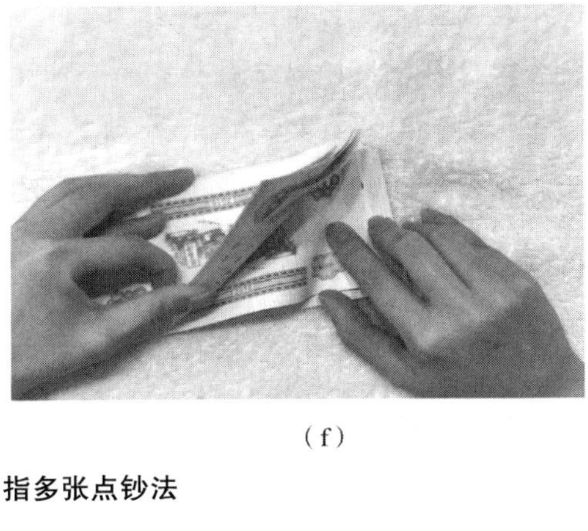
（f）

**图1－12　多指多张点钞法**

（1）持票。左手小指按压在钞票左上角，按压要有一定力度，不然在点钞的过程中容易滑落。为了稳定钞票，避免点钞过程中钞票滑动，影响点钞速度，要用左右无名指抠住钞票外边缘。

（2）右手抬起一定量钞票，左手中指顺势放在小指和无名指中间，可以辅助固定钞票。按照一沓钞票 100 张计算，可以抬起三分之一，一次性抬起太多钞票一是不容易滑动，二是过程中容易粘连多张钞票，导致计数不准确，影响点钞速度。

（3）清点。右手无名指滑动第一张，在滑出的空隙里，中指去滑动第二张，接着在中指滑出的空隙里，食指去滑动第三张。在滑动出第三张的空隙时，左手大拇指顺势抬起这三张钞票（右手食指、中指、无名指松开卡住的三张钞票），同时，左手食指接过钞票压在食指和中指之间。重复上述动作，直至点钞完毕。

## 第五节　金额和日期的正确书写

**能力目标**

掌握柜台业务中数字的正确书写方式，能在规定时间内准确无误地完成金额和日期的书写和录入工作。

**基础知识**

银行、单位及个人填写的各种票据和结算凭证是办理支付结算和现金收付的重要依据，直接关系支付结算的准确、及时和安全。票据和结算凭证是银行、单位和个人凭以记载账务的会计凭证，是记载经济业务和明确经济责任的书面证明。因此，填写票据和结算凭证，必须做到标准化、规范化，要素齐全、数字正确、字迹清晰、不错漏、不潦草，并能有效防止涂改。柜台业务中的书写涉及多种凭证，规范主要涉及金额和日期两大类别。

### 一、金额的书写规范

#### （一）阿拉伯数字金额书写规范

（1）数字前均应填写货币符号，如人民币符号“￥”。

（2）数字填写要求完整、清晰。阿拉伯小写金额数字不得连写，以免影响分辨。数字之间应有宽度约半个字的间距，间距不可太大，以不能插入数字为宜。数字之间的间距要均衡。

（3）在印有格子的凭证、账册上书写时，一个空格填写一个数字，中间不能留空。数字高度不宜顶格，也不能太低。

（4）阿拉伯小写金额数字应保留小数点后两位，若小数点后不满两位，应用数字“0”补齐。例如￥100应写成￥100.00，￥105.4应写成￥105.40。

**（二）中文金额书写规范**

（1）中文大写金额由数字和数位组成。数字包括零、壹、贰、叁、肆、伍、陆、柒、捌、玖、拾，数位包括拾、佰、仟、万、亿、元、角、分，不得用一、二（两）、三、四、五、六、七、八、九、十、另（或0）填写，不得自造简化字。但如果金额数字书写中使用繁体字，如貳、陸、億、萬、圓的，应予受理。

（2）中文大写金额数字前应标明“人民币”字样，大写金额数字紧接“人民币”填写，不得留有空白，例如10 000元应写成人民币壹万元整。凭证大写金额数字前未印“人民币”字样的，应手工加填“人民币”三字。票据和结算凭证大写金额栏内不得预印固定的“仟、佰、拾、万、仟、佰、拾、元、角、分”字样。

（3）中文大写金额数字到“元”为止的，金额末尾应加上零、整（正）字样。在“元”之后，应写“整”（或“正”）字，在“角”之后可以不写“整”（或“正”）字。大写金额数字有“分”的，“分”后面不写“整”（或“正”）字。

（4）阿拉伯小写金额数字中有“0”时，中文大写应按照汉语语言规律、金额数字构成和防止涂改的要求进行书写。阿拉伯数字中间有“0”时，中文大写金额要写“零”字，如￥1 409.50，应写成人民币壹仟肆佰零玖元伍角；阿拉伯数字中间连续有几个“0”时，中文大写金额中间可以只写一个“零”字，如￥6 007.14，应写成人民币陆仟零柒元壹角肆分；阿拉伯金额数字万位或元位是“0”，或者数字中间连续有几个“0”，万位、元位也是“0”，但千位、角位不是“0”时，中文大写金额中可以只写一个“零”字，也可以不写“零”字，如￥1 680.32，可写成人民币壹仟陆佰捌拾元零叁角贰分，或者写成人民币壹仟陆佰捌拾元叁角贰分；又如￥107 000.53，可写成人民币壹拾万柒仟元伍角叁分，或者写成人民币壹拾万零柒仟元零伍角叁分；阿拉伯金额数字角位是“0”，而分位不是“0”时，中文大写金额“元”后面应写“零”字。如￥16 409.02，应写成人民币壹万陆仟肆佰零玖元零贰分，而￥325.04应写成人民币叁佰贰拾伍元零肆分。

## 二、日期的填写规范

票据的出票日期必须使用中文大写。票据出票日期使用小写数字填写的，银行不予受理。大写日期未按要求规范填写的，银行可予受理，但由此造成损失的，由出票人自行承担。

为防止变造票据的出票日期，在填写月、日时，月为壹、贰和壹拾的，日为壹至玖和壹拾、贰拾和叁拾的，应在其前加“零”；日为拾壹至拾玖的，应在其前加“壹”。如1月15日，应写成零壹月壹拾伍日；再如10月20日，应写成零壹拾月零贰拾日。

日期和金额以阿拉伯数字和中文大写同时记载的，数字和大写内容必须一致，否则票据无效。

# 第六节　数字人民币基础知识

**能力目标**

了解数字人民币的概念、使用及潜在风险。了解数字人民币对商业银行的影响。

**基础知识**

数字货币、数字人民币相关知识一般性了解。

## 一、数字货币的起源

数字货币的理念最早起源于20世纪90年代，电子黄金是其最早的形式之一，与电子黄金相比，更为出名的另一种数字货币叫比特币。后由英国央行英格兰银行提出了中央银行数字货币（central bank digital currencies，CBDC）的概念，2014年中国人民银行开始关注中央银行数字货币，但并非正式化研究。直至2017年正式成立央行研究所时，中国才正式投入对数字人民币的探索。2020年8月，商务部正式宣布在京津冀、长三角、粤港澳大湾区及中西部具备条件地区开展数字人民币试点，也意味着数字人民币即将登上中国法定货币的舞台。

## 二、数字人民币的定义

数字人民币已于2020年正式宣布在中国开展试点，它的发行必将带来中国法定货币巨大的革新。数字人民币由中国人民银行发行，是有国家信用背书、有法偿能力的法定货币。与其他法定货币（如纸币）等值，一个国家法定货币的效力和安全性是最高的。数字人民币的支付方式类似于现中国使用最广泛的微信、支付宝，但其本质有所不同。

首先，支付宝、微信等是一种电子支付方式，而中央银行数字货币就是货币本身。数字货币相当于我们日常接触的纸币本身，而电子支付方式（支付宝、微信）只是支付手段。

其次，微信、支付宝必须是银行卡里先有货币才能进行支付，因此必须在网络畅通的情况下，支付软件与银行联网取得银行信息后才能完成支付。而数字货币就是货币装在手机里的法定货币，只要手机有电，无需网络也能支付。

## 三、数字人民币的个性设计

### （一）双重设计防止通货膨胀

1. 双层运营体系

数字人民币采取了双层运营体系。即人民银行不直接对公众发行和兑换央行数字货币，而是先把数字人民币兑换给指定的运营机构，如商业银行或者其他商业机构，再由这些机构兑换给公众。运营机构需要向人民银行缴纳100%的准备金，这就是1∶1的兑换过程。这种双层运营体系和纸钞发行原理基本一样，因此不会出现因货币超量发行而产生的物价上涨。

2. 投放模式

数字人民币的投放采用双层运营模式，不对商业银行的传统经营模式构成竞争，同时能充分发挥商业银行和其他机构在技术创新方面的积极性。数字货币投放系统保证数字人民币不超发，当货币生成请求符合校验规则时才发送相对应的额度凭证，这也是防止因货币超发而导致通货膨胀的手段之一。

3. 开户简单，提供更多便捷

传统的银行账户体系非常严格，一般需要提交很多文件和个人信息才能开立。对于一些农村地区或者边远山区群众，来华境外旅游者等，不能或者不便持有银行账户。而数字人民币以广义账户体系为基础的特点，有助于解决这样的问题。

在现行数字货币体系下，任何能够形成个人身份唯一标识的东西都可以成为账户。比如车牌号可以成为数字人民币的一个子钱包，在通过高速公路或者停车的时候进行支付。这就是广义账户体系的优点。

### （二）优势

（1）与支付宝、微信等支付平台比较，数字人民币具有两大优势。双离线支付设计也就是之前基本定义中所提到的无需网络，只要手机碰一碰就能完成支付任务。多终端选择这个功能是针对不愿意用或者没有能力用智能手机的人群，可以选择 IC 卡、功能机或者其他的硬件作为支付终端。

（2）与纸币相比，数字人民币也具有 4 个优势。一是防止盗用，由于实名钱包，数字人民币相对于纸币增加了挂失功能。二是点对点交付，防止虚报冒领、截留挪用的可能性。数字货币智能合约的方式，可以实现定点到人交付。民生资金可以发放到群众的数字钱包上。三是安全性更高，分强度管理，实现大额钱包有迹可循，根据掌握客户信息的强度不同，把数字人民币钱包分成几个等级。大额支付或转账，则必须通过信息强度高的实名钱包，保障了大额资金的安全性。四是高可追溯性，意味着数字人民币在有权机关严格依照程序出具相应法律文书的情况下，进行相应的数据验证和交叉比对，为打击违法犯罪提供信息支持，即使腐败分子通过化整为零等手段，也难以逃避监管。

## 四、期待作用和潜在的风险

### （一）期待作用

（1）避免纸钞和硬币的缺点：印制发行成本高、携带不便，容易匿名、伪造，存在被用于洗钱、恐怖融资的风险；

（2）钱包的分级管理使人们实现了小额支付可匿名，大额支付可追踪；

（3）解决了支付宝、微信支付等在无网条件下不能完成支付的困扰；

（4）疫情之下，减少货币交易中的病毒传播机会；法定数字货币的研发和应用，有利于高效地满足公众在数字经济条件下对法定货币的需求，提高零售支付的便捷性、安全性和防伪水平，助推中国数字经济发展。

### （二）潜在的风险

1. 技术层面的问题

数字货币依赖于区块链技术和网络系统，这就会使其遭受安全冲击，比如黑客对计算机系统的攻击，这是必须事先防范的问题。

2. 信用风险问题

数字货币交易存在中间商，这些中间商不同于现实中的组织。现实中的组织是看得见、摸得着的，但数字货币的中间商是在网络上的，信用风险更大。

## 本章小结

银行的基本工作需要熟练的字符录入、点钞、人民币识别和传票翻打四大基本技能。同时，银行工作的金额、日期书写极为频繁，要求的规范程度也非常高。

随着信息化的发展，电子支付手段日益普遍，数字法定货币也将成为法定货币形式，本章介绍了数字人民币的基本内容。数字人民币必将为人民币带来巨大的革新。数字人民币由中国人民银行发行，是法定货币，有国家信用背书，可以说是人民币的电子版本。

| 关键词 |
|---|
| 字符录入　点钞　人民币识别　传票翻打　数字人民币 |

# 复习与思考

### 一、技能考核题

1. 10 人为一组进行点钞技能考核，完成时间为 5 分钟。

课前准备：100 元面额的练功券 7 扎，每扎包含 100 ~ 120 张不等。

考核要求：学生需要在规定时间内独自完成每扎练功券的点钞，规范扎把后把金额写入相应的表格中，要求每扎金额正确且扎把规范，书写或扎把不规范扣分。

2. 10 人一组进行传票翻打技能考核，完成时间为 5 分钟。

课前准备：准备好 A、B、C、D 四组相同版本的传票，计时开始后出 30 页题目，记作 A1 ~ A30。

考核要求：学生需要在规定时间内独自完成 30 页传票的计算，每正确一个数字 20 分，有差错不得分。

3. 20～30 人一组进行传票翻打技能考核，完成时间为 5 分钟。

课前准备：一级字库字符和二级字库字符各 50%，共 500 字。考核地点：学校机房或各专业实训室。

考核要求：学生需要在规定时间内独自完成 500 字，正确 1 字记 0.2 分，不正确不扣分。

4. 人民币识别考核，完成时间 10 分钟。

课前准备：人民币识别试卷一套。

考核要求：在规定时间内完成人民币识别题目。

5. 用大写和阿拉伯数字正确书写以下金额及日期。

（1）2019 年 10 月 11 日　　4 700 元

（2）2020 年 1 月 5 日　　3 666.6 元

（3）2018 年 8 月 8 日　　9 874 000 元

（4）2019 年 10 月 10 日　　7 400 元

**二、思考题**

1. 数字人民币产生的必要性有哪些？

2. 你认为数字人民币将对人民生活和商业银行产生怎样的影响？

# 第二章

# 商业银行内部控制管理及基本流程规范

## 第一节 柜员管理制度

**能力目标**

了解柜员分类及权限管理，掌握柜员交接管理制度，掌握柜员合规行为管理。

### 一、柜员分类和权限管理

#### （一）柜员分类

不同银行柜员的设置形式存在着差异，有综合柜员制、分柜员制等组织形式。我国通常分为前台柜员、营业经理（主管柜员）、监督柜员三类。但也有例外，如建设银行的柜员包括柜台柜员和系统柜员，柜台柜员按操作权限可分为普通柜员、主管兼柜员、主管；民生银行的柜员分会计主管柜员、高柜管理柜员、库管员，分柜对公柜员和分柜储蓄柜员（采用分柜制的行处）或高柜综合柜员（采用综合柜员制的行处）以及相关业务部门的经办柜员、复核柜员。接下来我们对大多数银行柜员的分类做一个介绍。

（1）前台柜员：主要负责在权限范围内办理对外现金收付和转账等临柜业务。

（2）营业经理：也就是主管柜员，主要负责营业网点的分工、业务学习和政治学习，对本网点柜员办理超权限的业务进行授权，并且对前台柜员的业务差错承担连带责任。

（3）监督柜员：主要负责对临柜业务的事中事后监督。

## （二）柜员权限管理

1. 柜员权限的划分

（1）按柜员级别划分：银行普遍把柜员分为前台柜员、营业经理（主管柜员）、监督柜员三类。其中，监督柜员主要负责事后监督，其权限与其他两种柜员相比相对独立。前台柜员主要负责一些日常的柜面业务，当遇到超权限的业务时，需要营业经理（主管柜员）的（指纹）授权才能继续完成工作。因此，营业经理（主管柜员）的权限是高于前台柜员的。这里要说明的是，每个柜员入职都有一张柜员卡，前台柜员所有工作的权限都可以刷柜员卡。而营业主管权限高于前台柜员。在前台柜员办理业务超出权限时，通常会刷主管柜员卡授权，因此主管柜员卡又叫授权卡。

（2）按交易性质划分：柜台的现金业务和非现金业务一般分区办理。办理非现金业务的柜员没有权限办理现金业务，办理现金业务的柜员可办理部分非现金业务。

2. 柜员权限分配

一般由分支行对柜员权限进行具体分配，根据统一设置的交易性质和柜员类型的对应系统，规定每种类型柜员可处理的交易范围及交易金额（包括现金和转账）的上限。

3. 柜员权限的控制

柜员权限控制方式主要有三种：强制授权控制、金额授权控制、远程授权控制。

（1）强制授权控制是指一些交易必须先获得授权，主要有大额支付、重大业务、特殊业务等业务类型。

（2）金额授权控制是指柜员在办理业务交易时，对超过本人权限额度（转账金额和现金金额）的交易，获得授权后方可办理。

（3）远程授权控制是指对超过本网点最高级别授权人金额权限的交易，通过主机向上级行发出请求授权信息，申请授权码。待主机生成授权码后，由上级行通知申请行输入授权码从而进行该笔交易。

## （三）授权管理

（1）特殊业务及超权限的业务必须由授权人员授权后才能完成，要做到授权人员与经办人员严格分离、相互制约，授权业务需经授权人签字确认。

（2）授权人员应具备较高的专业素质和良好的职业道德，工作态度认真严谨，坚持原则，确保授权业务正确无误。

（3）授权人必须在权限范围内履行授权职责，不得越级授权或擅自将权限交给他人代为授权。

（4）授权有两种形式，即签字（盖章）授权和系统授权。签字（盖章）授权和系统授权是两个独立的授权审批环节，两者不得相互替代。对于签字（盖章）授权业务，必须由指定授权人进行签字（盖名章）审批，被授权人必须依据审批核准的手续办理业务；对于系统授权业务，按照系统权限控制要求，由高级别柜员对低级别柜员进行操作授权审批。

（5）授权采用授权卡或指纹认证的方式。

（6）转授权管理。节假日各网点可采用更换授权人、进行授权卡交接的方式进行转授权。节假日前一天下班前，授权卡可封包交给节假日上班的柜员，同时收回该柜员的柜员卡，待下一工作日再收回授权卡，发放给节假日值班柜员柜员卡，并对节假日授权业务进行审核确认。指纹认证转授权需要在系统中进行相应的交易，主管柜员就可以把自己的权限转给低一级柜员，无须另行设置柜员级别。转授权期限一般在1日以内，转授权后，主管柜员不能行使原来的权限。

## 二、柜员身份认证

柜员身份认证目前主要有指纹身份认证和权限卡认证两种方式。

### （一）指纹身份认证

（1）指纹身份认证是指柜员按照指纹系统设置要求，在完成指纹签约后，将手指肚正面放在指纹仪上，由指纹系统对柜员指纹特性进行采集，并将指纹模板保存在指纹服务器中，当柜员进行系统签到、签退、操作授权等业务时，由指纹系统将操作人员指纹与原保存的指纹模板自动比对，对柜员身份进行确认和验证。验证首先通过指纹键盘（见图2－1）进行。

（2）每个操作柜员必须预留三枚指纹的模板，一般为食指、中指和无名指（其中右手两枚指纹、左手一枚指纹）。

（3）柜员在业务系统进行签到、签退、授权等业务时，指纹与实际使用人的指纹必须一致。

（4）指纹认证并不能代替原有的6位数字密码（由新进柜员在分配到银行网点时自己设置的6位数字密码），数字密码在更换系统录入的指纹时候需要使用，因此柜员仍然要牢记自己的数字密码，并按要求更改，不允许将密码泄露给他人。

**图 2－1　指纹解锁键盘**

资料来源：雷玉华. 点钞与计算技术［M］. 北京：中国物资出版社，2008.

### （二）权限卡认证

在 2015 年前，有的银行会给柜员提供权限卡，按照业务系统要求，在进行系统签到、签退、操作授权等业务时都要刷权限卡进行身份确认和验证。由于权限卡存在某些安全隐患，比如柜员为了方便有时将权限卡交由他人使用，现在各个银行慢慢取消了权限卡，把权限卡换成了指纹，或是把权限卡的功能设置进柜员卡中。

## 三、柜员交接管理

### （一）基本规定

（1）柜员工作岗位变动及各类与会计业务有关的实物发生转移都必须办理交接，交接手续要严密，交接记录要完整、清晰，交接双方及监交人必须当面进行核对并签章确认。

（2）凡涉及会计印章、重要物品、尾箱、柜员号、重要空白凭证和有价单证等会计事项交接的，必须在相应的纸质登记簿登记。

（3）柜员由于工作调动或因故离职时，必须凭岗位交接清单办理岗位交接手续，将自己的岗位职责范围、业务处理权限向接交人员详细说明，涉及具体操作的应说明操作方法，对所保管的重要印章、重要物品、柜员号、尾箱等，以及所负责的具体业务和未尽事项进行全面交接，以防工作脱节。接交人员如发现账簿不清或有疑问，可随时向移交人询问，移交人必须做出明确答复。移交人未办清交接手续的，不得办理调动或离职。

（4）交接必须在监交人员监督下进行，监交人员一般为当日值班经理（营业经理）。监交人员对交接工作负全面责任，如事后发现交接不清的，监交人员应负连带责任。监交过程举例：柜员 A 由于第二天没有上班，当天和次日均上班的柜员 B 名下的空白银行卡已所剩不多，所以需要由柜员 A 将一些空白银行卡交给柜员 B，在打印出如图 2－2 所示的往出单后，需要柜员 A 和柜员 B 在营业经理前当面清点递交物品，且三人均在往出单上签字和盖私章。

中国XX银行
往出

凭证种类：空白银行卡　　数量：10张
凭证号码：00001----00010
往出日期：XX年XX月XX日　16:01

柜员A　柜员B　营业经理

图 2－2　往出单

资料来源：根据中国工商银行操作界面绘制。

### （二）交接基本内容

1. 会计印章

会计印章是指在会计凭证、账簿、报表等会计资料上加盖并表示业务合法性的特定标识，包括会计业务印章、个人用章等。各种会计印章变更保管人时，要在会计印章使用保管登记簿上根据印章的种类详细记载使用人、接收人、监交人以及具体的交接时间和交接原因，接收人应仔细审核所接收的印章名称、编号与登记簿上记载的是否完全一致，印模是否完全相同。

2. 库房、尾箱

库房、尾箱交接时，接交人需认真清点库房、尾箱内所保管的所有现金、重要空白凭证、有价单证、票据、抵（质）押物、代保管物等实物，凡封包或封箱的实物必须拆包拆箱进行逐份清点，并与内部分户账、余额表、机内登记簿或手工登记簿进行核对，经核对账实相符后，由交接双方及监交人在岗位交接清单上共同签章确认。

银行库房是我国银行各基层机构为办理日常现金收付业务所设置的现金保管库。

尾箱是指由各家银行的分行统一定制，用于存放营业现金、有价单证、重要空白凭证和重要会计业务印章的金属钱箱。每一个柜台人员均需配备尾箱，且要统一编号、专人专用。

3. 其他重要物品

密押器、压数机、印鉴卡片、签字样本、密码和钥匙等重要物品变更保管人时，应在重要物品使用保管登记簿上详细记载重要物品的移交人、接交人、监交人以及具体的交接时间和交接原因。接交人要注意核实重要物品的完整性，带有编号的应注意核实实物与编号是否一致；库房、保险柜、自助设备等密码交接时，应重新变更密码，不得延续使用原密码；压数机等机具交接时，移交人要将操作方法向接交人做详细说明，以确保接交人正确操作。

4. 柜员号

柜员号是银行按照一定编码规则为员工生成的数字编号，一般市分行为四位数，省分行为五位数。例如，张三的市分行柜员号为 5656，省分行柜员号为 35656；李四是比张三后一位进入银行的柜员，则李四的市分行柜员号为 5657，省分行柜员号为 35657。进入银行后，柜员号就如同身份证号码一样不再变更。

在任何的交接环节，都应将交接详情记录在专门的交接单上，其中的一个重要事项就包括柜员号的填写。例如，张三要交接重要空白凭证给李四，需在交接单上填写类似“张三（柜员号：5656）于 2020 年 11 月 4 日 16：04 交接空白现金支票 10 张（支票编号从 *******1 到 ******10）给李四（柜员号：5657）”。

5. 会计资料

各类底卡、账簿、报表、登记簿、文件、磁盘等会计资料交接时，应登记“会计资料交接登记簿”，并做好交接核对清点工作。办理各种底卡的交接时，应保证底卡与系统信息相一致，以确保账实相符。

### ［案例］

营业部运行督导员在四季度运管制度执行检查中，发现某网点管库人员对辖内调入现金操作时存在严重违规的风险事件。

调阅网点联动门和现金柜监控，仅有一名管库员对调入现金进行点捆卡把并与“现金调出凭证”金额核对。

1. 案例分析

（1）该网点此操作违反了《银行现金业务操作规程》中《现金调拨业务》规定：调拨款箱到达网点后，营业网点应两名管库员双人共同在监控下开箱对现金实物点捆、卡把，加计金额合计后，与随箱运送的“现金调出凭证”金额核对是否相符，凭证要素、签章是否齐全，核对无误后与交接人员办理交接手续。

（2）违反了《关于强化网点现金管理工作的通知》中强化人员配备，将管理责任落实到监督网点与调款人员之间款箱交接的全过程。

2. 案例启示

（1）制度要求网点两名管库人员双人共同在监控下开箱对现金实物点捆、卡把，核对操作，是为了明确责任、相互监督，确保调入的现金实物与网点申请领取现金金额准确无误，对调入现金不进行点捆、卡把、核对调拨凭证而导致的风险事件，反映出该网点管库员随意简化流程，合规意识淡薄，履职不到位，相关制度形同虚设。

（2）本业务案例网点现场业务主管未严格履行事中控制的职能，导致操作人员执行不到位，养成疏忽、随意、马虎的业务操作习惯，网点业务管理人员有失职行为。以往各类案件的发生无不和违规操作有着密切的联系。规范柜员业务操作习惯是网点业务管理人员职责所在，该网点柜员自行其是的违规操作习惯，深刻说明网点业务管理人员未能有效履行风险管理职责，监管力度不够。

（3）现金业务是一项基础业务，此案例反映出支行在网点现金业务的日常管理、业务指导、督促网点柜员严格执行现金业务制度方面未切实履行管理职责。

## 四、柜员合规行为管理

### （一）柜员工作的基本原则

1. 诚实守信

柜员应当以高标准的职业道德规范严格要求自己对客户和银行诚实守信，切实履行岗位职责，维护银行信誉和客户的利益。

2. 守法合规

柜员应知法守法，保护商业秘密，拒绝作假，自觉维护银行的形象和信誉。

3. 公平竞争

柜员应尊重同事、同业人员，公平竞争，禁止商业贿赂及其他不正当竞争行为。

4. 业务规范

柜员应当熟练掌握业务技能，取得任职岗位资格。在各项业务操作中，严格遵守权限规定，遵守业务操作指引，遵循岗位职责划分和风险隔离的操作规程，确保交易安全，维护银行和客户的利益。

### （二）存款业务纪律行为管理

（1）在办理存款业务中，严格执行存款实名制、反洗钱和客户身份识别的规定。

（2）坚持及时办理、身份确认、单证审核、准确操作的原则。

（3）严格执行储蓄工作原则，不得强拉客户开立储蓄账户。

（4）严格执行国家的利率政策，不得高息揽存和支付各种不合理费用。

### （三）结算纪律行为管理

银行柜员应严格遵守的结算纪律有以下几个方面。

（1）不准以任何理由压票、任意退票，不得截留挪用客户和他行资金，不准受理无理拒付，不扣或少扣滞纳金、罚金。

（2）不准在银行结算制度之外规定附加条件，影响汇路畅通。

（3）不准违反规定开立账户。

（4）不准拒绝受理、代理他行正常结算业务。

（5）不准放弃对企业单位违反结算纪律的制裁。

（6）不准违章承兑、贴现商业汇票和逃避承兑责任，拒绝支付已承兑的商业汇票票款。

（7）不准超额占用联行汇差资金、转嫁资金矛盾。

（8）不准逃避向人民银行转汇大额汇划款项和清算大额银行汇票资金。

## 第二节　重要凭证和印章管理

**能力目标**

了解和掌握柜员重要空白凭证管理、柜员会计印章管理。

### 一、重要空白凭证管理

重要空白凭证，简称重空凭证。它是指经银行或单位填写金额并签章后即具支付效力的空白凭证，是银行凭以办理资金收付的书面依据。重要空白凭证的重要特征为每张凭证上均有凭证号码。

银行的重要空白凭证主要有：现金支票（见图2－3）、转账支票（见图2－4）、银行本票（见图2－5）、银行汇票（见图2－6）、商业承兑汇票、银行承兑汇票、单位定期存款开户证实书（见第五章）、单位定期存单、人民银行电子联行贷方补充报单、存款证明书、电子凭证、银行汇票申请书、银行本票申请书、外币汇票、存折、存单、假币收缴凭证、国债收款凭证、银行卡等。

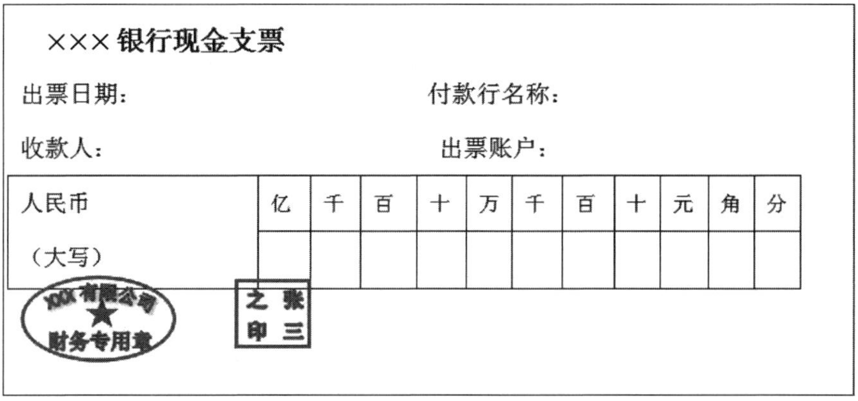


**图2－3　现金支票示意图**

资料来源：根据中国工商银行现金支票实物绘制。

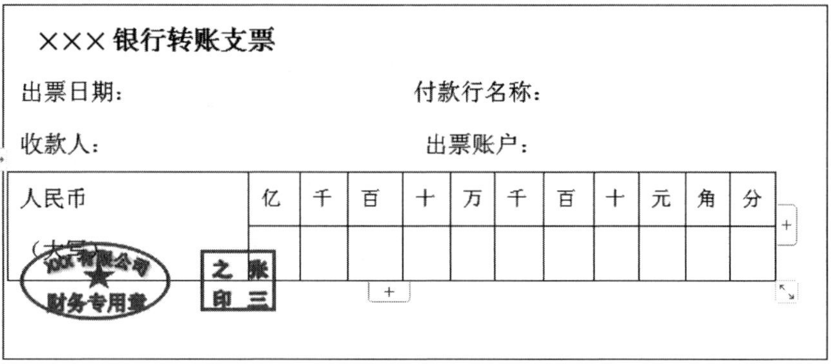
×××银行转账支票

出票日期： 付款行名称：

收款人： 出票账户：

| 人民币（大写） | 亿 | 千 | 百 | 十 | 万 | 千 | 百 | 十 | 元 | 角 | 分 |
|---|---|---|---|---|---|---|---|---|---|---|---|
| | | | | | | | | | | | |

XXX有限公司 财务专用章

张三之印

**图2-4　转账支票示意图**

资料来源：根据中国农业银行转账支票实物绘制。

XX银行

本票

签发日期（大写）　贰零贰壹年 零壹拾月 贰拾壹日

壹仟元整

XX银行 汇票专用章 20211021

张三之印

**图2-5　银行本票示意图**

资料来源：根据交通银行本票实物绘制。

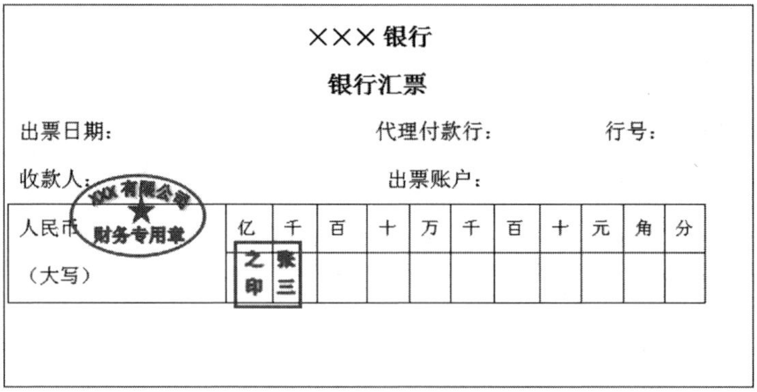
×××银行

银行汇票

出票日期： 代理付款行： 行号：

收款人： 出票账户：

| 人民币（大写） | 亿 | 千 | 百 | 十 | 万 | 千 | 百 | 十 | 元 | 角 | 分 |
|---|---|---|---|---|---|---|---|---|---|---|---|
| | | | | | | | | | | | |

XXX有限公司 财务专用章

张三之印

**图2-6　银行汇票示意图**

资料来源：根据中国建设银行汇票实物绘制。

凡各银行总行统一规定的重要空白凭证，必须严格按照总行的规定订制和使用，不得自行设计格式，不得自行印制；总行未统一规定的重要空白凭证，可根据有关规定自行设计或印制，但要报总行备案。

重要空白凭证必须由专人负责保管，建立严密的进、出库和领用制度。各种重要空白凭证的成本纳入表外核算，以一份（本）一元钱的假定价格入账。

重要空白凭证一般不得在教学实习或练习中使用。如确实需要重要空白凭证作为教学、技术比赛等用具，应由主办部门提供所需重要空白凭证的种类、数据清单，经批准后方可领用。出库时，由库管员切去右下角，并在凭证明显处加盖“作废”戳记。用后，由主办部门指定专人清点，换人复核后，集中销毁。对遗失重要空白凭证的当事人，应视情节轻重进行处罚。

**（一）领用**

柜员向库管员领用重要空白凭证时，告知库管员需要的重空凭证种类和数量，库管员经过查询系统，打印空白凭证出库单，如图 2－7 所示。库管员在有第三人在场的情况下，当面将重空凭证和出库单交由柜员，柜员审核无误后，办理领用手续。柜员领用时，应逐份清点，数量和凭证号码都要核对。

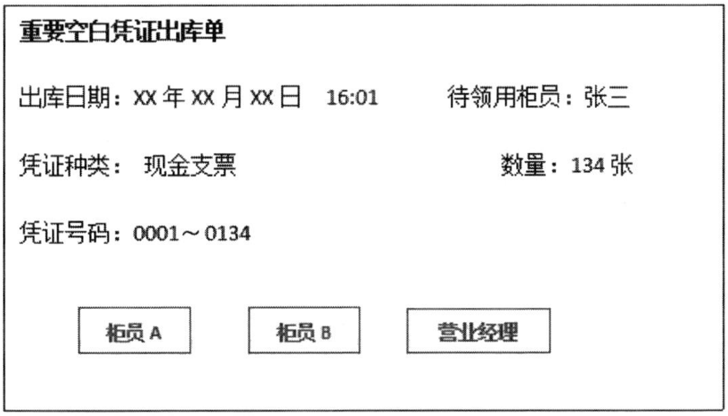
重要空白凭证出库单

出库日期：XX 年 XX 月 XX 日　16:01　　待领用柜员：张三

凭证种类：现金支票　　数量：134 张

凭证号码：0001～0134

柜员 A　柜员 B　营业经理

图 2－7　空白凭证示意图

注：重要空白凭证可以不盖私章。
资料来源：根据中国工商银行相关操作界面绘制。

柜员领用的重要空白凭证应放置在专用的保管箱内或放置于柜员现金尾箱内，严格执行“章、证、押三分管”制度。

领用单

领用时间：XX 年 XX 月 XX 日　16:01　　领用柜员：张三

凭证种类：现金支票　　数量：134 张

凭证号码：0001～0134

柜员 A　　第三人　　营业经理

**图 2－8　领用单示意图**

注：领用单必须有第三人在场当面交接，并盖私章或签字。
资料来源：根据中国工商银行相关操作界面绘制。

“押”是指密押：是按特定法则编制而成的密码，是辨别异地资金汇划凭证真伪的主要技术措施，是保证结算资金安全的重要工具。密押是在办理银行汇票业务过程中，由计算机系统按照规定的计算方法，对票据有关要素进行加密运算得出的一组数据。

密押可分为系统密押和手工密押两大类。系统密押又分为全功能银行系统密押和网上支付结算代理业务密押，手工密押分为应急密押和支付结算代理业务密押。应急密押系统由发行器、密押器及 IC 卡组成。使用各级发行器或密押器均需凭各级人员 IC 卡进行，各级 IC 卡经逐级签发后方可启用。由经办行密押主管负责在密押器上注册、注销密押员卡号、对超过限额的编押业务进行授权、查询历史记录。

各种公章、凭证，临时离岗时要及时上锁，午休时入库或放入保险柜保管，次日营业开始前双人开箱。

### （二）出售

出售重要空白凭证时，应按凭证号码自小到大的顺序出售。银行审核客户填写的空白凭证领用单无误后，办理重要空白凭证的出售手续，可以按本出售的重要凭证主要有现金支票、转账支票、普通支票、电汇凭证、银行汇票申请书、银行本票申请书等，原则上每个账户每次出售一本，对于业务量大的客户，经核实，可以适量增加出售量；对个人客户，可以按份数出售商业承兑汇票和银行承兑汇票。根据业务需要按份数出售空白支票时，应预先加盖单位账号和开户行公章，参加同城票据清分的机构还应将账号等要素打印在磁码区域内，不得交予客户自行填写。

### （三）签发

（1）银行签发的银行汇票、银行本票等重要空白凭证不得交由客户签发，不得预先在空白凭证上加盖印章，不得跳号使用。

（2）柜员应按规定打印或手工填制重要空白凭证，不得自行设置打印格式。

（3）柜员因填错或交易失败造成重要空白凭证作废，应在作废凭证上加盖“作废”戳记，并剪下右下角作为相关传票的附件。

（4）柜员应按照号码顺序签发重要空白凭证，不得跳号。

（5）柜员在使用重要空白凭证时，严禁私下调剂。

### （四）收回

开户单位销户或银行更换凭证时，银行应将客户剩余的未使用重要空白凭证收回，并在销户通知书上列明清单，由开户银行注销。若开户单位未交回未使用的重要空白凭证，由此造成的一切经济纠纷，由开户单位承担责任。

柜员应将收回的重要空白凭证逐份剪角并加盖“作废”戳记，交予库管员保管，以备销毁，同时登记“缴回重要空白凭证登记簿”；银行卡在磁条处打双孔，放入尾箱保管，再集中交给库管员。

**[案例]**

网点柜员陈某给一家企业办理现金存款业务，从凭证盒里取出空白现金存款凭证，撕下1份后将剩余的凭证随手平放于盒子内其他凭证之上，后该柜员因办理其他业务，将凭证盒上层的现金存款凭证碰掉到地上。当日营业终了，该柜员没有对空白重要凭证进行复点，次日上午另一柜员在打扫时，将该空白凭证当作垃圾倒掉。第三天上午，该柜员又办理一笔企业现金存款业务时，系统显示凭证“不能跳号使用”，经网点负责人及管理行组织核查该柜员要素库存信息及调阅监控录像等，确认丢失现金存款凭证，在追踪无果后及时进行了凭证挂失处理。

对直接责任人的处理：柜员陈某没有认真执行规章制度，连续两天营业终了未清点核对空白重要凭证，违反了银行空白重要凭证管理的有关规定，导致空白重要凭证丢失，根据有关规定，给予陈某行政警告处分。

1. 案例分析

剖析本起空白现金存款凭证丢失事件，主要有以下原因。

（1）制度执行意识淡薄是导致风险事件发生的主要原因。当事柜员连续两天营业终了没有复点核对空白重要凭证，违反了银行《空白重要凭证管理办法》“营业终了，柜员应在监控下清点未用的空白重要凭证实物，并在与主机系统、会计要素管理系统相关信息核对相符后，打印‘会计要素登记簿’，进行签章确认”的规定，这是导致空白现金存款凭证丢失的直接原因。

（2）现场监督管理失控是导致风险事件发生的重要原因。柜员陈某连续两天营业终了未按规定复点、核对空白重要凭证，网点现场管理人员没有及时发现并纠正，对网点重要时点失去有效监督管理，员工违规行为未能得到及时纠正和规范，是导致空白现金存款凭证丢失的重要原因。

2. 案例启示

（1）培养员工良好的作业习惯。通过加强制度培训、推动业务标准化、精细化管理，使员工，特别是新上岗员工养成遵章守法、规范操作的工作习惯，自觉防范和抵制各类差错和违规行为。

（2）增强员工岗位责任意识。通过强化员工思想教育，提升员工职业道德素养，增强岗位责任意识、风险防范意识和自我保护意识，提高合规操作能力，从源头上减少这类风险事件的发生，不断提高制度执行力。

（3）强化管理人员履职水平。一方面，部门负责人要定期组织员工学业务、学制度、学禁止性规定，结合问题剖析、案例通报，向员工传导内控案防信息，培育员工合规理念；另一方面，加强日常监督检查，及时排查风险隐患，把风险事件消灭在萌芽状态。

## 二、会计印章管理

### （一）会计印章概述

会计印章是指在会计凭证、账簿、报表等会计资料上加盖并表示业务合法性的特定标识，包括会计业务印章、个人用章等。

1. 个人用章

个人用章包括个人名章和个人印鉴章，如图 2－9 所示。

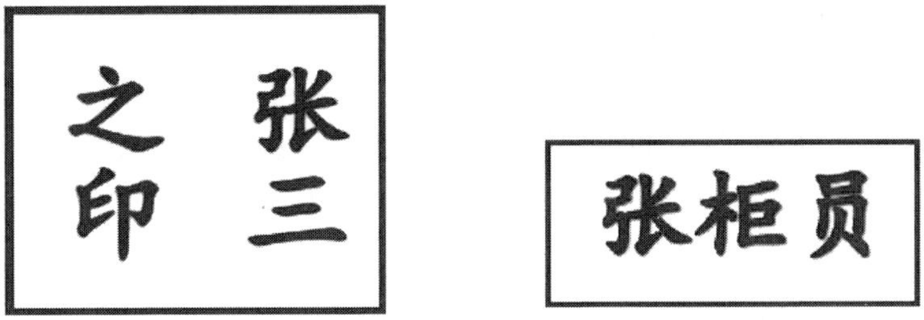


图 2－9　个人用章

2. 会计业务印章

会计业务印章分为业务专用章、业务公章。业务专用章包括汇票专用章、结算专用章、本票专用章、转讫章、现金清讫章（或业务清讫章）、票据清算（交换）专用章、票据受理专用章，假币收缴专用章等，见图 2－10。业务公章包括会计业务公章和储蓄业务公章。

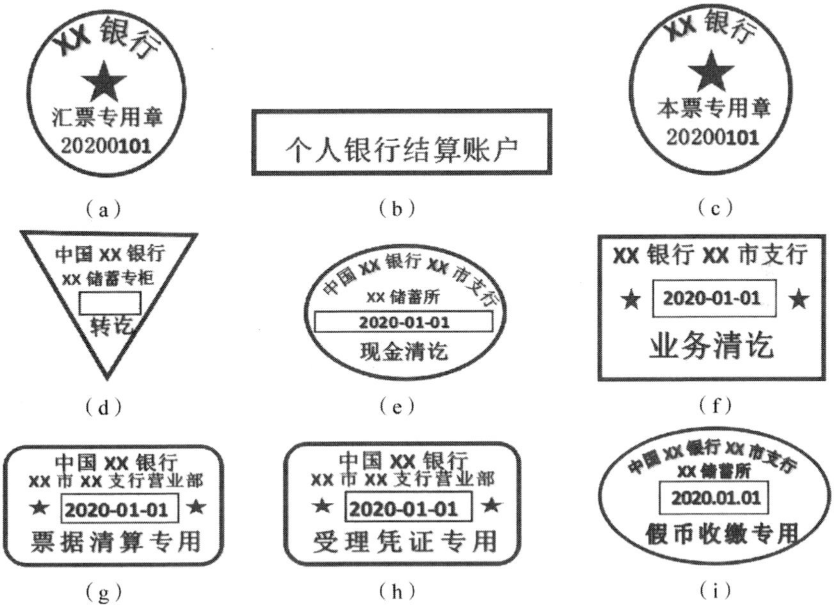


图 2－10　各种会计业务印章

资料来源：根据银行印章实物绘制。

3. 业务专用章的使用范围

（1）汇票专用章：用于签发银行汇票和承兑银行承兑汇票，办理商业汇票转贴现和再贴现时的背书等。

（2）结算专用章：用于办理托收承付、委托收款等支付结算业务，办理商业汇票贴现、转贴现委托收款背书，办理他行提出的网上支付结算凭证业务，办理结算业务的查询查复，办理中国人民银行或银行规定的其他结算业务。

（3）本票专用章：用于签发银行本票。

（4）转讫章：用于已完成记账处理或打印输出的银行记账单证、清单及客户付款和收款回单等。

（5）现金清讫章：用于现金收付凭证和现金缴款单回单、现金支票及现金调拨凭证等。

（6）业务清讫章：是转讫章和现金清讫章的合并。

（7）票据清算（交换）专用章：用于提出票据交换的款项清算。

（8）票据受理专用章：用于受理单位提交他行票据时签发客户回单等。

（9）假币收缴专用章：用于收缴假币时加盖在人民币假钞上或装有外币假钞或伪造硬币的专用信封上。

4. 业务公章的使用范围

（1）会计业务公章。会计业务公章见图 2－11（a），用于对外签发对公业务的重要单证及柜台受理部分业务的回单，还用于对外出具存款证明、挂失回单、止付通知、承付通知等，以及其他需要加盖会计业务公章的重要单证或报表，或者按照相关业务管理办法、规定要求加盖会计业务公章的合约、协议等。

（2）储蓄业务公章。储蓄业务公章见图 2－11（b），用于对外签发个人业务的重要单证及柜台受理部分业务的回单，还用于对外出具存款证明、挂失回单、假币收缴凭证等，以及其他需要加盖储蓄业务公章的重要单证或报表，或者按照相关业务管理办法、规定要求加盖储蓄业务公章的合约、协议等。

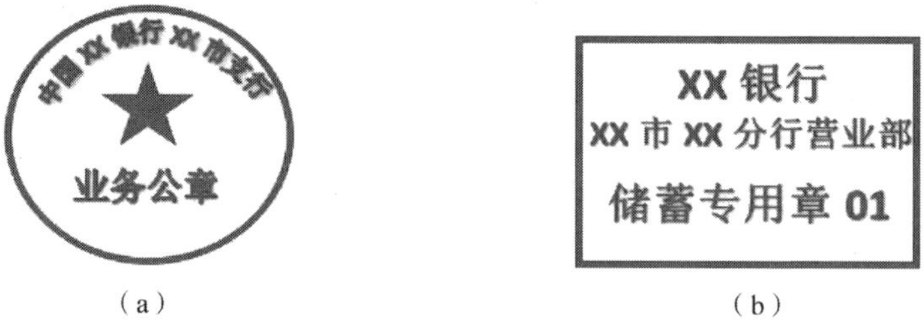


（a）　（b）

**图 2－11　储蓄业务公章**

5. 个人用章的使用范围

（1）个人名章，用于会计人员经办和记载的凭证、账簿、报表等。对联机完成的账务处理或打印输出的会计凭证、账表必须按规定加盖个人名章，如果会计凭证、账表上有计算机输出打印的操作员姓名，可代替会计人员的签章；对计算机自动处理的账务，输出打印的会计凭证、账表可以不加盖个人名章。

（2）个人印鉴章。各级会计部门经过授权的经办人员在签发银行汇票和银行本票、承兑银行承兑汇票以及办理系统内现金、重要空白凭证和有价单证调拨等业务时，需加盖个人印鉴章。

## （二）会计印章的使用和管理的具体要求

（1）严禁任何机构和人员擅自刻制会计印章。

（2）领取会计印章后，须及时在印章保管和交接登记簿上预留印模，详细登记，并指定专人保管和使用；印章启用时，必须在印章保管和交接登记簿上详细记载；在发生交接时，移交人、接收人和监交人必须在登记簿上签署个人名章。印章保管和交接登记簿的记录必须完整、真实，严禁涂改。

（3）会计印章的保管和使用，实行“专人使用、专人保管、专人负责”。

（4）会计印章必须做到专匣保管、固定存放、人离章收；必须严格按规定的范围使用，严禁错用、串用、提前或过期使用；严禁在空白凭证、登记簿、报表等上预先加盖印章；严禁在无真实会计记录的凭证上加盖印章；不得将会计印章随身携带或者带离营业场所；不得将印章交他人带走使用；严禁多人同时使用同一枚（套）印章；严禁给非会计人员配备会计印章；在非营业时间，印章必须入库或存放保险箱（柜）保管。

（5）个人印鉴章原则上应由本人保管，不得随意交由他人使用，因特殊原因确需由他人使用的必须经过书面授权确认，并在印章保管和交接登记簿上办理交接登记。

（6）一般会计人员保管的会计印章交接，必须由业务主管监交；业务主管保管的会计印章交接，必须由部门负责人监交。印章交接必须当面办理，并由有权人监交，不得办理隔夜交接，也不得通过第三人办理移交。

（7）因机构撤并、更名或印章样式变更、损毁等原因，使会计印章停止使用的，应在印章保管和交接登记簿上注明停止使用的原因和日期，并编制清单上缴上级（或同级）会计部门，双方经办人员应在上缴清单上签章确认。上缴清单应至少包括机构名称、印章名称、数量、印章编号、停止原因、上缴日期等相关要素，并加盖印模。

**［案例1］**

一天，客户王某持一张万元定期存单来网点办理到期取现销户业务。在业务处理过程中，柜员输入销户金额后，系统提示“输入金额不能大于开户时存入金额”，经办人员觉得情况异常，马上上报现场管理人员并认真查询该存单开户信息。经输入存单账号后核对，该存单户名为曹某，且开户金额仅为数百元，通过一番仔细核对，确认该存单为伪造存单。客户声称该存单为其本人在一起医疗事故中所得赔偿款，由其夫曹某代为开立。现场管理人员在稳住客户的同时，立即向上级行领导汇报，该上级行领导认为事情重大，迅速向保卫部门报告，成功堵截该起利用假存单诈骗银行资金的行为。

1. 案例分析

经查，曹某确实以王某名义开立了万元定期存单，但早已销户，为避免王某盘问，以曹某名义开立数百元存单（凭证号与假存单相同）伪造成上述假存单。该存单与银行真存单存在明显差异，乍看上去像水洗过，打印字体为蓝黑色，并非银行黑色字体，且印章模糊，伪造手法十分拙劣。

2. 案例启示

通过此次事件可以看出，在日常案件防控上有以下几点值得注意。

（1）强化现钞、存单、身份证等重要物品的真假辨别能力。社会上屡屡出现假币制造团伙，给居民带来损失的同时也给银行增加了风险，银行对假钞鉴别相对比较重视，对银行票据等鉴别措施也较完善，但对假存单等的防控相对薄弱，如犯罪分子抱着侥幸心理，将存单伪造得跟真存单信息完全相同，则银行难免遭受损失。

（2）加强印章管理，规范印章使用方法。目前，银行柜员印章一人一章，离柜上锁，杜绝了印章丢失及冒用印章的可能性。但犯罪分子利用高科技手段依然能将印章模仿得几乎以假乱真，这就要求银行员工规范印章使用，不能在空白处盖印章，以避免给不法分子可乘之机。

**［案例 2］**

柜员为客户办理账户内资金人民币购买美金业务，柜员操作后才发现此账户非购汇客户本人账户，造成一笔非本人办理购汇业务的风险事件，柜员向业务主管反映后，业务主管要求柜员作反交易处理，避免引起进一步的风险事件。

1. 案例分析

（1）柜员在操作前没有先审核客户办理业务的各要素，如核对身份证是否本人、办理业务的介质是否为本人，操作存在随意性。

（2）此案例反映了一些柜员在办理日常业务时对于一些规章制度执行不到位，如办理结售汇业务需本人办理，如委托办理需有授权书。不遵章办理易产生经济及声誉风险隐患。

（3）柜员反映在沟通中得知客户经常办理购汇业务，认为客户对银行关于购汇的业务要求应很熟悉，因此放松了对业务的审核，存在侥幸心理，随便减少审核程序和内容，致使差错发生。

2. 案例启示

（1）从银行网点发生的风险事件来看，大部分风险事件产生的原因都与上述案例有相似的地方，有部分是柜员操作不严谨引起的，如对操作流程不熟悉，甚至明知故犯。若柜员在业务操作中能对每一笔业务的合规性、真实性、完整性严格把关，应可避免该类风险事件的发生。

（2）业务主管应加强日常业务检查，及时发现柜员业务操作中存在的问题，针对柜员工作的薄弱环节及时组织相关的培训，在提高柜员业务技能的同时防范风险（崔婕和杨南，2014）。

## 第三节　客户和账户管理

**能力目标**

了解客户身份识别和信息管理，掌握单位结算账户管理，理解个体工商账户的开立。

## 一、客户身份识别和信息管理

### （一）客户身份识别和信息管理的基本业务

（1）以开立账户等方式与客户建立业务关系，为不在本机构开立账户的客户提供现金汇款、现钞兑换、票据兑付等一次性金融服务且单笔交易金额在人民币 1 万元以上或者外币等值 1 000 美元以上的，应识别客户身份，了解实际控制账户的自然人和交易的实际受益人，核对客户的有效身份证件或其他身份证明文件，登记客户身份基本信息，并留存证明文件的复印件或者影印件。

（2）为自然人客户办理单笔人民币 5 万元以上或者外币等值 1 万元美元以上现金存取业务的，应当核对客户的有效身份证件或者其他身份证明文件。

（3）为客户向境外汇出资金时，应当登记汇款人的姓名或者名称、账号、住所和收款人的姓名、住所等信息，在汇兑凭证或者相关信息系统中留存上述信息，并向接受汇款额境外机构提供汇款人的姓名或者名称、账号、住所等信息。

（4）采取合理方式确认代理关系的存在，对代理人进行客户身份识别，核对代理人有效身份证件或者身份证明文件，登记代理人的姓名或者名称、联系方式、身份证件或者身份证明文件的种类、号码等信息。

（5）在与客户的业务关系存续期间，金融机构应当采取持续的客户身份识别措施，关注客户及其日常经营活动、金融交易情况，及时提示客户更新资料信息。

（6）存在以下情况时，应当重新识别客户：

客户要求变更姓名或者名称、身份证件或者身份证明文件种类、身份证件号码、注册资本、经营范围、法定代表人或者负责人的；

客户行为或者交易情况出现异常的；

客户姓名或者名称与国务院有关部门、机构和司法机关依法要求金融机构协助调查或者关注的犯罪嫌疑人、洗钱和恐怖分子的姓名或机构名称相同的。

客户有洗钱、恐怖等活动嫌疑的；

获得的客户信息与先前已经掌握的相关信息不一致或者相互矛盾的；

获得的客户身份资料的真实性、有效性、完整性存在疑点的；

应重新识别新客户身份的其他情形。

### （二）客户身份资料的保管

妥善保管客户身份资料，包括记载客户身份信息、资料以及反映客户身份识别工作情况的各种记录和资料。按照下列期限保存客户身份资料和交易记录：自业务关系结束当年或者一次性交易记账当年起至少保存5年；交易记录，自交易记账当年起至少保存5年。

［课堂讨论］

结合《中华人民共和国反洗钱法》，讨论客户身份识别和信息管理的重要意义。

## 二、单位结算账户管理

### （一）基本规定

存款人以单位名称开立的银行结算账户为单位银行结算账户。单位银行结算账户按用途分为基本存款账户、一般存款账户、专用存款账户、临时存款账户四类。个体工商户凭营业执照以字号或经营者名字开立的银行结算账户纳入单位银行结算账户管理。

（1）基本存款账户是存款人为办理日常转账和现金收付而开立的银行结算账户，是存款人的主要账户。

（2）一般存款账户是存款人因借款或其他结算需要，在基本存款账户开户银行以外的银行营业机构开立的银行结算账户。

（3）专用存款账户是存款人按照法律、行政法规和规章，对其特定用途资金进行专项管理和使用而开立的银行结算账户。

（4）临时存款账户是存款人因临时需要并在规定期限内使用而开立的银行结算账户，其最长有效期限为2年。

### （二）单位结算账户的开立业务

1. 基本规定

（1）开户银行必须对存款人提交的开户资料进行真实性、完整性、合规性审查，客户部门必须确定客户真实身份，确保存款人开户身份的真实、可靠，并在存款人提供的证明文件上签署意见。

（2）单位申请开立单位银行结算账户，由法定代表人或单位负责人直接办理的，应出具法定代表人或单位负责人的身份证件；授权他人办理的，还应出具其法定代表人或单位负责人的授权书及其身份证件，以及被授权人的身份证件。授权书中应对被授权人的姓名及其身份证件、权限等内容做明确说明，并在授权书上加盖单位公章，并由法定代表人或单位负责人签章。

（3）开立银行结算账户，应签订银行结算账户管理协议，明确双方的权利与义务。除中国人民银行另有规定的以外，应建立预留签章卡片，并将签章式样和有关证明文件的原件或复印件留存归档。

2. 基本存款账户的开立

（1）业务受理。客户部门自身发展的客户，对客户提交的开户资料进行真实性审核后，将开户资料递交会计人员。临柜收到客户开立账户的申请后，需将客户提交的相关证明文件转交客户部门，客户部门进行真实性审核后，再将相关证明文件递交会计人员。

客户需提供下列证明文件：企业法人应出具企业法人营业执照正本，非法人企业应出具企业营业执照正本，个体工商户应出具个体工商户营业执照正本。

机关和实行预算管理的事业单位，预算单位开户申请书统一使用财政局印制的文件，在向中国人民银行送交开户资料时，必须按照《人民币银行结算账户管理办法》的规定，提交政府人事部门或编制委员会的批文或登记证书和财政部门审核同意的申请书；非预算管理的事业单位，应出具政府人事部门或编制委员会的批文或登记证书。

军队、武警团级（含）以上单位以及分散执勤的支（分）队，应出具军队军级以上单位财务部门、武警总队财务部门的开户证明。

社会团体，应出具社会团体登记证书，宗教组织还应出具宗教事务管理部门的批文或证明。

民办非企业组织，应出具民办非企业登记证书。

异地常设机构，应出具其驻在地政府主管部门的批文或外地驻本地机构登记证书。

外国驻华机构，应出具国家有关主管部门的批文或证明；外资企业驻华代表处、办事处，应出具国家登记机关颁发的登记证书。

居民委员会、村民委员会、社区委员会，应出具其主管部门的批文或证明。

独立核算的附属机构，应出具其主管部门的基本存款账户开户登记证和批文。

其他组织，应出具政府主管部门的批文或证明。

客户出具的营业执照、证书、批文等必须是正本。

客户为从事生产、经营活动纳税人的，必须按照《人民币银行结算账户管理办法》及《中华人民共和国税收征收管理法实施细则》的规定，向开户银行提交税务登记证。根据国家有关规定无法取得税务登记证的，应出具相关证明。

异地开立基本存款账户必须出具注册地中国人民银行分（支）行出具的未开立基本存款账户的证明；如其注册地已运行账户管理系统的，可不出具未开立基本存款账户的证明。

（2）审核。经办人员应审核客户是否已提交开户申请书，银行结算账户性质选择是否正确，要素填写是否齐全、准确，并注意以下事项。

开户申请书所填写的要素应与开户证明文件上记载的内容一致。

存款人应在开户申请书上加盖公章，公章单位名称应与开户证明文件上记载的单位名称一致，单位名称较长的，可以使用规范化简称，但需在银行结算账户管理协议上就相关事项及责任予以约定。单位独立核算的附属机构，其账户名称为主管单位加附属机构名称。

存款人有上级法人或主管单位的，应当填写上级法人或主管单位的相关信息，有关联企业的应填写关联企业的名单。

客户部门应在开户资料复印件上逐份加盖“与原件核对一致”章，并由经办人签章。

（3）报批。符合开户条件的，营业经理（会计主管）在开户申请书上签署审核意见，加盖业务专用章及经办人员签章，并在开户申请书上填写有关内容：开户银行名称、开户银行机构代码、账号、开户日期等。将开户申请书的内容录入账户管理系统等待核准，同时将开户资料报当地人民银行分（支）行。

（4）核准后处理。符合开户条件的，开户行收到开户许可证、二联加盖当地人民银行支行行政许可专用章和经办人员签章的开户申请书后，留存一联开户申请书，将新的开户许可证、一联开户申请书转交存款人。

不符合开户条件的，开户行收到人民银行退回的开户资料后，留存一份开户资料，其余退还存款人，并通知存款人办理销户。

3. 一般存款账户的开立

（1）一般存款账户不能在存款人基本存款账户的开户行（指同一营业机构）开立。

（2）临时机构已在住所地开立一个临时存款账户的，不能申请开立一般存款账户。

4. 专用存款账户的开立

存款人申请开立专用存款账户，应向银行出具其开立基本存款账户要求的证明文件、基本存款账户开户许可证和下列证明文件。

（1）预算单位开立专用存款账户需提供的资料：基本建设资金、更新改造资金、政策性房地产开发资金、住房基金、社会保障基金，应出具其主管部门批文；财政预算外资金，应出具财政部门的证明；党团、工会设在单位的组织机构经费，应出具该单位或有关部门的批文或证明；其他按规定需要专项管理和使用的资金，应出具有关法规、规章要求的有关文件；行政事业单位申请开立专用存款账户的，还必须提供其基本存款账户的开户许可证和规定的证明文件。

（2）非预算单位开立专用存款账户需提供的资料：基本建设资金、更新改造资金、政策性房地产开发资金、住房基金、社会保障基金，应出具主管部门批文；单位银行备用金，应按照中国人民银行批准的银行卡章程的规定出具有关证明和资料；证券交易结算资金，应出具证券公司或证券管理部门的证明；期货交易保证金，应出具期货公司或期货管理部门的证明；金融机构存放同业资金，应出具其证明；收入汇缴资金和业务支出资金，应出具基本存款账户存款人的有关证明；党、团、工会设在单位的组织机构经费，应出具该单位或有关部门的批文或证明；其他按规定需要专项管理和使用的资金，应出具有关法规、规章或政府部门规定的有关文件。

（3）其他有关规定：同一证明文件只能申请开立一个专用存款账户；临时机构已在住所地开立一个临时存款账户的，不能申请开立专用存款账户；存款人可以在基本存款账户开户行申请开立专用存款账户。

5. 临时存款账户的开立

（1）客户需提供的资料。临时机构，应出具其驻在地主管部门同意设立临时机构的批文。异地建筑施工及安装单位，应出具其营业执照正本或其隶属单位的营业执照正本，以及施工及安装地建设主管部门核发的许可证或建筑施工及安装合同。异地从事临时经营活动的单位，应出具其营业执照正本以及临时经营地工商行政管理部门的批文。注册验资资金，应出具工商行政管理部门核发的企业名称预先核准通知书或有关部门的批文。异地建筑施工及安装单位、异地从事临时经营活动的单位还应出具其基本存款账户开户登记证。

（2）其他有关规定。存款人为临时机构的，只能在住所地开立一个临时存款账户，不得开立其他银行结算账户；存款人在异地从事临时经营活动的，只能在临时活动地开立一个临时存款账户。建筑施工及安装单位企业在异地同时承建多个项目的，可根据建筑施工及安装合同开立不超过项目合同数的临时存款账户。财政预算单位不得开立临时存款账户。

6. 个体工商户账户的开立

（1）开立个体工商户账户时，应出具个体工商户营业执照及个人有效身份证。有字号的个体工商户开立的银行结算账户的名称应与其营业执照的字号一致；无字号的个体工商户，其账户名称由“个体户”字样和营业执照记载的经营者姓名组成。

（2）工程承包商、市场经营户等的账户可凭工程承包合同或进场交易证开立，户名为工程承包人或经营人姓名。

### （三）单位结算账户的使用业务

1. 基本规定

（1）单位银行结算账户，自正式开立之日起 3 个工作日后，方可办理付款业务，但注册对象的临时存款账户转为基本存款账户和因借款转存开立的一般存款账户除外。“正式开立之日”，对于核准类银行结算账户，为中国人民银行当地分（支）行的核准日期；对于非核准类银行结算账户，为银行为客户办理开户手续的日期。

（2）单位从其银行结算账户支付给个人银行结算账户的款项，每笔超过 5 万元的，应向其开户银行提供下列付款依据：代发工资协议和收款人清单；奖励证明；新闻出版、演出主办等单位与收款人签订的劳务合同或支付给个人款项的证明；证券公司、期货公司、信托投资公司、奖券发行或承销部门支付或退还给自然人款项的证明；债权或产权转让协议；借款合同；保险公司的证明；税收征管部门的证明；农、副、矿产品购销合同；其他合法款项的证明。

单位银行结算账户支付给个人银行结算账户的款项应纳税的，税收代扣单位付款时应向其开户银行提供完税证明。

2. 基本存款账户的使用

（1）基本存款账户是存款人的主办账户。存款人日常经营活动的资金收付及其工资、奖金和现金的支取，应通过该账户办理。

（2）单位银行卡账户的资金必须由其基本存款账户转账存入。

3. 一般存款账户的使用

一般存款账户可以办理现金缴存，但不得办理现金支取。

4. 专用存款账户的使用

（1）财政预算外资金、证券交易结算资金、期货交易保证金和信托基金专用存款账户不得支取现金。

（2）基本建设资金、更新改造资金、政策性房地产开发资金、金融机构存放同业资金等。专用存款账户需要支取现金的，应在开户时报中国人民银行当地分（支）行批准。中国人民银行当地分（支）行应根据国家现金管理的规定审查批准。

（3）粮、棉、油收购资金，社会保障基金、住房基金和党、团、工会经费等专用存款账户支取现金应按照国家现金管理的规定办理。

（4）收入汇缴账户除向其基本存款账户或预算外资金财政专用存款账户划缴款项外，只收不付，不得支取现金。业务支出账户除从其基本存款账户拨入款项外，只付不收，现金支取必须按照国家现金管理的有关规定办理。

5. 临时存款账户的使用

（1）临时存款账户支取现金，应按照国家现金管理的有关规定办理。临时存款账户超过有效使用期限后，不得办理资金收付。

（2）注册验资的临时存款账户在验资期间只收不付，注册验资资金的汇缴人应与出资人名称一致。

**[案例]**

网点收到业务运营风险系统（银行专门用于发布事中、事后监督人员发现柜员违规操作并标记为风险事件的系统）下发的风险事件查询，新开立往来账户（单位结算账户）的客户在禁止支付期内，通过网上银行发生支付业务。此笔业务属网银客户自助业务。该资金清算触发开户支行未认真履行新开账户3个工作日禁止支付的风险事件。因不了解流程或制度规定，在禁止支付期内通过网银发生支付业务，因而被认定为风险事件。

1. 案例分析

(1) 根据单位银行结算账户管理规定，开户行应按照《人民币银行结算账户管理办法》等制度的规定，监督单位客户对所开立的单位银行结算账户的使用情况。单位银行结算账户自开立之日起，3个工作日后正式生效，生效后方可办理对外支付业务。实行生效日制度，银行可在生效日前，通过收集信息、实地调查等措施，识别存款人的真实身份，掌握存款人的真实情况，充分了解存款人的资信状况，以防止不法分子利用伪造或变造证明文件骗取银行开立结算账户进行犯罪活动。

(2) 此笔风险事件，客户在禁止支付期通过网银对外支付款项，金额虽然不大，但开户行未按照制度规定履行对开立的单位结算账户使用情况的监管和控制职责。

2. 案例启示

为有效防范银行监管风险，遏止违法违规行为，保障客户及银行资金安全，针对新开账户禁止支付期内出售凭证或办理支付业务，银行对前台柜面业务流程不断进行优化，在交易画面中增加了业务风险提示，以避免柜员误操作。

随着网点电子银行营销力度的加大，很多网点对新开立单位结算账户采取捆绑式营销，账户开立同时注册网上银行，网银业务由客户操作，如开户网点不加以有效控制，则容易出现在账户禁止支付期内客户通过网银渠道发起支付业务，造成账户管理风险。对新开立往来账户的企业应发放网银证书的，建议网点在禁止支付期内暂不发放网银证书给客户，或者证书发放给客户但不予解冻，支付期满后，再办理客户证书的交接或解冻，以防止新开立往来户通过网银在禁止支付期内进行支付。

### (四) 单位结算账户的变更与撤销业务

客户申请临时存款账户变更、撤销单位银行结算账户以及补（换）发开户许可证时，由法定代表人或单位负责人直接办理的，应出具法定代表人或单位负责人的身份证件；授权他人办理的，还应出具其法定代表人或单位负责人的授权书及其身份证件，以及被授权人的身份证件。

1. 变更

申请变更核准类银行结算账户的名称、法定代表人或单位负责人，银行应及时办理变更手续，并于2个工作日内将变更银行结算账户申请书、开户许可证及有关证明文件报送中国人民银行当地分（支）行。符合变更条件的，人民银行颁发新的开户许可证。

2. 撤销

（1）客户尚未清偿其开户银行债务的，不得申请撤销该账户。

（2）客户撤销银行结算账户，必须与开户银行核对银行结算账户存款余额，交回各种重要空白票据及结算凭证和开户许可证，银行核对无误后方可办理销户手续。对收回的重要空白凭证应当面剪角作废或加盖作废戳记，作废凭证并作为销户记账凭证附件。对因客户原因导致无法收回的重要空白凭证，应由存款人做出后果自负的承诺。

（3）撤销银行结算账户申请应经营业经理（会计主管）审批。

（4）因被撤并、解散、宣告破产或关闭以及被注销、被吊销营业执照的而撤销银行结算账户的，应当先撤销一般存款账户、专用存款账户、临时存款账户，将账户资金转入基本存款账户后，方可办理基本存款账户的撤销。

（5）对营业执照未通过工商行政管理机关年检，但尚需保留账户用于清理相关债权债务的，应撤销基本存款账户，凭主管单位或有权管理部门的批文或证明，申请开立临时存款账户。

（6）客户申请撤销核准类（指经过人民银行账户管理系统核准通过，并且核发有许可证的银行结算账户）银行结算账户后，开户银行应于2个工作日内将开户许可证及销户申请书送达人民银行当地分（支）行。符合销户条件的，由人民银行在销户申请书的空白处签署审核意见，将销户申请书的银行联退开户行留存，并通过账户管理系统撤销该账户。开户行接到人民银行返回的销户申请书后在业务系统将该账户予以销户，同时将销户申请书的客户联退回客户。

（7）未获得工商行政管理部门核准登记的单位，在验资期满后，应向银行申请撤销注册验资临时存款账户，其账户资金应退还给原汇款人账户。注册验资资金以现金方式存入，出资人需提取现金的，应出具缴存现金时的现金缴款单原件及其有效身份证件。

（8）存款人因注册验资或增资验资开立临时存款账户后，需要在该账户有效期届满前退还资金的，应出具工商行政管理部门的证明；无法出具证明的，应于账户有效期届满后办理销户退款手续。

（9）存款人因迁址变更开户银行和其他原因撤销银行结算账户后，如果需要重新开立基本存款账户，应在撤销其原基本存款账户后10日内重新开立基本存款账户，同时按要求出具开户的证明文件和“已开立银行结算账户清单”。

（10）客户由于被撤并、解散、宣告破产或关闭以及被注销、被吊销营业执照的，应于5个工作日内向开户银行提出销户申请。客户未主动办理销户手续的，银行有权停止其结算账户的对外支付。

## 三、个人结算账户管理

### （一）个人结算账户概述

个人银行结算账户用于办理个人转账收付和现金存取。下列款项可以转入个人银行结算账户：（1）工资、奖金收入；（2）稿费、演出费等劳务收入；（3）债券、期货、信托等投资的本金和收益；（4）个人债权或产权转让收益；（5）个人贷款转存；（6）证券交易结算资金和期货交易保证金；（7）继承、赠予款项；（8）保险理赔、保费退还等款项；（9）纳税退还；（10）农、副、矿产品销售收入；（11）其他合法款项。

申请开立个人银行结算账户，可实现使用支票、信用卡等信用支付工具的要求，也可实现办理汇兑、定期借记、定期贷记、借记卡等结算要求，同时该账户具有活期储蓄功能。

### （二）个人银行结算账户的开立

（1）个人凭有效身份证件以自然人名称开立个人银行结算账户。有效的个人身份证件主要有：居民身份证或临时身份证、港澳居民往来内地通行证、台湾居民来往大陆通行证、其他有效旅行证件、外国公民的护照。

（2）银行为个人开立银行结算账户，应签订“银行结算账户管理协议”。

### （三）个人结算账户的变更与撤销

（1）可以受理客户要求更改除姓名以外信息的请求，客户必须提交有效身份证件和特殊业务申请书，修改成功后需交客户签字确认。

（2）不得受理客户要求更改户名的请求。

（3）个人申请撤销个人银行结算账户需在销户申请书上签章。

## 四、协助查询、冻结、扣划工作管理

### （一）基本规定

（1）协助查询、冻结、扣划是指金融机构依法协助有权机关查询、冻结、扣划单位或个人在金融机构存款的行为。

协助查询是指金融机构依照有关法律或行政法规的规定以及有权机关的查询要求，将单位或个人存款的金额、币种以及其他存款信息告知有权机关的行为。

协助冻结是指金融机构依照法律的规定以及有权机关的冻结要求，在一定时期内禁止单位或个人提取其存款账户内的全部或部分存款的行为。

协助扣划是指金融机构依照法律的规定以及有权机关的扣划要求，将单位或个人存款账户内的全部或部分存款资金划拨到指定账户的行为。

（2）协助查询、冻结和扣划工作应当遵循依法合规、不损害客户合法权益的原则。

（3）对有权机关办理查询、冻结和扣划手续完备的，应当认真协助其办理。查询、冻结、扣划存款通知书与解除冻结、扣划存款通知书均应由有权机关执法人员依法送达，金融机构不接受有权机关执法人员以外的人员送达的上述通知书。在接到协助冻结、扣划存款通知书后，不得再扣划应当协助执行的款项用于收贷收息、不得向被查询、冻结、扣划单位或个人通风报信，帮助隐匿或转移存款。

（4）金融机构在协助有权机关办理完毕查询存款手续后，有权机关要求予以保密的，金融机构应当保守秘密。金融机构在协助有权机关办理完毕冻结、扣划存款手续后，根据业务需要可以通知存款单位或个人。

### （二）审查业务

（1）办理协助查询业务时，经办人员应当核实执法人员的工作证件以及有权机关县团级以上（含，下同）机构签发的协助查询存款通知书。

（2）办理协助冻结业务时，经办人员应当核实以下证件和文书：有权机关执法人员的工作证件；有权机关县团级以上机构签发的协助冻结存款通知书，法律、行政法规规定应当由有权机关主要负责人签字的，应当由主要负责人签字；人民法院出具的冻结存款裁定书，其他有权机关出具的冻结存款决定书。

（3）办理协助扣划业务时，经办人员应当核实以下证件和文书：有权机关执法人员的工作证件；有权机关县团级以上机构签发的协助扣划存款通知书，法律、行政法规规定应当由有权机关主要负责人签字的，由主要负责人签字；有关的生效法律文书或行政机关的有关决定书。

（4）在协助冻结、扣划单位或个人存款时，应当审查以下内容：协助冻结、扣划存款通知书填写的被冻结或扣划存款的单位或个人的开户金融机构名称、户名和账号、大小写金额；协助冻结或扣划存款通知书上的义务人应与所依据的法律文书上的义务人相同；协助冻结或扣划存款通知书上的冻结或扣划金额应当是明确的。

如发现缺少应附的法律文书，以及法律文书有关内容与协助冻结、扣划存款通知书的内容不符，应说明原因，退回协助冻结、扣划存款通知书以及所附的法律文书。

对不能提供个人存款账户账号的有权机关，应当要求有权机关提供该个人的居民身份证号码或其他足以确定该个人存款账户的信息。

### （三）登记业务

在协助有权机关办理查询、冻结和扣划手续时，应对下列情况进行登记：有权机关名称，执法人员姓名和证件号码，金融机构经办人员姓名，被查询、冻结、扣划单位或个人的名称或姓名，协助查询、冻结、扣划的时间和金额，相关法律文书名称及文号，协助结果等。

登记表应当在协助办理查询、冻结、扣划手续时填写，并由有权机关执法人员和金融机构经办人签字。金融机构应当妥善保存登记表，并严格保守有关机密。

金融机构协助查询、冻结、扣划存款，涉及内控制度中的核实、授权和审批工作时，应当严格按内控制度及时办理相关手续。

### （四）查询业务

协助有权机关查询的资料应限于存款资料，包括被查询单位或个人开户、存款情况以及与存款有关的会计凭证、账簿、对账单等资料。对上述资料，金融机构应当如实提供，有权机关根据需要可以抄录、复制、照相，但不得带走原件。

金融机构因协助复制存款资料等支付了成本费用的，可以按相关规定收取工本费。

有权机关在查询单位存款情况时，只提供被查询单位名称而未提供账号的，金融机构应当根据账户管理档案积极协助查询，所查询账户不存在的，应如实告知有权机关。

### （五）冻结和扣划业务

冻结单位或个人存款的期限最长为6个月，期满后可以续冻。有权机关应在冻结期满前办理续冻手续，逾期未办理续冻手续的，视为自动解除冻结措施。

有权机关要求对已被冻结的存款再行冻结的，金融机构应当不予办理并说明情况。

在冻结期限内，只有在原作出冻结决定的有权机关作出解冻决定并出具解除冻结存款通知书的情况下，金融机构才能对已经冻结的存款予以解冻。

被冻结存款的单位或个人对冻结提出异议的，金融机构应告知其与作出冻结决定的有权机关联系，在存款冻结期限内金融机构不得自行解冻。

有权机关在冻结、解冻工作中发生错误，其上级机关直接作出变更决定或裁定的，金融机构接到变更决定书或裁定书后，应当予以办理。

协助扣划时，应当将扣划的存款直接划入有权机关指定的账户。有权机关要求提取现金的，金融机构不予协助。

两个以上有权机关对同一单位或个人的同一笔存款采取冻结或扣划措施时，金融机构应当协助最先送达协助冻结、扣划存款通知书的有权机关办理冻结、扣划手续。两个以上有权机关对金融机构协助冻结、扣划的具体措施有争议的，金融机构应当按照争议有权机关协商后的意见办理。

**[案例]**

某银行业务运营风险管理系统展现了网点柜员办理个人账户提前解冻业务，监督员经调看凭证影像并认真核查后发现，法院提供的解除冻结存款通知书中所列账户为4户，但其中2户被划线删除但未经法院有权人签章确认，于是及时下发查询，向网点进行风险提示，并归为风险事件。经进一步核实，柜员在办理业务过程中法院工作人员告知仅需解冻其中2个账户，另外2户不需解冻，于是将不需解冻的2个活期账户划掉，但未加盖法院执法用章，因而对提前解冻业务司法机关所出具的法律文书形成内容涂改。

1. 案例分析

（1）这起风险事件虽未造成银行资金损失，但隐患不容忽视。案例中的柜员对协助司法机关查询、冻结、扣划业务流程理解偏差，将解除冻结存款通知书中的账户数涂改后，并没有要求法院加盖有权人章加以确认，有可能造成不必要的法律纠纷，说明柜员风险意识薄弱，容易留下隐患。

（2）《银行会计核算管理规程》明确规定，“解除冻结存款通知书”是解冻的依据，柜员在办理解冻业务时应以司法机关提供的“解除冻结存款通知书”内容进行操作，而本案中的解除冻结通知书已经涂改，失去了其应有的法律效力，操作环节的失控可能引发新的操作风险。

（3）授权柜员对解冻业务操作存在认知错误，对法院提供的解除冻结存款通知书划线且未盖章不以为然，在进行授权之前均未按规定认真审核相关解冻内容是否符合制度规定，致使差错操作得以继续，未发挥事中控制风险的作用。

2. 案例启示

（1）网点应加强柜员日常法律知识学习培训。有针对性地对柜面较常发生的业务开展普法教育，提高临柜人员的法律观念和风险意识。同时，详细了解协助执行工作具体程序及应遵循的原则，当协助单位要求银行协助执行时，一定要他们出示合法的协助执行手续方可办理，避免因协助执行不当引发的纠纷。

（2）网点在配合公检法等机构办理查询、冻结、解冻、扣划账户时，由于其政策性、时效性要求比较强，因此要求柜员在操作时不但要注重严谨性，更要认真审核执行文书的完整性、准确性，减少人为因素造成的操作隐患。

（3）强化现场管理人员履职管理，切实承担起事中控制和现场管理职责，对柜员的错误要帮助改正，对问题要加以指导，保证业务办理的真实性、合规性，这样才能共同把好协助司法机关执行关，杜绝发生各类风险事件。

3. 知识链接

下列机关具有查询、冻结或者扣划存款的权力（见表 2－1），法律、行政法规有相关新规定的，从其新规定。

**表 2－1　　有权、冻结、扣划单位、个人存款的执法机关一览**

| 单位名称 | 查询单位 | 个人 | 冻结单位 | 个人 | 扣划单位 | 个人 |
|---|---|---|---|---|---|---|
| 人民法院 | √ | √ | √ | √ | √ | √ |
| 税务机关 | √ | √ | √ | √ | √ | √ |
| 海关 | √ | √ | √ | √ | √ | √ |
| 人民检察院 | √ | √ | √ | √ | × | × |
| 公安机关 | √ | √ | √ | √ | × | × |
| 国家安全机关 | √ | √ | √ | √ | × | × |
| 军队保卫部门 | √ | √ | √ | √ | × | × |
| 监狱 | √ | √ | √ | √ | × | × |
| 走私犯罪侦查机关 | √ | √ | √ | √ | × | × |
| 监察机关 | √ | √ | × | × | × | × |
| 审计机关 | √ | √ | × | × | × | × |
| 工商行政管理机关 | √ | × | × | × | × | × |
| 国务院反洗钱行政主管部门 | √ | √ | 临时冻结 | 临时冻结 | × | × |
| 证券监管管理机关 | √ | √ | √ | √ | × | × |
| 银行业监管管理机关 | √ | √ | × | × | × | × |
| 保险监管管理机构 | √ | √ | × | × | × | × |

资料来源：李良，张苏红．商业银行业务与实训［M］．北京：国防工业出版社，2017.

表 2－1 所列机关的依据是《金融机构协助查询、冻结、扣划工作管理规定》（2002 年）、《中华人民共和国证券法》（2005 年）、《中华人民共和国审计法》（2006 年）、《中华人民共和国银行业监督管理法》（2006 年）、《国务院关于废止部分行政法规的决定》（2008 年）、《中华人民共和国保险法》（2009 年）。法律、行政法规有新规定的，从其新规定。

部分有权机关查询特定主体的规定：无权限的机关需要通过相关法律程序向有权限的机关申请，通过有权限的机关对相应单位执行冻结、扣划；银行业监督管理机构有权查询涉嫌金融违法的银行业金融机构及其工作人员以及关联行为人的账户；保险监督管理机构有权查询涉嫌违法经营的保险公司、保险代理人、保险经纪人、保险资产管理公司、外国保险机构的代表机构以及与涉嫌违法事项有关的单位和个人的银行账户。

关于临时冻结的规定：国务院反洗钱行政主管部门有权要求营业机构临时冻结个人客户的全部或部分存款，临时冻结不得超过48小时，营业机构在按照国务院反洗钱行政主管部门的要求采取临时冻结措施后48小时内，未接到侦查机关继续冻结通知的，应立即解除冻结（李良和张苏红，2017；财政部国库司，2006）。

4. 思考：下列哪些行为是正确的，为什么？

（1）法院通过银行查询且冻结了A公司单位账户。

（2）人民检察院扣划了李某的个人存款账户。

（3）公安机关查询且扣划了邓某的个人存款账户。

（4）银行业监督管理机关查询了钱某的个人账户。

## 第四节　银行柜台业务基本流程

**能力目标**

掌握商业银行字符录入技能，能在规定时间内准确无误地完成文字录入，熟悉柜面业务处理的有关规定，熟练掌握商业银行柜面各项业务的处理流程。

### 一、一般柜面业务处理流程和规定

#### （一）一般柜面业务处理流程

一般柜面业务处理流程，以现金存款为例，如图2－12所示。

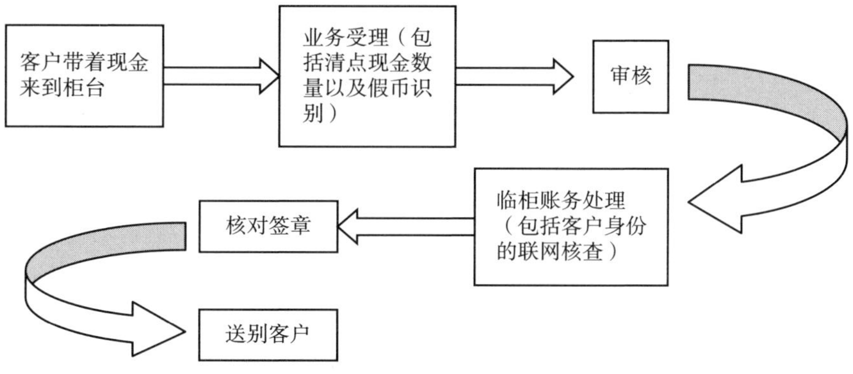


**图2－12　一般柜面业务处理流程**

### （二）一般柜面业务处理应遵循的基本规定

（1）柜员必须根据合法、有效的原始凭证按照系统操作规定输入业务信息。

（2）柜员必须根据每笔业务的类型和核算要求选择正确交易码进行记账处理。交易码在柜员岗前培训时候学习，须由柜员熟记，也可以在柜员操作界面搜索框输入汉字进行搜索及账务处理。

（3）每笔业务的办理必须有账有据。

（4）一般业务先记账后复核，超过柜员操作限额的须当场授权。

（5）业务处理顺序：现金收入，先收款后记账；现金支出，先记账后付款；资金划收，先收报后记账；资金划付，先记账后发报；转账业务，先记借后记贷；代收他行票据，收妥入账。

（6）柜员不得擅自取消和中断记账交易中正在打印的凭证，对柜面记账后产生的凭证、回单或文本进行妥善保管，并按不同用途即时分发处理。采用无纸化的银行操作系统可以省去凭证人为保管的环节。

（7）业务必须坚持一笔一清、当面清理。

## 二、柜面日初操作

（1）全体营业人员应至少提前30分钟到达网点，做好营业前准备工作。

（2）两人同时进入营业场所，并立刻撤除自动报警装置，改为手动启动状态，双人开启监控录像，进行安全检查，并做好安全检查记录；检查报警铃等安全防卫器具是否正常、完好，检查各道门锁是否完好，周边环境是否存在安全隐患。

（3）清洁门口卫生和大堂卫生，清洁各种设备、机具，清洁并整理各种宣传资料；清理柜台，查看办理业务需用的各类凭条、腰条、各类办公用品，查看客户用的笔、墨是否准备齐全。

（4）检查自身着装并挂好工号牌，做到整洁、庄重、规范；检查随身携带的物品、用具是否符合要求。

（5）开启终端机、打印机、点钞机、对讲机等设备，检查系统、设备是否正常工作。

（6）库车到达，双人接库：先核实交接员身份，检查每个钱箱是否完好无损，然后在通勤门内监控下，办理交接手续。

（7）营业经理（会计主管）先授权签到，然后柜员签到。

（8）柜员经营业经理授权后，领入电子钱箱。如果是连续使用同一钱箱两天以上的，须交叉放入电子钱箱。

（9）柜员签到后应立即按“一日三碰库”的碰库要求进行碰库（三碰库指的是日初、日中、日终的轧账），确保对外营业前现金、重要空白凭证、业务印章等重要物品无误。会计主管必须对柜员营业前碰库进行监督，发现不符应立即查找原因，并及时向上级报告。

（10）在准备好日初操作后，一般银行都会举行晨会，现金柜员在玻璃防弹窗里面开会，其余人员集中在银行大堂开会，晨会一般会对昨日工作进行总结，并对今日工作重点进行强调。

## 三、柜面日终操作与实训

### （一）柜员平账与签退

1. 平账查询

柜员先检查是否有未复核的流水，如有，应及时交复核柜员复核。轧平当天账务，如果账务不平，必须查找错账并做账务调整。

2. 账实核对

（1）核对现金。柜员查询系统中的现金箱余额、清点现金箱，检查现金箱是否超限额、超限额现金应及时入库或上缴；查询库存现金余额，清点库存现金，核对库存现金账实是否相符。

（2）核对重要空白凭证，柜员查询系统中的凭证数量、清点凭证箱、查询销号和核对库存重要空白凭证账实是否相符。

（3）核对有价单证。核对未发行的有价单证实物与表外分户明细余额是否相符。

3. 清点印章

柜员应逐个清点本人保管的业务印章和个人名章，检查是否齐全。

4. 传票整点

核对记账凭证与原始凭证是否相符。将记账凭证按柜员传票号顺序整理，逐笔核对记账凭证记录的各项处理记录与原始凭证是否相符，核对传票号是否连续。

5. 柜员签退

柜员打印日终平账报告表后签章，正式签退。

6. 换人复核

(1) 复核员当面碰库，核对现金、重要空白凭证和有价单证（注：复核员一般为当日值班经理）。

(2) 核对柜员传票号（传票为当日记账凭证）是否连续；末笔交易传票号与日终平账报告表传票张数是否相符，在日终平账报告表清点人处签章。日终平账报告表连同按传票号顺序排列的记账凭证与原始凭证及附件交会计主管审核。

7. 上缴电子钱箱

对实物钱箱双人双锁上缴，并同时收缴各柜员的电子钱箱。

### （二）网点平账签退

1. 平账检查

营业终了，应检查柜员是否已全部平账，其他签到柜员是否已正式签退，部门是否已全部平账。然后进行联行业务查询和系统内往来资金核对。

2. 会计主管网点平账签退

营业机构日终平账处理由会计主管或会计主管授权人负责。

### （三）安全检查

进行清场处理，检查水电等设施，报警装置设为自动报警状态。

### （四）日终操作实训

银行营业部终止营业，应完成日终业务操作，进行现金及重要凭证入库。本系统的日终操作包括日终轧账、凭证入库、现金入库、部门轧账四个部分。

1. 日终轧账

对个人钱箱进行轧账处理，查看个人钱箱中现金收付及凭证余额情况。

单击“通用模块”，选择“钱箱管理”，在钱箱管理页面点击“日终轧账”，弹出日终轧账页面，直接单击“轧账”按钮，页面将显示本柜员钱箱中上日余额等钱箱信息，如表 2-2 所示。

**表 2-2　　尾箱轧账**　　单位：元

| 凭证名称 | 上日余额 | 出库金额 | 入库金额 | 贷方发生额 | 借方发生额 | 余额 |
|---|---|---|---|---|---|---|
| 现金 | 5 000.00 | 200.00 | 600.00 | 0.00 | 0.00 | 5 400.00 |
| 普通存折 | 3.00 | 0.00 | 0.00 | 0.00 | 0.00 | 3.00 |
| 一本通存折 | 5.00 | 2.00 | 0.00 | 2.00 | 0.00 | 3.00 |

续表

| 凭证名称 | 上日余额 | 出库金额 | 入库金额 | 贷方发生额 | 借方发生额 | 余额 |
|---|---|---|---|---|---|---|
| 整存整取存单 | 0.00 | 0.00 | 0.00 | 0.00 | 0.00 | 0.00 |
| 定活两便存单 | 0.00 | 0.00 | 0.00 | 0.00 | 0.00 | 0.00 |
| 普通支票 | 0.00 | 0.00 | 0.00 | 0.00 | 0.00 | 0.00 |
| 一卡通 | 0.00 | 0.00 | 0.00 | 0.00 | 0.00 | 0.00 |
| 出入库凭证 | 0.00 | 0.00 | 0.00 | 0.00 | 0.00 | 0.00 |
| 大额存单 | 9.00 | 8.00 | 2.00 | 8.00 | 2.00 | 3.00 |
| 信用卡 | 10.00 | 5.00 | 5.00 | 5.00 | 5.00 | 10.00 |

资料来源：根据中国工商银行系统操作界面汇编。

2. 凭证入库

在商业银行的实际业务中，柜员在日终处理时需将所有未使用的凭证进行入库操作，入库到部门钱箱。

在系统内单击“通用模块”，选择“钱箱管理”，在钱箱管理页面单击“凭证入库”，系统弹出凭证入库的页面，选择入库种类、凭证张数，单击“执行”按钮即可。

该交易用于对已出库到柜员钱箱的凭证进行上缴的业务处理，由柜员操作，操作完成后该凭证从柜员钱箱进入到网点库钱箱。凭证张数不能透支，要在自己领用的范围内使用。

3. 现金入库

该操作用于网点操作员对操作员的现金钱箱进行上缴的业务处理，由柜员操作，操作完成后该批现金进入支行现金库。现金入库金额必须小于或等于钱箱现金金额。

在系统内单击“通用模块”，选择“钱箱管理”，在钱箱管理页面单击“现金入库”，系统弹出现金入库的页面，选择货币，输入金额，单击“执行”按钮即可。

4. 部门轧账

该交易用于操作员对本部门当日的凭证核对轧平的业务处理。本交易每日可进行多次。

在系统内单击“通用模块”，选择“钱箱管理”，在钱箱管理页面单击

“部门轧账”，系统弹出部门轧账的页面，直接单击“轧账”按钮，页面将显示本部门钱箱中上日余额等钱箱信息，操作界面与表2－2相似。

5. 账务核对

账务核对是保证核算正确，防止账务差错的重要措施之一。账务核对应坚持记账和对账岗位相分离，收回对账单换人复核的原则。为明确责任，账务核对人员在核对后，应在有关账、表、簿、卡上登记核对结果并签章。

账务核对按对账形式分内部账务核对和银行客户（银客）账务核对。内部账务核对包括银行账务组织中的账账核对、账款核对、账卡（簿）核对、账实核对、账表核对等。银客对账包括单折户、银行卡账户、单位结算账户、单位定期存款账户、公司贷款账户、同业账户等的对账。银客对账单原则上由系统打印，不允许手工签发。

账务核对按对账频率可分为每日核对和定期核对。

**［课堂讨论］**

试讨论日初、日终进行安全检查的重要意义。

## 四、特殊业务处理

特殊业务是指错账、挂账以及有权机关的查询、冻结、解冻和扣划业务。错账冲正、挂账业务必须经营业经理（会计主管）审核盖章并授权后才能办理，挂账处理必须手续严密、因果清楚、处理及时，其中正常结算性挂账及系统挂账必须于次日（节假日顺延）处理完毕。挂失业务按具体业务管理规定进行办理。有权机关的查询、冻结、解冻和扣划业务按国家有关规定办理。

### （一）错账的处理

1. 临柜错账的分类

按错账原因可分为柜员操作失误引起的错账和原始凭证填错引起的错账，按错账发现的时间可分为当日错账、次日及本年错账、以前年度错账等。

2. 临柜错账处理的原则

（1）错账处理必须填制相关记账凭证，经会计主管审批、授权后，方可作错账调账处理。

（2）发现当日存取款操作错误，必须经客户同意并追回错误存折（单）、国债收款凭证、客户回单后，方可进行抹账交易，抹账后涉及现金退回的，应由客户签收。

（3）抹账仅限于银行内部经办人员在办理业务时操作有误时使用，严禁应客户的要求将操作正确且记账成功的业务做抹账处理。

（4）对因凭证金额或账号填错，账随之记错的内部当日错账，应先更正凭证，再做抹账处理。对抹账涉及重要空白凭证作废的，应将作废凭证号码抄录在抹账记账凭证上，并进行登记（重要空白凭证登记簿）。

（5）单折和借记卡通存通兑业务、现金管理网内收付业务、联行业务、代理业务、中间业务发生错账，经办人员及系统管理人员不得随意进行账务更改或调整，应及时向上级行或对方网点发出查询要求，查找原因，根据差错情况，及时与客户联系确认，进行相应的处理。

（6）错账冲正采用全额冲正的办法，不得以差额冲正。

3. 错账处理的方法

当日发现的错账采用抹账的方法进行处理。抹账时，由原经办柜员选择抹账交易，打印抹账记账凭证，与原错误凭证要素核对无误后，在原错误的记账凭证上用红字批注抹账原因。

对抹账后需重新记账的，应在新记账凭证上用红字批注“重记××××（原错误记账凭证号）错账”字样；在原始凭证摘要栏上用红字批注“××（重新记账凭证号）重新记账”字样，原始凭证附在原错误记账凭证后。

### （二）挂账的处理

挂账是指在业务经营过程中由于各种原因发生的各种应收应付的待处理款项，应记录在挂账系统中提醒次日工作的柜员进行账务处理。各种挂账必须明确挂账原因，严格审批权限，在规定的时间内及时处理。挂账时应在一式两联记账凭证上填明挂账的时间、金额、挂账原因等要素并由审批人签章后进行账务处理，一联作记账柜员当日传票；一联作卡片专夹保管，作为挂账核销时的附件。

1. 正常结算性挂账处理

正常结算性挂账由会计主管审批并登记后交柜员办理。所挂账务原则上必须于次日（节假日顺延）处理完毕。挂账核销时，由会计主管登记原挂账记录，并在原挂账记账凭证（卡片）上签章后交柜员办理挂账销账。

2. 临柜差错挂账处理

（1）对于当日无法结清的过渡业务，由会计主管审批后进行挂账处理，次日查清后将挂账原因和处理结果按差错挂账的规定上报管辖行备案。

（2）临柜差错挂账必须认真查清差错原因并及时销账，挂账后形成损失的，核销时按有关财务制度执行。

### （三）查询、冻结、解冻与扣划

在接到协助查询、冻结、扣划的通知书后，经办人员应当认真审核、及时办理，不得拖延时间；在收到协助冻结、扣划通知书后不得扣划应当协助执行的款项或用于收贷收息；不得通风报信，帮助隐匿或转移存款。

协助有权机关查询、冻结银行卡存款和通存通兑活期存款时，必须先做完冻结处理，再填写相关回执单。协助执行完成后应详细登记的内容有：有权机关名称，执法人员姓名和证件号码，金融机构经办人员姓名，被查询、冻结、扣划单位或个人的名称或姓名，协助查询、冻结、扣划的时间和金额，相关法律文件名称及文号，协助结果等。

1. 协助查询单位、个人存款

（1）受理有权机关查询单位、个人存款时，柜员审查无误并请有权签字人签字后办理。法院查询审查无误后应直接办理。

（2）查询范围。银行提供给有权机关查询的资料只限被查询单位或个人在查询行及其辖属机构的存款资料，包括被查询单位或个人开户、存款情况以及与存款有关的会计凭证、对账单等。对于上述资料应如实提供，有权机关根据需要可以抄录、复制、照相，但不得带走原件。

（3）有权机关在查询单位存款时，应提供单位的户名和账号。只提供被查询单位名称而不能提供账号的，商业银行应当根据账户管理档案积极协助查询，没有所查询账户的，应如实告知有权机关。

（4）有权机关在查询个人存款时，应当提供被查询人的姓名、账号或卡号。不能提供账号或卡号的，必须同时提供存款人的姓名和身份证号码。如有权机关只提供姓名这一线索要求查询个人存款，可能造成查询错误，侵犯其他存款人的合法权益，柜员应退还查询通知书并予以说明。

2. 协助冻结单位、个人存款

（1）柜员审核确认被执行单位或个人的开户行名称、户名、账号、大小写金额及相关法律文书等内容齐全无误并请接待部门负责人签字后，方可办理单位、个人存款的冻结。冻结单位和个人存款需到开户网点办理。

（2）冻结单位或个人存款的最长期限为 6 个月，期满后可以续冻。有权机关应在冻结期满前办理续冻手续，逾期未办理续冻手续的，视为自动撤销冻结，在冻结到期日柜员手工进行解冻。

（3）已被冻结的存款，其他执行机关要求再行冻结的，也应予以配合，在回执单上注明已被××法院冻结。

3. 协助扣划单位、个人存款

（1）柜员审核确认被执行单位或个人的开户行名称、户名、账号、大小写金额及相关法律文书等内容齐全无误并请接待部门负责人签字后办理。办理单位或个人存款的扣划，扣划时应将扣划的款项直接划入有权机关指定账户；有权机关指定其他账户或要求提取现金的，柜员不予协助。扣划单位和个人存款需到原开户网点办理。

（2）柜员在办理扣划业务时，如对执法人员的身份有疑问的，可通过查询核实有权机关本次执法人员身份、人数及办理事项的真实性。征得有权机关经办人员同意后，留下其工作证件复印件，处理完毕，将电话号码、核实结果、工作证件复印件和法律文书记录粘贴在登记簿上。电话核实必须在执法人员视线范围内进行，以免造成误解。

4. 协助解冻单位、个人存款

冻结期内，原冻结机关要求解除冻结的，柜员应审核原冻结机关出具的解除冻结通知书以及执法人员的工作证件和执行公务证明，审核无误并请接待部门负责人签字后办理。柜员不受理有权机关执法人员以外的人员代为送达的上述通知书。解冻存款需到开户网点办理。

## 第五节　现金收付业务基本规范

**能力目标**

熟练掌握商业银行现金收付基本规定和业务流程。

### 一、基本规定

现金业务必须坚持“当日核对、双人管库、双人守库、双人押运、离岗必须查库”的原则，做到内控严密、职责分明。

现金收付必须坚持“收入现金先收款后记账，付出现金先记账后付款”

的原则。

现金收付坚持做到收款当面点清、金额当面问清、钞券当面交清。

现金清点必须在有效监控和客户视线以内，做到当面点准、一笔一清、一户一清。调入的整捆现金应在有效监控下拆把清点细数后才能对外支付。

现金清点按“三先三后”程序操作，先点大数（卡捆、卡把），后点细数；先点主币，后点辅币；先点大面额票币，后点小面额票币。

柜员必须坚持“一日三碰库”制度。

每日平账后，库房管理员应清点、核对各币种的库房现金。

加强对现金支付交易的监督管理，防范利用银行支付结算进行洗钱等违法犯罪活动，对于大额和可疑的现金支付交易，按照《人民币大额和可疑支付交易报告管理办法》的规定执行报告制度。

## 二、一般现金收付业务

### （一）现金收入

1. 业务受理

柜员接受客户交存的现金和现金收款凭证，免填单续存业务则接受客户交存的现金和存折或银行卡。

2. 业务审核

审核客户填写的现金收款凭证必须要素齐全，日期、收款人户名、收款人账号等应该正确清楚，大小写金额、凭证各联次金额应当一致，且无涂改。

3. 业务处理

（1）初点。按款项券别顺序点收，先点卡捆、卡把大数，后点尾数，核对总数，与现金收款凭证金额核对相符。

（2）清点。现金按券别逐张清点细数并挑残、辨假。款项未点清前不准与其他款项调换和混淆，清点中发现有误时，应立即向交款人声明，并将凭证和款项一并退回客户。

（3）交易处理。柜员在系统中选择对应金额的“现金存入交易”处理，按实际收取的现金券别张数进行配钞并选择正确的币种。大额现金存入时，授权人应对卡把大数核对现金，检查输入要素与原始凭证是否相符，无误后进行授权。经办人员在对打印的内容与原始凭证核对无误后，在收款凭证上加盖现金收讫章（或业务清讫章）和个人名章，现金收款凭证回单联交客户收执。

如果是免填单业务，柜员选择相应的现金存入交易处理，按实际收取的现金券别张数进行配钞并选择正确的币种，大额现金存入应获得授权。经办人员、授权人必须对打印的内容进行审核，重点审核存取款方向、现金实物是否正确，在记账凭证上加盖现金收讫章和经办人员、授权人名章；打印的凭证交客户签字确认并收回，核对客户签名后将存折（银行卡）回单联等交客户收执。如发现与存折（银行卡）姓名不符，应请客户出示身份证件并核对证件。

### （二）现金付出

1. 业务受理

柜员受理客户递交的现金取款凭证，免填单业务则接受客户递交的银行卡（存单、存折）。

2. 业务审核

审核客户填写的现金收款凭证必须要素齐全、正确清楚、大小写金额一致，出票金额、出票日期、收款人名称不得更改，现金支取应符合现金管理和账户管理的规定，大额现金支付必须经有权人批准。

3. 业务处理

柜员选择相关现金取款交易，打印记账凭证，与现金付款凭证核对无误后，按金额由大到小逐位配款，配零头现金要拆把，不得抽张，并点验正确。大额现金付出时，授权人应先检查输入要素与原始凭证是否相符，并对卡把大数核对现金，然后进行授权，确认无误后在记账凭证的复核处签章。经办人员核对记账凭证交易记录与现金付款凭证有关要素一致后，在记账凭证上加盖经办人员名章；在现金付款原始凭证上加盖现金付讫章（或业务清讫章）、经办人员名章，附在记账凭证后面。

对于免填单业务，经办人员和授权人员需对客户口述业务内容及交易金额进行确认后，必须对所打印的内容进行审核，重点审核存取款方向、现金实物是否正确以及打印的账（卡）号与存单、存折（银行卡）是否一致等，将记账凭证交客户签名确认并核对签名。

4. 复点付款

按照现金取款凭证的金额复点现金无误后将款项交取款人，并提示其当面点验。

## 三、其他现金业务

### （一）假币收缴

假币收缴基本规定如下。

（1）收缴假币的柜员必须具备上岗资格，并持有人民银行统一颁发的反假币上岗资格证书。

（2）收缴假币必须当面收缴，即收缴的操作（如盖戳、封装等）需在货币持有人视线范围内和有效监控内进行。

（3）实际收缴过程中，持有人对认定的假币要求拿回再辨认时，收缴人员可隔着柜台玻璃供其辨认。假币不能出柜。

（4）假币收缴后，柜员应向持有人说明其有申请鉴定的权力。如果对没收的货币真伪有异议的，可在3个工作日内申请鉴定，人民币真伪鉴定机构为人民银行当地分支机构，外币真伪鉴定机构为中国银行县级以上机构。

（5）对盖有“假币”戳记的人民币纸币，经鉴定为真币的，由鉴定单位交收缴单位按照原面额兑换给持有人，收回持有人的假币收缴凭证，盖有“假币”戳记的人民币按损伤人民币处理；经鉴定为假币的，由鉴定单位予以没收，并向收缴单位和持有人开具货币真伪鉴定书和假币没收收据。

（6）对收缴的外币纸币和各种硬币，经鉴定为真币的，由鉴定单位交收缴单位退还持有人，并收回假币收缴凭证；经鉴定为假币的，由鉴定单位将假币退回收缴单位依法收缴，并向收缴单位和持有人出具货币真伪鉴定书。

### （二）假币没收的处理

（1）柜员在办理柜面现金业务时，如发现假钞必须由两名以上营业人员同时认定后予以收缴，并向客户说明情况，追查来源，在假钞正面和背面加盖“假币”戳记：对假外币纸币及各种假硬币，应当客户面以统一格式的专用袋加封，封口处骑缝加盖“假币”戳记，并在专用袋上标明币种、券别、面额、张（校）数、冠字号码、收缴人、复核人名章等细项。

（2）柜员进行假币没收交易，填写一式二联假币收缴凭证，注明客户名称（单位）、身份证件名称、号码及被没收假币的币种、券别、版别、数量、金额、冠字号码、制作方式等。在假币收缴凭证上加盖业务公章、经办人名章及复核员名章，第一联假币收缴凭证与假币一并专夹保管，第二联交客户，并告知客户如有异议，应在收缴3个工作日内按规定程序申请鉴定。

(3) 假币入库。在收缴假币过程中有下列情形之一的，应立即报告当地公安机关，提供有关线索：一次性发现假人民币20张（枚）（含20张、枚）以上、假外币10张（枚）（含10张、枚）以上的；属于利用新的造假手段制造假币的；有制造贩卖假币线索的；持有人不配合金融机构收缴行为的。

### （三）残损票币的处理

残损人民币是指票面撕裂、损缺，或因自然磨损、侵蚀，外观、质地受损，颜色变化，图案不清晰、防伪特征受损，不宜再继续流通使用的人民币。

1. 残损人民币的兑换标准

残缺、污损人民币兑换可分全额兑换和半额兑换两种情况。

(1) 能辨别面额，票面剩余3/4（含3/4）以上，其图案、文字能按原样连接的残缺、污损人民币，可按原面额全额兑换。

(2) 能辨别面额，票面剩余1/2（含1/2）至3/4以下的，其图案、文字能按原样连接的残缺、污损人民币，按原面额的一半兑换。

(3) 纸质呈正十字形，缺少1/4的，按原面额的一半兑换。

(4) 兑付额不足1分的，不予兑换；面额5分按一半额兑换的，兑付2分。

(5) 票面残缺1/2以上者，票面污损、熏焦、水湿、油渍、变色、不能辨别真假者，故意挖补、涂改、剪贴、拼凑、揭去一面者，不予兑换。

2. 业务处理

(1) 挑剔。柜员对客户交来的损伤币，按照损伤币的挑剔标准进行挑剔。

(2) 兑换。柜员对客户交来的损伤币经挑剔后，按照残损人民币的兑换标准进行兑换。

### （四）错款处理

(1) 发生长款，应暂列其他应付款待查，不准溢库；发生短款，应暂列其他应收款待查，不准空库。不得私吞长款或以长补短，更不得以短款支付或夹带假币付出。

(2) 技术性错款以及误收确实难以辨认的假币，经审批后，报损或收益，不得以长补短。

(3) 责任事故错款，应追究责任人的经济责任，并视情节轻重、数额大小给予相应的处分。

(4) 属于贪污、自盗、挪用性质的错款，应向有关人员追回款项，并给予其相应的处分；触犯刑律的，移交司法部门处理。

### （五）现金整点

（1）挑净。拆把清点过程中要将损伤票币挑剔干净，使之符合人民银行规定的票币整洁度标准；硬币与纸币要分别整理，流通券和损伤券要按券别、版别分别整理，上交人民银行回笼券按当地人民银行的要求整理。

（2）点准。纸币每100张为一把，10把为一捆；硬币每100枚或50枚为一卷，每捆10把（卷），不得多、缺。

（3）墩齐。钞票要平铺，每一把票币中间不得有折叠，要墩齐。

（4）捆扎。扎把的腰条应根据人民银行规定按流通券或损伤券的标准方法扎紧，捆扎成双十字形，应在每捆绳头结扣处粘贴封签，注明行号、券别、金额、封捆日期，盖封捆人名章。不得将胶水直接刷在票币上，以免污损票币。每把的整点人名章、封捆人名章都要盖在规定的位置，印章必须带行号，且清晰可辨，做到谁经办、谁盖章、谁负责。

（5）细数未点清前不得将原捆把的封签、腰条丢毁，不得与其他票币调换或混淆。

**【案例】成功拦截假币**

某日下午，一位年轻客户来到网点前台，称他有一张100元纸币在ATM机器里存不进去，网点工作人员细看后发现是一张假币，当场并未马上告知客户，而是随即询问此钱的来源，中途是否跟别人换过或坐过黑车之类的问题，客户均予以否认，称该纸币是从网点ATM机上所取，取完之后即通过无卡存款进行汇款操作，中途没有离开过。当网点工作人员问及有无取钱的凭证时，他表示，取几百块小钱都不打印凭证的。为了弄清事情原委，网点工作人员请他出示了取现的银行卡，以便查看取款明细，确认客户是否真有取钱操作。此时客户回答，他刚才是使用其他银行的卡进行取款的。客户的语速和神态似乎略显可疑，故而工作人员带客户到自助区，要其指出是在哪台机器上取的钱。此时，他开始有些心虚，随手指了一台机器，当工作人员告知此机器只有存款功能时，他又指向了另一台存取款机，工作人员再三跟客户确认是否从这台机器取款，客户非常肯定地回答："是从这台机器中取出的钱"。而这台机器也是只能存款的。客户知道他的骗局被揭穿之后灰溜溜地快速离开了网点。随即，由大堂值班经理和柜员进行双人复核操作，收缴了假币。

1. 案例分析

（1）由于媒体多次报道过银行的自助柜员机里取出过假钞，不法分子就利用这样的信息来设计骗局，从中获利，这对银行的形象造成了很大的负面影响，也大大降低了人们对ATM机的信任度。

（2）由于自助柜员机系统上的不完善，也给了一些违法分子钻空子的机会。

2. 案例启示

（1）银行应规范自身系统，防止ATM机出现假钞事件重演。

（2）在假钞事件已发生的情况下，应针对此事件可能引发的风险进行防范，以免不法分子有机可乘。

## 第六节　柜台服务规范

**能力目标**

掌握商业银行柜台服务理念、服务流程及制度。

### 一、柜台服务理念

银行业是一种服务性行业，银行提供和出售的不是有形的生产性商品，而是无形的金融服务性商品，某些特定的金融服务是维系银行与客户关系的基本纽带。银行员工必须牢固树立“服务就是竞争力”“服务无小事”“服务无止境”等服务意识，实现从“银行的服务”到“服务的银行”的转变。

（1）“因您而变”。“变”的实质就是创新，是一个不断追求的持续创新过程，商业银行在创新过程中要突出业务特色、注重市场细分、形成特色品牌、发挥科技优势。

（2）“以客户为中心”。为客户提供差别化、人性化服务；根据客户的需求开发服务产品、创新服务功能、抓好服务细节，做到“语言无障碍、标识无障碍、业务办理无障碍”，服务操作要本着有利于处理流程的简化、服务效率的提高和便于客户知晓和理解的原则，尽可能地提高业务处理效率，减少客户在营业网点办理业务所耗费的时间。

（3）“客户永远是对的”。这是一种服务要求，在逻辑上并不具有真理性。体现在以下三方面：客户的正确批评是改进服务的动力，要虚心接受和认真解决；客户的误解性批评多数是善意的，需要引起注意；非原则问题与客户争辩最终将导致客户离去，受损失的还是自己。

（4）“我们永远不说不”。为客户服务时不说“不知道、不清楚、不是我的职责”等正面回绝客户的语言。要按“首问负责制”的要求，主动热情地帮助客户解决遇到的问题。确实遇到自己不清楚或职责范围以外的问题，要为客户明确继续解决问题的方向，发送可能帮助客户的信息。

（5）“100－1＝0”。这是服务行业通用的服务效应原理，指优质服务必须坚持一贯，如果在100次服务中，仅有一次没让客户满意，客户往往记住的就是这一次，由此也就失去了客户，服务效果就等于0。

（6）“1＝353”。这是一个反映服务效应原理的经验公式：有一名客户直接表示不满，可能会失去353个客户；真诚服务1名客户，可能会吸引来353名客户。

## 二、银行柜台服务规范

### （一）组织管理

1. 服务管理实行“统一标准，归口管理，分级负责”的体制

“统一标准”是指各银行统一制定柜面服务的相关管理制度和标准，“归口管理”是指各级机构应指定部门牵头负责服务管理工作，“分级负责”指各级机构应对辖区内服务管理工作负责。

2. 各银行要合理设置营业网点服务工作岗位，明确岗位职责和分工

一般情况下，标准营业网点柜面人员可设置如下岗位。

（1）大堂服务人员。大堂服务人员在营业前要做好各项准备，在营业期间要主动迎送、引导分流客户，指导客户办理业务、提供咨询服务，积极为客户解决问题，维护营业秩序。

（2）柜员。柜员主要负责处理日常交易业务，要做到服务热情、操作熟练、回答客户问题及时准确。

（3）个人客户经理。个人客户经理要遵照监管部门相关规定做好金融产品的销售工作，做到诚信、专业、严谨、周到。销售基金、理财产品、保险产品

时，要做好客户风险评估，充分揭示风险，严禁误导客户和夸大产品收益率。

3. 服务流程管理

根据自身业务特点，从客户角度出发，制定科学的柜面服务流程，积极进行新产品的开发、新技术的推广和新设备的应用，为客户提供更全面、更便捷的多元化服务。在防范风险的前提下，不断完善系统功能，优化服务流程，充分发挥自助设备、电子银行等渠道的功能，大力推行离柜业务，提高服务效率。

4. 完善激励约束机制

把服务作为重要考核内容之一，保证考核公平、公正，保持服务质量稳定。

（1）建立科学的多层级服务激励机制，定期开展服务考核评比和表彰奖励，倡导开展服务等级的动态管理。

（2）建立服务违规行为约束机制，对违反服务制度、规范的机构及人员进行相应惩处。

（3）建立服务情况定期通报制度，其基本内容应包括检查情况、客户投诉、服务奖惩、问题分析与建议等。

5. 服务应急机制

建立服务应急处理机制，定期开展相关培训与考核，提高服务人员应急处理能力。

6. 客户满意度管理

定期开展客户满意度调查，通过对客户满意度调查结果的分析和研究、发现问题，不断改进服务，创新服务内容、形式和手段，拓宽服务渠道和空间，提高服务质量和客户满意度。

### （二）服务环境

1. 服务环境基本要求

营业网点要保持明亮、整洁、舒适，物品摆放实行定位管理。

2. 网点标牌和标识

制定营业网点视觉形象标准，行标、行名、营业时间等标识牌要规范、统一。在规定位置悬挂营业执照、经营许可证等证件照，在合适位置设置安全提示标语。

3. 客户服务设施

营业网点要合理配置客户服务设施及无障碍设施。可提供点（验）钞设备、书写用具、老花镜、等候座椅、防滑垫等服务设施。提供书写整齐规范的单据填写范例。在网点醒目位置放置意见（评价）簿，并公示客户服务电话。

4. 金融信息及营销材料

营业网点要及时向客户提供准确的利率、外汇牌价、服务价格等公示信息。各种公告、海报、折页等宣传资料内容要符合有关规定，并及时更新。

5. 网点功能分区设置

各银行要根据营业网点实际情况合理设置功能分区。可设置现金区、非现金区、自助服务区、高端客户服务区和等候区等区域。

6. 自助服务区

自助服务区内应公示自助设备名称、操作使用说明、受理外卡等中英文对照服务信息；自助机的界面应显示安全提示和24小时服务电话。

### （三）服务标准

1. 服务要求

（1）真诚服务。热情接待客户，语言文明，耐心解答客户疑问，塑造以诚待人、以情动人的服务形象。

（2）文明服务。坚持微笑服务，提倡使用普通话，做到“来有理声、问有答声、走有送声”。

（3）规范服务、严格按照相关业务规章及操作流程，准确、快速地办理业务。

（4）优先服务。当解决客户服务需求与处理行内事务发生冲突时，应先解决客户服务需求，然后处理行内事务。

（5）品牌服务。努力提高业务技能和综合素质，树立品牌服务意识。

（6）安全服务。保证客户信息及资金安全，维护客户合法权益。

2. 服务效率

从客户需求出发，在控制操作风险、保证服务质量的前提下，提高业务处理速度。

（1）根据业务量合理设置营业窗口。通过分析网点地理位置、客户群体性质及业务量历史数据，科学地设置营业窗口和调配人员，缓解客户排队现象，缩短客户等候时间。

（2）加强客户分流、维护营业秩序。在网点设置排队叫号设备，加强客户分流与疏导，保持网点内和谐有序。

（3）科学设置弹性窗口，缓解柜面服务压力。针对业务量时间性波动较大的网点，适时增减弹性窗口、降低员工劳动强度，提高服务质量。

3. 服务形象

（1）示牌服务。柜面人员上岗须佩戴规范胸牌或摆放统一服务标识牌。

（2）统一着装。柜面人员应按要求统一着装，保持服装整洁合体。

（3）仪容仪表。柜面人员发式应端庄大方，佩戴饰物应简单得体，女员工应淡妆上岗。

4. 服务语言

（1）服务语言以普通话为主，如遇使用方言的客户，首先以普通话进行提问，可根据客户回答情况调整用语。

（2）语言要规范、准确、简洁，文明礼貌，语句清晰，音量适中。

（3）要善于倾听，言谈得体。

（4）要坚持使用“您好”“请”“谢谢”“对不起”“再见”等文明用语。一般来说，不管目的为何，只要劳驾客户时，都要在语言前面加个“请”字；不管什么原因，凡是没有满足客户要求时都要在语言前面加上“对不起”；只要客户满足了员工提出的要求都要说一声“谢谢”。

（5）避免使用专业术语，以便于客户理解。

5. 服务操作

（1）营业前准备。

提前做好营业前准备工作，保持良好的精神状态，确保设备和系统处于正常状态。

营业网点负责人应在营业前召集全体人员召开晨会，检查仪表仪容，适时开展工作提示、文件传达、教育培训、服务讲评、情况交流等，并做好记录。

网点开门时，大堂服务人员应站于岗位，微笑迎接第一批客户。如客户较多，应采取排号等措施，有效疏导客流。

（2）营业中操作。

主动迎接客户。大堂服务人员应在见到客户的第一时间主动上前询问业务需求，得到确切答复后做出具体指引。对老、弱、病、残、孕等特殊客户，应给予优先照顾，提供人性化关怀服务。柜员在接待客户时，应面带微笑，有目光交流，向客户礼貌问候，主动向前倾身或站立，规范交接客户的单据、证件、现金等物品。

分流、引导客户。对办理一定金额以下取款、特定缴费、查询、转账等业务的客户，大堂服务人员应引导其到自助服务区，必要时指导客户了解、掌握并自行完成自助交易；对其他客户，要询问客户业务需求、是否携带有效身份证件及资料，配合叫号分流至不同服务区或等候区，必要时指导客户填单。

维护营业场所秩序。大堂服务人员应注意维护业务秩序和客户等候秩序，缓解柜面压力。临时离开岗位时，应安排其他人员替岗。

主动识别客户。接待客户时应集中注意力倾听，有效询问，循序渐进地了解客户的需要，根据客户不同的需求类别，提供个性化服务。

双手接交。交接钞、单、卡、折或有关证件时，双手自然接交，对需要帮助的客户指导填单或给予必要的提示。

点验现金确保无误。点验现金应在客户视线及监控设备范围内进行。

妥善处理假币。发现假币时，应向客户说明判定为假币的依据，诚恳地向客户讲解识别假币的方法，按规定履行假币没收手续。

中断服务须及时明示。营业期间，柜员因故离柜中断服务，须及时明示，引导客户在其他柜台办理业务，避免客户在柜台前等待。

利用间隙处理轧账。柜员轧账须在柜台无客户情况下进行。不应出现柜员为轧账或处理内部事务而随意停办业务的现象，特殊情况须征得网点负责人的同意。

主动提醒客户当面点验钱款。客户离柜前，必须主动提醒其在柜台前点验清楚，避免发生纠纷。如客户对现金数量提出异议，应为客户当面重新点验，确保无误。

对非受理范围内业务主动引导。对不属于自己职责范围的业务，应主动告知或请大堂服务人员引导客户至相关窗口（部门）办理。

送别客户。柜员办结业务后，应向客户提示是否还需要其他服务，微笑提示客户带齐各类物品、保管好财物并向客户告别。

（3）营业后操作。

登记待处理事项。登记工作日志，为次日工作做好准备。

清理桌面，保持柜台环境整洁；关闭日用设备、计算机及电源。

### （四）服务培训

1. 服务技能要求

（1）持证上岗，定期考核。各单位要严格规定柜面人员的上岗标准，要求持证上岗，定期对在岗人员进行考核，不合格者须离岗接受培训。从事基金、理财产品、保险等销售岗位工作的柜员，应取得相关销售资格及从业人员资格认证。

（2）业务规章，遵照执行。熟练掌握与柜面业务相关的金融业务知识和规章制度，能够运用并解决实际工作中遇到的问题。

（3）业务技能，勤学苦练。熟练掌握业务操作技能，准确识别假钞及伪造、变造的票据，熟练操作本岗位的各种机具、设备。

（4）特殊语言，倡导掌握。倡导掌握外语、哑语等服务语言，实现语言无障碍服务。

（5）加强学习，善于沟通。灵活掌握柜面服务技巧，具备良好的服务沟通能力。

2. 服务教育培训

（1）培训形式与对象。服务教育培训应包括上岗前培训和在职教育培训。可采取授课、座谈、交流、问卷、短期脱产培训、集中听课、实地观摩先进网点或个人、集体学习、撰写体会等多种形式。培训对象包括服务管理人员、柜面人员等。倡导采取建立档案、定期考核等形式强化教育培训的效果。

（2）培训内容。服务教育培训的内容应包括员工职业道德、职业操守、合规制度、服务规范、服务礼仪与语言技能技巧等。要以预防为主，加强教育培训，建立员工心理保健机制。

### （五）投诉处理

1. 明确职责及流程

服务管理部门要明确相关人员职责，制定并完善投诉受理流程。服务管理部门负责协调投诉涉及的各部门，全程督促相关部门在规定时限内处理投诉。做好客户投诉档案管理工作，做到有据可查。客户投诉和处理情况作为相关人员绩效考核内容之一。

2. 受理投诉，规范操作

（1）营业网点直接受理的客户投诉。柜面人员接到客户投诉后，要耐心倾听、详细记录，积极做出正面解释。不与客户争论，避免矛盾升级，产生不良影响。网点负责人应视情况主动出面调解和安抚；若超出网点负责人处理权限，要及时向上级服务管理部门汇报。

（2）服务管理部门受理的客户投诉。

投诉登记。接到客户投诉或相关部门转接的投诉，要认真对投诉情况进行登记，及时向负责人汇报。

投诉调查。要及时调查客户投诉情况，需要相关部门协助调查的，要及时通知相关部门，由相关部门了解投诉原因，形成书面调查结果，报服务管理部门。必要时服务管理部门可对投诉原因进行实地调查。

投诉处理。服务管理部门根据投诉调查情况，对责任人员提出处理意见，报相关部门进行处理。

3. 及时沟通，反馈结果

规定客户投诉受理及反馈时限。投诉调查结束后，要将调查及处理结果及时通过电话或登门告知客户，并与客户进行有效沟通，求得客户对柜面服务工作的支持。受理客户投诉后如当天无法给予客户处理解决方案的，应及时告知客户投诉处理的进度，并向客户承诺下次回复的时间。

4. 总结完善，不断改进

要定期对客户投诉处理情况进行总结和分析，针对客户反映比较集中的问题，推动相关部门做好服务改进工作。

## 【小常识】站立服务和微笑服务

实行站立服务和微笑服务是商业银行为实现优质服务对柜面员工提出的具体工作要求。站立服务是指站立迎接客户和站立送别客户。站立的姿态要符合礼仪要求，通过站立服务体现银行员工对客户的尊重，反映银行员工良好的精神风貌。站立服务的频率要根据柜台高度和业务繁忙程度灵活掌握。

微笑服务是指员工在接待客户时对客户表现出自然、亲切、友好的面部表情。

微笑是相对于“冷面孔”而言的，并非一定让客户明显感觉到你在“笑”。通过微笑服务让客户感受到银行员工的亲切友好，与顾客自然进行情感沟通，奠定服务营销的基础。

## 📖 本章小结

由于柜员制的设置存在着差异，因此，柜员的分类也存在着差异。一般来说，柜员主要分为前台柜员、营业经理（主管柜员）、监督柜员三类。

柜员身份认证方式目前出现过指纹身份认证和权限卡认证两种，现大多使用指纹身份认证。

柜员工作岗位变动及各类与会计业务有关的实物发生转移都必须办理交接，交接手续要严密，交接记录要完整、清晰，交接双方及监交人必须当面进行核对并签章确认。

重要空白凭证，简称重空凭证。它是指经银行或单位填写金额并签章后即具支付效力的空白凭证，是银行凭以办理资金收付的书面依据。重要空白凭证的主要特征为每张凭证上均有凭证号码。

会计印章是指在会计凭证、账簿、报表等会计资料上加盖的表示业务合法性的特定标识，包括会计业务印章、个人用章。

冻结单位或个人存款的期限最长为 6 个月，期满后可以续冻。有权机关应在冻结期满前办理续冻手续，逾期未办理续冻手续的，视为自动解除冻结措施。

柜员在每日营业前要做好工作准备，包括进入银行后的安全检查、银行卫生及个人的仪容仪表检查。

在现金收付业务中，办理存款业务时，先收现金并清点，再系统办理业务；办理取款业务时，先系统办理完结，再进行现金实物支付。

银行业是一种服务行业，银行提供和出售的不是有形的生产性商品，而是特定的金融服务，服务是维系银行与客户关系的基本纽带。银行员工必须牢固树立“服务就是竞争力”“服务无小事”“服务无止境”的服务意识，实现从“银行的服务”到“服务的银行”的转变。

| 关键词 |
| --- |
| 综合柜员制　重要空白凭证　银行印章　账户开立<br>日初操作　日终操作　现金收付　柜台服务 |

## 复习与思考

### 一、技能考核题

10 人为一组，分别扮演大堂经理（大堂服务人员）、柜员、营业（授权）经理、个人客户经理、客户，进行模拟银行业务演练；可以选择现金存取款、银行理财产品介绍、客户突发性身体不适三个业务场景。

**二、思考题**

1. 柜员的分类有哪些？
2. 柜员工作的基本原则有哪些？
3. 重要空白凭证的管理规定有哪些？
4. 银行印章分为几大类？银行会计专用印章有哪些？
5. 可以执行扣划的机关单位有哪些？
6. 基本存款账户、一般存款账户、专用存款账户三者开户条件的区别。
7. 当日存款业务办理时，将客户的金额输少了，柜员应该怎么操作？
8. 如何区分伪造币和变造币？

# 第三章

# 个人储蓄业务

## 第一节　商业银行储蓄业务概述

**能力目标**

掌握储蓄的产生与发展、储蓄的职能与作用、我国的储蓄政策与原则；了解储蓄的由来，理解储蓄的发展形式。

### 一、储蓄的由来

在我国，储蓄一词始见于《后汉书》：“古者急耕稼之业，致耒耜之勤，节用储蓄，以备凶灾。”这里的储蓄是积谷防饥，可见储蓄是指把实物或货币储蓄起来，以备日后所需。储蓄行为最早是人类对食物的积贮，以后逐渐发展到积贮皮毛、工具等。

货币产生以后，储蓄行为又包括了对货币的储藏。今天常说的储蓄货币虽然内容有所不同，但是从勤劳节约和有备无患两方面的含义来说，其意义是一致的。

### 二、储蓄的发展形式

在不同时期和不同社会经济条件下，人们对储蓄有不同的要求，因而储蓄就有了不同的发展形式。

#### （一）实物储蓄

实物储蓄即储存实际物品，是人类社会原始的储蓄形式。我国北方地区的冬储大白菜、南方地区的腌制食品都是实物储蓄。限于经济条件和生活水平，在社会产品供应不稳定时，人们往往偏好储蓄实物，尤其在特殊时期，如战争、大灾之年更是如此。

实物储蓄能使财富的积累与使用价值的保存自然地统一起来，具有不受货币贬值的影响、保值性强的优点，但实物储蓄也有其局限性，实物存放时间过长会变质、损失，从而失去其使用价值，并且在生产力水平较低时，不能使有限的社会财富得到充分运用。

### （二）货币储蓄

货币储蓄是以货币为储存对象的一种储蓄形式。货币储蓄一般不受时间和空间的限制，具有更大的灵活性。对个人来说，储蓄货币可能会受通货膨胀的影响；对社会而言，被储存的货币退出流通领域，不参与社会再生产，这不利于经济的发展和社会的进步。

### （三）银行储蓄

随着信用制度的建立和现代银行体系的形成，储蓄方式发生了质的变化，由个人储藏货币发展到把货币存入银行机构，成为信用形式的储蓄存款。银行储蓄是指城乡居民将手中待用或结余的货币有条件地存入银行机构的一种信用活动。银行储蓄是建立在银行信用基础上的储蓄，储户把货币使用权暂时让渡给银行，从而形成了所有权与使用权相分离的信用关系，即以偿还本金和支付利息为条件的借贷关系。正是由于这种分离，产生了巨大的社会效益，这种效益主要表现在三个方面。

一是储户受益：储户通过储蓄，既积累了货币，又获得了一定的利息收益。

二是银行受益：银行通过对储蓄资金的使用，通过利差或投资收益等形式取得经营收入。

三是社会受益：银行储蓄使金融机构对社会范围内的货币余缺进行有效的调解，改善了社会资金的供给和需求，同时，银行储蓄为经济发展提供充足的资金，为经济能够长期快速发展提供了坚实基础。

银行储蓄是储蓄发展的高级形式，如图 3－1 所示，它既能使储户实现价值储备的目的，又能使货币在流通领域充分发挥职能，从而实现财富增值、社会增效的目的。因此，从个人货币储蓄发展到信用形式的银行储蓄是储蓄发展的一个巨大飞跃。

实物储蓄——货币储蓄——银行储蓄 {储户受益 / 银行受益 / 社会受益}
（原始形式）　　　　　　　（高级形式）

**图 3－1　储蓄发展历程**

资料来源：才凤玲．商业银行实务［M］．北京：清华大学出版社，2007.

## 课内思考

一则报道说，一老者将一生的积蓄藏于床下，钞票严重受潮发霉，黏结成砖块；另一农民将积蓄藏于炕洞，现金变成了一堆被老鼠啃碎的纸屑。这类现象说明有些人习惯于保存现金而不愿储蓄。

请从国家建设和公民生活两方面，比较银行储蓄与保存现金的优劣。

## 三、储蓄的职能

1. 积累职能

储蓄的积累职能是指储蓄具有积少成多的功能。对个人来讲，银行储蓄可以使本金积少成多，还能获得利息收益。对社会来说，储蓄能扩大信贷资金实力，扩大社会信用供给总量，将一部分消费资金转化为生产资金，促进经济发展，增加社会财富。

2. 投资职能

储蓄不但具有积累职能，也是一种较好的投资方式。储蓄的投资职能主要体现在储户在资本增值上不仅有获得利息这一种形式，还可以以各种分红形式获得利润。如银行推出的各种家庭理财方式都具有投资性质。储蓄作为一种金融投资方式，具有收益率较低，但风险小、安全可靠的特点。

3. 分配职能

储蓄是国民收入二次分配的补充形式。储户通过储蓄机构、储蓄种类、金额和期限的选择，影响了储蓄机构之间的存款比例和存款结构，从而从宏观和微观方面都影响了储蓄存款的构成，最终通过银行信贷活动作用于社会经济活动的过程，影响社会再分配。

4. 延期消费职能

储蓄可以把现在或即时的消费延后到将来某一个时点再进行。银行储蓄起着“蓄水池”的作用，一方面调节一定时期内商品可供量与货币购买力之间的关系，同时也有助于储户合理安排消费，提高消费的总效能。

## 课内思考

2004 年 10 月 28 日，中国人民银行自 1993 年 11 月以来首次上调人民币存贷款基准利率。为了了解其对居民家庭生活的影响，湖南省统计局民意调查中心对长沙市区居民家庭进行了简单随机抽样调查。调查结果显示：其中参加储蓄的家庭占59.3%、买投资基金的占7.7%、买房保值的占10.8%、买分红（储蓄）保险的占5.4%、买国债的占11.1%、买股票的占5.7%。

请问你喜欢的家庭理财方式是什么？

## 四、银行储蓄的作用

银行储蓄既能使储户实现价值储备的目的，又能使货币在流通中实现增值，发挥社会效益，因此，银行储蓄对于我国社会经济发展起着重要的作用。

### （一）积聚社会闲散资金，壮大银行信贷实力

在我国，间接融资是主要的融资方式，为企业和个人普遍采用。银行作为主要的融资中介，其信贷资金实力直接影响社会信用供应总量，从而影响社会经济发展。

储蓄是银行的一种重要筹资方式，通过储蓄将社会闲散资金积聚起来，积少成多，续短为长，进而变消费资金为生产资金，投入社会经济活动中，促进社会经济的发展。

### （二）蕴蓄社会购买力，调节货币流通

储蓄存款使得部分购买力退出流通领域并被蕴蓄起来，从而减少即期的社会购买力，缓和商品供需矛盾，进而促进社会总供求平衡，最终起到稳定货币流通和促进货币币值稳定的作用。

### （三）引导消费，改善人民生活

居民通过储蓄可以合理安排生活收支，有计划、有目的地改善家庭生活。通过合理安排货币在收支上产生的时间差、空间差和数量差，使货币收支得到基本平衡，从而提高消费总效能，提高生活质量。目前各家银行推出的各种家庭理财方式，通过优化投资组合，为广大居民提供了便利。

### （四）对社会经济发展的重要作用

储蓄为经济发展提供充足的资金，储蓄资金是经济建设的资金来源，为经济快速发展提供了坚实基础，储蓄存款余额的迅速增加是公众对社会经济稳定、金融健康具有信心的直观表现。但高储蓄在一定程度上抑制了消费，不利于扩大内需。未来一段时期，我国居民储蓄仍将保持高增长的势头，应合理引导储蓄分流，拓展个人投资领域，进一步理顺储蓄转化为投资的渠道。

## 五、我国储蓄政策与原则

储蓄对社会经济发展起着重大作用，它涉及社会生产生活及人民切身利益，我国历来重视储蓄工作，切实维护储蓄机构和广大储户的合法权益，促进储蓄事业的健康发展。

### （一）储蓄政策

国家对储蓄实行保护和鼓励的政策。个人在储蓄机构的合法储蓄存款受到国家法律的保护，任何单位和个人都不得侵犯。

（1）对个人的储蓄存款，任何单位、任何个人都不得侵犯。法院、检察院或安全部门在处理案件时，若需要查询或要求暂停支付储户的存款，必须向银行出具有法律效力的正式查询公函或正式通知，如人民法院的正式判决书，才能没收储蓄存款，此外，其他任何部门、任何单位、任何个人都无权查询或要求冻结、没收个人的储蓄存款。

（2）保护个人存款的继承权。存款人死亡后，其生前的储蓄存款可以转移给法定继承人或按死者的遗嘱处理。

### （二）储蓄原则

储蓄工作必须遵循“存款自愿，取款自由，存款有息，为储户保密”的原则，保护和鼓励人民储蓄。

1. 存款自愿

存款自愿，是指居民是否参加储蓄存款，存多存少，期限长短，存取时间，存取方式，储蓄所的选择，采取哪一种储蓄形式，到哪一个储蓄所存等，都只能由居民自己选择和决定，不受银行和任何人的干涉。

只有坚决贯彻存款自愿原则，居民才可能解除不必要的顾虑，把可能储存的货币存入银行。当然，贯彻存款自愿原则不等于放任自流。银行应当通过加强调查研究，做好宣传工作、提高服务质量、对储户的储蓄进行必要的指导，积极揽储。促使居民的储蓄愿望更多、更快地变成自觉自愿的储蓄行动。

2. 取款自由

取款自由，是指储户对自己的存款何时取、取多少、做什么用，都由储户自己决定，银行或其他任何人不得过问，更不允许无故刁难。取款自由同存款自愿是互为条件、密切相关的两条原则。只有坚持取款自由原则，人们才可能踊跃地把可能存入银行的货币自愿存入银行。

坚持取款自由原则，必须有一整套与之相适应的储蓄章程、制度。首先，取款自由意味着它必须便利储户存款的提取，例如，如果储户急需提取没有到期的定期存款，可以办理提前支取手续。其次，取款自由要注意防止他人冒领存款或利用储蓄账户套取现金进行非法活动。银行贯彻这一原则时，对取款进行审查也是必要的。这与取款自由并不矛盾，而且保护了储户的利益。只有保障储户存款的安全，才能真正实现取款自由的原则。

3. 存款有息

存款有息，是指银行对储蓄存款要按照国家规定的利率付给一定的利息。储蓄反映了储户与储蓄机构之间的一种借贷关系，付给储户利息，是我国社会主义市场经济的客观需要。这是国家鼓励人民群众积极参加储蓄的一项重要原则，体现了国家利益和储户利益紧密结合、高度统一的利益关系。

贯彻存款有息原则，应该依据利率政策，规定合理的储蓄利息计算方法。

4. 为储户保密

为储户保密，是指储蓄机构对储户存款的金额、种类、户名、地址、印鉴式样、密码及存取情况等为储户保密，不得向任何单位、个人透露。

为了严格执行为储户保密的原则，储蓄机构及其储蓄工作人员，应遵守“四不”纪律：在柜台上不议论储户存款数字；回家后对亲戚朋友不谈论储户存款的情况；未经储户同意，对外宣传时不引用储户的真实姓名，也不能用储存金额或有关情况作为典型材料；没有合法的手续，对任何单位或个人不提供储户的储蓄信息。

## 课内思考

（1）2005 年 8 月 18 日，某银行储蓄所来了一位老者，自称是国家某部委副部长，提交工作证和该部公函，要求业务员查询其下属某处长的个人储蓄存款资料。应如何处理？

（2）客户忠诚度是指客户对企业及其提供的产品与服务的依恋或爱慕的程度。就银行业来说，客户保持率提高 5 个百分点，银行储蓄中每个客户的净值将增长 83%，因此，现代金融企业必须加强对客户忠诚度的管理。由传统的“以产品为中心”转变为“以客户为中心”，改变“有什么就提供什么”的旧思路，树立“客户需要什么就提供什么”的新思想。并对客户进行有效的差异细分，以提供相应的金融服务（才凤玲，2007）。

关于如何提升银行的客户忠诚度，你有什么想法？

# 第二节 活期储蓄业务

**能力目标**

了解商业银行出纳的概念、地位和作用，掌握银行出纳业务的基本原则。

## 一、活期储蓄存款定义和特征

活期存款是指存户不需要事先通知银行，可随时存取和转让的存款。它没有确切的期限规定，银行也无权要求客户取款时做事先的书面通知。持有活期存款账户的存款者可以用各种方式提取存款，如开出支票、本票、汇票，电话转账，使用自动柜员机或其他电传手段等。由于各种交易行为，包括信用卡、商业零售等，都是通过活期存款账户进行的，所以在国外又把活期存款称为交易账户。在各种取款方式中，最传统的是支票提款，因此活期存款亦称支票存款。

活期存款传统上只能由商业银行经营，是商业银行创造存款货币的基础。但是，目前在西方国家，储蓄银行和其他金融机构也能经营。对客户来说，活期存款账户取款自由，便于结算，还可以获得银行的透支和各种优惠。但活期存款原则上是不支付利息的，有的国家还收取一定的手续费，即使在支付利息的国家，活期存款的利率也很低。虽然如此，活期存款仍是广大客户的首选。

商业银行在任何时候都必须把活期存款作为经营管理的重点，因为活期存款除了是银行的主要资金来源，还具有以下三个作用。

（1）具有支付手段和流通手段的职能，能提高银行的信用创造能力。当存户用支票提款时，它只是普通的信用凭证；当存户用支票向第三者履行支付义务时，它就成为信用流通工具，在现代商品经济社会中，接受支票的人通常不提取现金，而是把支票开具的金额转存在自己的活期存款账户上，这样，支付行为就表现为转账形式。在支票可流通转让的情况下，一张支票可连续背书转让而完成几次支付行为，从而显示了商业银行的信用创造能力。

（2）具有很强的派生能力，能有效提高银行的盈利水平。由于活期存款存取频繁，流动性风险较大，而且需要提供多种服务，如存取、转账、提现和支票等，因此活期存款的营业成本较高。但银行对活期存款支付的利息很少，如现已废除的美国“Q 条例”甚至不允许银行为活期存款支付利息，因此其利息成本在银行负债业务中是最低的。虽然活期存款的平均期限很短，但在大量此存彼取、此取彼存的流动过程中，银行总能获得一个较稳定的存款余额，可用于期限较长的高盈利资产。

（3）活期存款是商业银行扩大信用、联系客户的重要渠道。由于活期存款的资金成本要明显低于其他负债，因此，社会再生产过程中绝大多数经济活动都围绕着活期存款账户的存取转移而展开。商业银行可以充分利用活期存款账户信用扩张和派生存款的特点，扩大与客户的联系，并通过提高服务质量及业务创新来吸引和争取更多客户，扩大银行的经营规模。

## 二、活期储蓄存款计息方式

活期储蓄存款客户凭存折或银行卡及预留密码可在银行营业时间内通过银行柜面或通过银行自助设备随时存取现金。

在现实中，活期存款通常 1 元起存，以存折或银行卡作为存取凭证，部分银行的客户可凭存折或银行卡在全国各网点通存通兑。

活期存款按季结息，有关计息金额、计息时间和计息方式如下所述。

### （一）计息金额

存款的计息起点为元，元以下的金额不计利息。利息金额算至分位，分以下尾数四舍五入。分段计息算至厘位，合计利息后分以下四舍五入。除活期存款在每季结息日时将利息计入本金作为下个季度的本金计算复利外，其他存款不论存期多长，一律不计复利。

### （二）计息时间

《中国人民银行关于人民币存贷款计结息问题的通知》（以下简称《通知》）规定，从 2005 年 9 月 21 日起，我国对活期存款实行按季度结息，每季度末月的 20 日为结息日，次日付息。

### （三）计息方式

《通知》规定，除活期和定期整存整取两种存款外，国内银行的通知存款、协定存款、定活两便、存本取息、零存整取、整存零取六个存款种类。只要不超过中国人民银行同期限档次存款利率上限，计结息规则由各银行自己把握。银行除仍可沿用普遍使用的每年 360 天（每月 30 天）计息期外，也可选择将计息期全部转化为实际天数计算利息，即每年为 365 天（闰年为 366 天），月度计息期为当月公历的实际天数。

### （四）起存金额

人民币活期储蓄 1 元起存，外币活期储蓄起存金额为不得低于 20 元人民币的等值外币，多存不限，由银行发给存折或卡，开户后可凭存折或卡随时存取，客户预留印鉴或密码的，凭印鉴或密码支取。

## 三、活期储蓄存款的业务种类

按照存取款方式的不同，活期储蓄存款可分为活期存折储蓄存款、活期支票储蓄存款、定活两便储蓄存款、借记卡存款及通知存款等。

### （一）活期存折储蓄存款

活期存折储蓄是指不确定存期，起存金额为 1 元人民币，开户后由银行发给存折，凭存折存取款，存取金额不受限制的一种储蓄方式。为安全起见，开户时可以约定凭印鉴或计算机预留密码支取。活期存折存款是银行最基本、最常用的存款方式，客户可随时存取款，自由、灵活调动资金，是客户进行各项理财活动的基础。

### （二）活期支票储蓄存款

活期支票储蓄在开户时由储户申请，经银行审查同意后，发给储户活期支票证明卡、活期支票簿和现金存款单。开户时起存金额各银行有不同的规定，续存时可凭现金存款单存入现金，也可使用支票转账存入。取款时凭储户签发的支票办理支取现金或转账结算。储户不得签发空头支票，否则银行将按规定处以罚金。

### （三）定活两便储蓄存款

定活两便储蓄是整笔存入本金，不定存期，随时可以支取的一种储蓄，其利息因存款期限的长短而定。开户时发给储户定额或不定额存单，不定额存单采用记名形式，定额存单采用不记名形式，不挂失，可在同城本行各储蓄网点通兑。该种储蓄具有活期储蓄存款可随时支取的灵活性，又能享受到接近定期存款的利率。定活两便储蓄的计息规则：存期超过整存整取最低档次且在 1 年以内的，分别按同档次整存整取利率打六折计息；存期超过 1 年（含 1 年）的，一律按 1 年期整存整取利率打六折计息；存期低于整存整取最低档次的，按活期利率计息。

### （四）借记卡存款

借记卡是由发卡银行向社会发行的先存款后消费（或取现）、没有透支功能的银行卡。按功能不同，借记卡可分为转账卡（含储蓄卡）、专用卡及储值卡，是一种具有转账结算、存取现金、购物消费等功能的信用工具，它还附加了转账、买基金、炒股等众多理财功能，提供了大量增值服务。借记卡一般直接连接到储户的银行账户，如活期存款账户。当储户使用借记卡提取现金或购物时，金额会直接从储户的银行账户中扣减。

### （五）通知存款

通知存款是一种不约定存期、支取时需提前通知银行、约定支取日期和金额后方能支取的存款。个人通知存款不论实际存期多长，均按存款人提前通知的期限长短划分为 1 天通知存款和 7 天通知存款两个品种。1 天通知存款必须提前 1 天通知约定支取的存款数额，7 天通知存款则必须提前 7 天通知约定支取的存款数额。人民币通知存款最低起存金额、最低支取金额和最低留存金额均为 5 万元，外币最低起存金额为 1 000 美元等值外币（各银行起存金额会有所区别）。该种储蓄方式资金运用灵活，利率高，且省心高效。

# 第三节　定期储蓄业务与存款创新

**能力目标**

了解商业银行各存款业务的基本规定，掌握各种存款的计算方法。

## 一、定期储蓄存款的定义和特征

定期储蓄存款是客户和银行预先约定存款期限并获得一定利息的存款。定期存款期限是固定的，最短为 7 天，一般短则 3 个月或 6 个月等，长则 5 年或 10 年，存款利息随着存款期限的长短而高低不等，但都高于活期存款。传统的定期存款要凭银行所签发的定期存单提款，存单不能转让，银行根据存单计算应付本息。

定期存款原则上不能提前支取，客户如要提前支取，则会损失一些利息或向银行支付罚息。西方国家对提前支款的罚息一般较高，如美国对 7～31 天的定期存款提前取款者的处罚金额占提前所取金额应得利息的大部分；32 天至 1 年的存款，罚金至少相当于 1 个月的利息。

对客户来说，定期存款具有利率高、风险小、收益稳定的特点，是一种收入稳定而风险性又很小的投资方式。虽然不能提前支取和转账结算的限制会给客户带来不便，但客户可以以存单作为动产，通过质押取得银行贷款。对商业银行而言，定期存款在灵活性、方便性、利息成本和创造派生存款的能力等方面都不如活期存款，但其对银行经营管理却有特殊的意义。

（1）银行稳定的资金来源。定期存款的期限较长，按规定一般不能提前支取，这样，银行就可将客户存入的资金用于中长期放款而无流动性之虑。而且，定期存款是以存入时挂牌公告的利率计息，银行能有效规避市场利率变动带来的价格风险。

（2）资金收益率高于活期存款。活期存款因为没有期限约束，客户不需提前通知就能随时支取，为了避免发生支付危机和减少经营风险，商业银行必须保持较高的存款准备金率。而定期存款未到期一般不能提前支取，其稳定性明显高于活期存款，因此银行对定期存款的准备金率明显较低，可把所吸收的绝大部分存款都贷放出去，从而为银行带来可观的收益。

（3）营业成本低于活期存款。一般情况下，定期存款只需开具一张定期存单，客户持存单支取本息，银行在存款到期时一次性办理手续。在存款期间几乎不需要提供其他任何服务，银行为定期存款所支付的各项管理费用，即营业成本是很低的。这显然有利于提高银行的盈利水平。

## 二、定期储蓄存款的主要业务种类

定期储蓄是指个人将属于其所有的人民币或外币存入银行储蓄机构，约定存期、整笔存入，储蓄机构开具存单作为凭证，到期取本付息的一种储蓄存款。其利率较高，储户可以获得较高的利息收入；提供约定转存和自动转存功能；储户在通存通兑区域内的任一联网点可以办理取款、查询及口头挂失等业务。

定期储蓄按存款方式可分为整存整取存款、零存整取存款、存本取息存款、整存零取存款、定活两便存款。

### （一）整存整取

整存整取是由客户选择存款期限，整笔存入，到期提取本息的一种定期储蓄。

1. 服务特色

（1）利率较高，收益较为稳定，利率高低与期限长短成正比。

（2）省心方便。具备整存整取存款到期后自动转存功能，可通过银行提供的多种转账渠道，对一卡通中的存款进行活期转定期或到期定期转活期的操作，还可通过约定转存功能，灵活地管理整存整取存款的本息、存期、存款形式等。

（3）资金灵活。在需要资金周转而整存整取存款未到期时，可以通过自助贷款将账上的整存整取存款作质押、获得个人贷款融资，可部分提前支取，但提前支取部分将按支取当日挂牌活期存款利率计息。

（4）起存金额低。各币种起存金额如下：人民币 50 元；外币：港币 50 元、日元 1 000 元；其他币种为原币种 10 元。

（5）存期选择多。人民币存期可选择 3 个月、6 个月、1 年、2 年、3 年和 5 年；外币存期可选择 1 个月、3 个月、6 个月、1 年。

2. 利息计算

整存整取定期储蓄存款在原定存期内如遇利率调整，不论调高或调低，均按存单开户日挂牌公告的整存整取定期储蓄存款利率计息。

利息计算公式：

到期利息 = 本金 × 存期 × 开户日整存整取定期储蓄存款利率

### （二）零存整取

零存整取，是一种事先约定金额，逐月按约定金额存入，到期支取本息的定期储蓄。

1. 服务特色

（1）适应面较广，手续简便。

（2）积零成整，收益较高。

（3）起存金额低。人民币 5 元即可起存。

（4）存期选择多。存期包括 1 年、3 年、5 年。

（5）每月需以固定金额存入。若中途漏存，应在次月补齐，未补齐视同违约，违约后将不再接受客户续存及补存。

2. 利息计算

零存整取定期储蓄存款，每月以固定金额存入，存期分 1 年、3 年、5 年，中途如有漏存，应在次月补齐，未补存者，视同违约，对违约后存入的部分，按支取日挂牌公告的活期储蓄存款利率计息。

零存整取计息的公式：

$$利息 = 月存金额 \times 累计月积数 \times 月利率$$

$$累计月积数 = (存入次数 + 1) \div 2 \times 存入次数$$

按照这个推算，一年期的累计月积数为（12 + 1）÷ 2 × 12 = 78，同理，3 年期、5 年期的累计月积数分别为 666 和 1 830。

同学们只要记住这几个常数就可以很方便地算出零存整取的利息了。

假设在 2018 年 6 月 3 日开立零存整取户，约定每月存入 10 000 元，定期 1 年，开户日该储种利率为年息 2%（月利率 = 年利率 ÷ 12），按月存入至期满，应获利息多少元？

应获利息 = 10 000 × 78 × 2% ÷ 12 = 1 300（元）

零存整取储蓄存款提前支取及逾期支取的利息计算，比照相应时长的整存整取定期储蓄存款利息计算规定办理。

### （三）存本取息

如果存款项在一定时期内不需动用，只需定期支取利息以作生活零用，可选择存本取息方式作为定期储蓄存款形式。存本取息业务是一种一次存入本金，分次支取利息，到期支取本金的定期储蓄。

1. 服务特色

（1）起存金额较高，起存金额为人民币 5 000 元。存款余额稳定。

（2）存期选择多。存期有 1 年、3 年、5 年。

（3）分期付息。不得提前支取利息，如到取息日而未取息，以后可随时取息，但不计算复息。

2. 利息计算

存本取息定期储蓄存款期限分为 1 年、3 年和 5 年三个档次，在存期内按月支取利息，取息时间应按对月、对日计算。取息日未到不得提前支取利息，到取息日未取的利息，以后可随时支取但不计复利。

利息计算公式：

$$利息总额 = 本金 \times 存期（月）\times 月利率$$

$$每次支取利息数 = 利息总额 \div 取息次数$$

若 2019 年 3 月 20 日存入 3 年期存本取息 5 000 元，并约定每月取息，于

2019 年 8 月 1 日办理提前支取，假如客户每月均到网点办理取息，应付储户本息合计金额为多少（利率 1.89%）？

税后利息 = 应付利息 × 80%　　实付利息 = 应付利息 × 80%

已付利息 =（5 000 × 36 × 1.89% ÷ 12）÷ 36 × 80% × 4 = 25.2（元）

提前支取应实付利息 =（211 − 80）÷ 360 × 5 000 × 0.35% × 80% = 5.09（元）

可得本息合计 = 本金 + 实付利息 − 已付利息 = 5 000 + 5.09 − 25.2 = 4 979.89（元）

存本取息定期储蓄存款提前支取及逾期支取的利息，比照相应的整存整取定期储蓄存款利息计算规定计算。

### （四）整存零取

如果有整笔较大款项收入且需要在一定时期内分期陆续支取使用，可以选择整存零取方式作为储蓄存款方式。整存零取业务是一种事先约定存期，整数金额一次存入，分期平均支取本金，到期支取利息的定期储蓄。

1. 服务特色

（1）起存金额低，为人民币 1 000 元。

（2）存期选择多，存期可选择 1 年、3 年、5 年。

（3）取款间隔选择多，可选择 1 个月、3 个月、6 个月。

（4）利息在期满结清时支取。

2. 利息计算

整存零取定期储蓄存款期限分为 1 年、3 年和 5 年三个档次，按 1 个月、3 个月或 6 个月一次支取本金，利息于期满结清时支取。

利息计算公式：

到期应付利息 =（全部本金 + 每次支取本金）÷ 2 × 存期（月）× 月利率

如某户 2017 年 9 月 6 日存整存零取 3 年期 3 000 元，月利率 3.975‰，约定每半年支取本金 500 元，到期支取时实付利息是多少？

实付利息 =（3 000 + 500）÷ 2 × 36 × 3.975‰ = 250.42（元）

整存零取定期储蓄分期支取中如有逾期或提前支取，提前支取或期满后逾期支取的部分，均按支取日挂牌公告的活期储蓄存款利率计算。

### （五）定活两便

如果有较大额度的结余，但在不久的将来需随时全额支取使用时，可以选择定活两便作为储蓄存款形式。定活两便是一种事先不约定存期，一次性存入、一次性支取的储蓄存款。

1. 服务特色

（1）既有活期之便，又有定期之利，利息按实际存期长短计算，存期越长利率越高。

（2）起存金额低，人民币50元即可起存。

（3）支取简单。一次存入，一次支取。

2. 计息规定

存期不足3个月按活期存款利率计算。3个月以上6个月以下的整个存期按定期3个月的利率打六折计算，6个月以上1年以下的整个存期按定期6个月的利率打六折计算，超过1年的整个存期都按1年期利率打六折计算。日期有一天算一天。

3. 利息计算

某存款户于2015年3月1日存入10 000元定活两便存款，若于2015年8月4日全部支取能得多少利息？若是2015年9月15日全部支取呢？若是2016年6月16日全部支取？（3个月利率为1.71%，半年利率为2.07%，1年利率为2.25%。）

计算方法：

2015年8月4日支取时可得利息 $= (244 - 91 + 3) \times (1.71\% \div 360) \times 10\,000 \times 60\% = 44.46$（元）

2015年9月15日可得利息 $= (285 - 91 + 4) \times (2.07\% \div 360) \times 10\,000 \times 60\% = 68.31$（元）

2016年6月16日支取时可得利息 $= (196 + 360 - 91 + 7) \times (2.25\% \div 360) \times 10\,000 \times 60\% = 177$（元）

定活两便的计算公式可以进行简化：

$$1\text{年以上的实付利息} = \text{存期天数} \times \text{本金} \times 2.25\% \times 60\%$$

$$\text{半年以上}1\text{年以下的实付利息} = \text{存期天数} \times \text{本金} \times 2.07\% \times 60\%$$

$$3\text{个月以上半年以下的实付利息} = \text{存期天数} \times \text{本金} \times 1.71\% \times 60\%$$

## 三、储蓄存款创新业务

在存款利率受管制的情况下，银行存款面临其他金融工具的严峻挑战，有大量流失的危险。商业银行要扩大存款、争取客户，就必须不断创新存款工具，以优质、方便、灵活的服务和具有竞争力的价格迎接挑战。所谓存款工具创新，指的是银行根据客户的动机和需求，创造并推出新的存款品种，以满足客户需求的过程。在实际操作中，银行对存款工具的设计和创新，必须坚持以下四项原则。

（1）规范性原则。创新要依据银行存款所固有的功能进行设计，对不同的利率形式、计息方法、服务特点、期限差异、流通转让程度、提取方式等进行选择、排列和组合，以创造出多种多样的存款品种。凡是脱离存款本质特征的设计，不能称为存款工具，更谈不上创新。

（2）效益性原则。银行存款创新的最终目的是获取利润。商业银行经营存款业务是有成本的，开发的新品种成本要以不超过原存款的平均成本为原则，创新品种应是既能满足客户要求，又能满足银行供给动机的有效组合。如因成本过高而导致银行收益下降甚至亏本，显然与银行的经营目标相悖。

（3）连续性原则。银行存款工具创新是一个不断开发的进程，商业银行在进行存款产品设计时要根据经营环境的变化和自身规模及经营特点，在前一阶段存款工具的基础上进行进一步的规划和设计，开发创新要结合实际，注意在实践上可行，品种更新要由低级到高级保持其连续性。此外，银行的产品开发与一般工商企业产品开发不同，新产品没有专利权，不受知识产权保护，一家银行推出有市场潜力的新的存款工具，很快就会被其他银行模仿和改进。只有持续进行创新，才能不断推出存款新品种，适应市场的变化。

（4）社会性原则。新的存款工具的推出，不能有损于社会的宏观经济效益，而应当有利于平衡社会经济发展所必然出现的货币供给和需求的矛盾，能合理调整社会生产和消费的关系，缓和社会商品供应和货币购买力之间的矛盾。

## 四、具体储蓄存款创新业务形式

由于金融业务的迅速发展，要求银行业务不断创新，创新形式具体有以下几种。

### （一）定期定额

定额定期存款是一种存单面额固定的定期存款。定额定期存单有 100 元、200 元、500 元、1 000 元等多种面额。存期为 1 年。

服务特色：

（1）利率较高，客户可获得高于活期存款的利息收益；

（2）可提前支取，充分考虑客户的需求；

（3）部分地区有印制精美的礼仪存单。

### （二）“一本通”存款

“一本通”是将多个储种、多个账户的存款集中于一本存折上，通过一本存折管理多个存款账户资金的业务品种。一经开户，各种存款逐笔记录在一本存折上，一目了然。现阶段“一本通”存折可开立整存整取定期存款和定活两便储蓄存款两个品种。

1. 业务介绍

（1）整存整取定期存款。人民币50元起存。存期分为3个月、6个月、1年、2年、3年和5年。本金一次存入，到期支取本息。到期可约定转存，循环生息。支取方式灵活，可全部提前支取，也可多次部分提前支取。

（2）定活两便储蓄存款。人民币50元起存。存期不限，不可部分支取。存期不满3个月的，按天数计付活期利息；存期3个月以上（含3个月）、不满半年的，整个存期按支取日整存整取3个月定期存款利率六折计息、存期半年以上（含半年），不满1年的，整个存期按支取日整存整取半年期定期存款利率六折计息；存期在1年以上（含1年），整个存期按支取日整存整取1年期定期存款利率六折计息。利率打六折后，若低于活期利率，则按活期利率计息。

2. 服务特色

（1）方便保管。一本存折可以替代48张存单，便于携带和保管。

（2）及时掌握收益。开立“一本通”存折后，可将不同额度的结余资金存入一本存折，帮助客户及时掌握个人收益情况，更好地为客户理财。

（3）通存通取。“一本通”提供密码保护，“一本通”下所有账户使用同一密码，客户可在“一本通”开户省任一储蓄网点办理“一本通”存取业务。

（4）办理手续简便。办理“一本通”业务的手续十分简便，客户只要携带本人有效身份证件，到银行任一营业网点开立定期“一本通”存折即可。需他人代办的，应持本人和代理人有效身份证件。

### （三）通知存款

通知存款开户时不约定存期，不论实际存期多长，按存款人提前通知的期限长短划分为1天通知存款和7天通知存款两个品种。1天通知存款必须提前

1 天通知约定支取存款，7 天通知存款必须提前 7 天通知约定支取存款。

5 万元起存，一次性存入本金；可以一次或分次支取，最低支取金额为 5 万元。只需开户并保持存款账户余额在人民币 5 万元（含）以上，即可运筹财富，灵活收益，积少成多。通知存款具有以下服务特色。

（1）大额资金管理。最低开户金额、最低支取金额、最低留存金额均为 5 万元。存款人需一次存入，可一次或分次支取。

（2）期限不定，运用灵活。通知存款不约定存期，存期和支取金额由客户灵活掌握，客户可享受如活期存款的便利。

（3）利率更高，收益倍增。通知存款利率大大高于活期存款，按目前银行利率标准，人民币 7 天通知存款的利率是活期存款同期利率的 2.25 倍。

### （四）个人存款证明

个人存款证明是储蓄机构应存款人的申请，为其存于储蓄机构的个人存款所提供的书面证明。个人存款证明分为两种类型：时点存款证明和时段存款证明。时点存款证明是用于申请人在提出申请开具个人存款证明时在银行有一定金额存款的证明。时段存款证明是用于说明申请人自申请之日起至某一日期的时间段内在银行有一定金额存款的证明。个人存款证明有以下服务特色。

（1）一笔存款，多张证明。一笔存款可在不同时点开立多张时点存款证明；可一次开具相同时间段的多张存款证明。

（2）多笔存款，集中证明。多笔存款可在一张存款证明上列明，从而节约客户开立存款证明的费用。

（3）格式规范，存款证明纸质文件全国统一印制。

### （五）教育储蓄

教育储蓄属零存整取定期储蓄存款，存期分为 1 年、3 年和 6 年，最低起存金额为 50 元，本金合计限额为 2 万元。开户时储户与金融机构约定每月固定存入的金额，分月存入、中途如有漏存，应在次月补齐，未补存者按零存整取定期储蓄存款的有关规定办理。

到期支取时，凭存折和学校提供的正在接受非义务教育的学生身份证明，一次性支取本金和利息。金融机构支付存款本金和利息后，应在证明原件上加盖“已享受教育储蓄优惠”字样的印章，每份证明只享受一次优惠。

1. 服务特色

（1）积零成整。每月起存金额 50 元，积少成多。

（2）存期灵活。可选择 1 年、3 年、6 年三种存期。

（3）总额控制。每一账户最高可存 2 万元。

（4）利率优惠。零存整取享受整存整取利率。

（5）利息免税。到期所得的利息免征利息所得税。

（6）贷款优先。参加教育储蓄的储户，如申请助学金贷款，在同等条件下，贷款银行（营业部）可优先解决。

2. 业务介绍

（1）开户对象及方法。开户时，须凭储户本人（学生）户口簿或居民身份证到储蓄机构以储户本人（学生）的姓名开立存款账户，金融机构根据储户提供的上述证明，登记证件名称及号码。开户对象为在校小学四年级（含四年级）以上学生参加。

（2）存期选择。一般来说，6 年期教育储蓄适合小学四年级以上的学生开户，3 年期教育储蓄适合初中以上的学生开户，1 年期教育储蓄适合高二以上的学生开户。这样，接受非义务教育储蓄时（即升入高中以后），就可以在教育储蓄到期时享受优惠利率并能够及时使用该存款。

（3）优惠条件。1 年期、3 年期教育储蓄按开户日同期同档次整存整取定期储蓄存款利率计息；6 年期按开户日 5 年期整存整取定期储蓄存款利率计息。

储户提供接受非义务教育储蓄的学生身份证明，可享受优惠利率及免征储蓄存款利息所得税。

# 第四节　银行柜员存款业务实操

**能力目标**

了解银行柜员的主要业务职责，掌握现金收付业务基本操作流程、掌握现金库房管理和尾箱管理流程。

## 一、银行现金业务的基本原则

（1）“四双”原则：即双人管库、双人运钞、双人守库、双人押运。

（2）钱账分离、日清日结、账款相符、交接清楚。

（3）收入现金，先收后记；付出现金，先记后付。

（4）坚持查库制度，严禁挪用库存现金，严禁白条抵库，严禁炒套汇，出入库必须经过复核，做到手续严密、数字准确。

（5）维护国家利益和银行信誉，服务热情，注重效益。

## 二、银行柜员的主要业务

银行柜员工作对社会发展有着十分重要的意义，在柜员业务工作中，必须严格按照有关规定和原则进行操作。

### （一）现金收付

（1）单人临柜，必须配有监控设备，录像一般保留 3 个月（储蓄业务）。办理大额现金收付款业务（各支行规定不同），必须换人复核。

（2）双人临柜，经办和复核按各自职责，按收付款业务性质来承担责任。

（3）清点现金须在客户目视下清点。

（4）付款当面点清，提倡“唱收唱付”，严防串户错付。

（5）付款客户点收时出现差错，柜员应立即复核、更正。

（6）收付款都要做到“一笔一清”。

### （二）现金清点

现金清点按“三先三后”程序操作。即先点大数（卡捆卡把）、后点细数，先点主币、后点辅币，先点大面额票币、后点小面额票币。收入现金必须坚持手工清点，使用验钞仪逐张核验（正面、背面各核验一遍，注意防范假币、区分版别），并用带有检伪功能的点钞机进行两遍复点。

### （三）现金整点

现金整点是银行柜员的基础工作，包括对票币的分类、分版、点数、挑残、反假以及按规定进行整理、封装等工作。

（1）凡收入的现金，应进行整点，必须达到“五好”钱捆的要求，即：

点准：清点票币做到不错不乱，准确无误。

挑净：根据规定的标准将不能再流通使用的损伤券挑出来，与完整券分开整理。

墩齐：票币要平铺，折角、弯折、揉搓过的票币要弄直、抹平，然后墩齐，使票币四条边水平。

捆紧：纸币呈双十字形捆扎。捆扎前十把时，第一把票币上垫一张与票币大小相同的纸，绳索接头处应在垫纸上面，在绳索接头处粘贴封签，加盖封捆员名章。损伤券在封签上加盖“破”或“损伤”字样的戳记。

盖章清楚：柜员在封条侧位盖上个人名章。一捆票币的名章应统一而且盖章要清晰。

（2）外币整点：外币整点和人民币整点的要求基本相同。经整点后的外币正背面朝向要一致，图案不得上下颠倒。

## 课内思考

某客户携现金要求存款50万元，柜员接款后未当面清点核对，随即将现金移至另一柜台（本柜台无监控探头）开始清点，一个小时后清点完毕，发现只有48万元，但客户坚持说是50万元，双方争执上告法院。柜员的过失在哪里？

## 三、现金库房管理

柜员库房是存放现金、金银的专用金库。库房必须坚固，符合安全条件，应有通风、防潮、防火以及报警等安全防范设施。

（1）凡入库的现金、金银都必须记账，出入库须填制出入库票，库内不准存放其他物品。

（2）库房要装备两把不同钥匙的锁，并备正副钥匙各一套。正钥匙由两名管库员分别掌管，不得随意放置或托他人保管、代开。副钥匙由管库员会同主管行长、柜员业务负责人当面密封，加盖印章，办理登记签收手续，并由主管行长和柜员业务负责人分别妥善保管。

（3）库内实物要分种类保管，保持整洁。库内严禁吸烟、生火炉和存放易燃易爆物品，防止火灾，防止库内现金和实物发生霉烂、虫蛀、鼠咬、被窃事故，库内及库周围的各项安全设备要经常检查，如有损坏，须及时维修或更换。

（4）各行必须建立查库制度。行长和柜员业务负责人要经常不定期查库。上级行对下级行也要不定期进行查库，查库时须携带查库介绍信。各行库应建立查库登记簿。

## 四、尾箱管理

尾箱是便于现金收付而设置的存放本外币现金、有价证券、重要凭证及有关业务公章、个人名章的专用箱。

尾箱以岗设箱，一岗一箱。每天营业终了，必须和会计人员核账，对公业务、个人业务分别核实后再和库存现金对账，做到账实相符、账款相符、账账相符。

非营业时间必须入库保管，中午休息放入专用保险柜。尾箱经管人不得随意离岗，做到人离箱锁，要确定监管人。网点负责人为尾箱监管第一责任人。

## 第五节　外国货币基础知识

**能力目标**

了解主要外国货币的基本防伪标识，掌握鉴别真假外国货币的方法。

**基础知识**

在办理存款业务中，避免收取假币至关重要，在本书第一章节中我们已经学会了如何识别现行使用的第五套人民币纸币真伪，通常采用"一看、二摸、三听、四测"的方法。接下来介绍外国货币及其防伪的相关基础知识。

### 一、真假外币鉴别基本点

外币鉴别通常包括两个基本点：一是熟悉各币种的票面内容和流通情况，以避免收错货币或把已经不流通的货币收进来；二是辨别真假钞，以避免把伪造的假票币收进来。

外币，即除本国货币以外的其他国家和地区发行的货币。对我国来说，人民币以外的货币均称为外币，外币现钞包括纸币和铸币。

根据国家外汇管理局规定，目前我国在境内收兑的外币现钞共有 21 种（公开挂牌），这些货币是：美元、港元、日元、英镑、法国法郎、瑞士法郎、德国马克、加拿大元、新加坡元、澳大利亚元、意大利里拉、比利时法郎、奥地利先令、荷兰盾、瑞典克朗、丹麦克朗、挪威克朗、芬兰马克、澳门元、菲律宾比索和泰国铢。

现代纸币的票面设计，不仅体现了货币本身的各种特点，而且能够反映一个国家文化技术发展水平。各国货币一般具有以下七个方面的内容。

1. 货币单位名称

各国货币因其发展史及不同的习惯，所采用的货币单位名称也不同，如美元、欧元、英镑、日元等。

2. 货币的发行机构

目前世界上大多数国家和地区的货币由中央银行发行，如英国的钞票由英国的中央银行英格兰银行发行。也有的国家是由政府的专门机构发行，如新加坡货币是由新加坡货币局发行。还有的是经政府核准的银行发行，如香港特别行政区钞票经香港特区政府核准由汇丰银行、渣打银行和中国银行发行。发行机构名通常印在钞票正面的显著位置。

3. 票面金额

货币的票面金额是该货币实际代表的价值量。世界上大多数国家的主币面值一般从 1 元到 100 元，面额分别为 1 元、2 元、5 元、10 元、20 元、50 元、100 元，大小面值相差 10 倍，也有的国家货币大小面额相差 50 倍、500 倍、1 000 倍。

4. 货币版别

版本不同，同一面额货币在票面图案设计、钞票印刷特征、发行时间等方面不同，也称版式的不同。不少国家的钞票均印有年版，有些还加月、日，表示该钞票发行的年份和日期。

5. 序列号码

序列号码表示某一种式样钞票的发行量。钞票的号码均采用固定的位数(如 6 位、7 位、8 位和 10 位)，有的在号码前后加印代表版数的数字和文字。新版荷兰盾钞票上印有条型编码符号。

6. 签字和盖章

签字和盖章表示发行钞票机构或该国政府对所发行的钞票法律地位的认可。签字一般为两个，也有一个或三个的。

7. 图案

为了美化票面、体现本国民族文化，除了上述各项内容外，各国钞票上还印有图案，如国家领导人和知名的历史人物肖像，有代表性的建筑物、风景、动物图案和各式花纹等。

熟悉纸币票面上的七种要素，有利于认证各国钞票，鉴别外币的真伪。

## 二、常见外币防伪常识

### （一）美元

1. 美元简介

货币名称：美元（UNITED STATES DOLLAR）

发行机构：美国联邦储备银行（U. S. FEDERAL RESERVE BANK）

货币符号：USD

辅币进位：1 美元 = 100 分（CENTS）

钞票面额：1 元、2 元、5 元、10 元、20 元、50 元、100 元

现行流通的美元纸币有三类，数量最多的是联邦储备钞票，总面额占流通钞票的 99%。其余的 1% 是合众国钞票和银元券，均已停止印制，在市面上偶尔可以见到。

不同种类的美元纸币只要面额相同，其正、背面的主景图案就是相同的，但票面上的财政部徽章和冠字号码的颜色不同，如联邦储备钞票上的徽章和冠字号码是绿色，合众国钞票上的是红色，银元券上的是蓝色。下面重点介绍联邦储备钞票。

2. 美元纸币的票面特征

美元是国际印钞界公认的设计特征变化最少的钞票之一。虽经多次改版，但不同版别的钞票变化并不大，只是防伪功能不断加强。美元纸币票面尺寸不论面额和版别均为长 156 毫米、宽 66 毫米。正面主景图案为人物头像，主色调为黑色。背面的主景图案为建筑，主色调为绿色，不同版别的颜色略有差异，如 1934 年版背面为深绿色，1950 年版背面为草绿色，1963 年版以后各版背面均为墨绿色。

3. 美元纸币的防伪特征

（1）专用纸张：美钞的纸张主要是由棉、麻纤维抄造而成。纸张坚韧、挺括，在紫外光下无荧光反应。

（2）固定人像水印：1996 年版美元纸张加入了与票面人物头像图案相同的水印。

（3）红、蓝彩色纤维：从 1885 年版起，美钞纸张中加入了红、蓝彩色纤维丝。从 1885 年版到 1928 年版美钞的红、蓝彩色纤维是定向施放的，即红、蓝纤维丝分布在钞票的正中间，由上至下形成两条狭长条带。1929 年版及以

后各版中的红、蓝彩色纤维丝则随机分布在整张钞票中。

（4）文字安全线：从1990年版起，5美元至100美元各面额纸币的纸张中加入了一条全埋文字安全线。安全线上印有“USA”及阿拉伯数字和英文单词面额数字。1996年版50美元、20美元安全线上还增加了美国国旗图案。1996年版美元的安全线还是荧光安全线，在紫外光下呈现出不同的颜色，100美元、50美元、20美元、10美元、5美元安全线分别呈红色、黄色、绿色、棕色和蓝色。

（5）雕刻凹版印刷：美元正背面的人像、建筑、边框及面额数字等均采用雕刻凹版印刷，用手触摸有明显的凹凸感。1996年版美元的人像加大，形象也更生动。

（6）凸版印刷：美元纸币上的库印和冠字号码采用凸版印刷，在钞票背面的相应部位用手触摸有凹凸感。

（7）细线印刷：1996年版美元正面人像的背景和背面建筑的背景采用细线设计，该设计有很强的防复印效果。

（8）凹印缩微文字：从1990年版起，美元人像边缘中增加一条由凹印缩微文字组织的环线，缩微文字内容为“THEUNITEDSTATESOFAMERICA”。1996年版100美元和20美元还分别在正面左下角面额数字中增加了“USA100”和“USA20”字样的缩微文字，50美元则在正面两侧花边中增加“FIFTY”字样的缩微文字。

（9）冠字号码：美元纸币正面均印有两组横向号码，颜色为翠绿色。1996年版以前的美元冠字号码由一位冠字、8位数字和一个后缀字母组成，1996年版美元增加了一位冠字，用以代表年号。

（10）光变面额数字：1996年版100美元、50美元、20美元、10美元正面左下角面额数字是用光变油墨印刷的，在与票面垂直角度观察时呈绿色，将钞票倾斜一定角度则变为黑色。

（11）磁性油墨：美元正面凹印油墨带有磁性，用磁性检测仪可检测出磁性。

## 小结

美元的防伪特征：（1）专用纸张；（2）固定人像水印；（3）红、蓝彩色纤维；（4）文字安全线；（5）雕刻凹版印刷；（6）凸版印刷；（7）细线印刷；（8）凹印缩微文字；（9）冠字号码；（10）光变面额数字；（11）磁性油墨。

### （二）欧元

欧元是2002年1月1日开始发行的，在欧元区12个成员国家中（比利时、德国、希腊、西班牙、法国、爱尔兰、意大利、芬兰、葡萄牙、奥地利、荷兰、卢森堡）成为唯一的法定货币。欧元共有七种券别的纸币和八种券别的硬币。

1. 欧元纸币的票面特征

欧元纸币的设计主题是“欧洲的时代和风格”，描述了欧洲悠久的文化历史中7个时期的建筑风格，其中包含了一系列的防伪特征和各成员国的代表特色。

纸币的正面图案中，窗户和拱门象征着欧洲的开放和合作，代表欧盟12个成员国的12颗五星则象征着当代欧洲的活力和融洽。

纸币的背面图案描述了七个不同时期的欧洲桥梁和欧洲地图，寓意欧盟各国及欧盟与全世界的紧密合作和交流。

七种不同券别的纸币采用了不同颜色为主色调，规格也随面值的增加而增大。除此以外，欧元纸币还有以下主要特征：

（1）用拉丁文和希腊文标明的货币名称；

（2）用五种不同语言文字的缩写形式注明的“欧洲中央银行”名称；

（3）版权保护标识符号；

（4）欧洲中央银行行长签名；

（5）欧盟旗帜。

2. 欧元纸币的防伪特征

欧元采用了多项先进的防伪技术，主要有以下几个方面。

（1）双水印。欧元纸币均采用了双水印，即与每一票面主景图案相同的门窗图案水印及面额数字白水印。

（2）安全线。欧元纸币采用了全埋黑色安全线，安全线上有欧元名称（EURO）和面额数字。

（3）对印图案。欧元纸币正背面左上角的不规则图形正好互补成面额数字，对接准确，无错位。

（4）凹版印刷。欧元纸币正面的面额数字、门窗图案、欧洲中央银行缩写及 200 欧元、500 欧元的盲文标记均采用雕刻凹版印刷，摸起来有明显的凹凸感。

（5）珠光油墨印刷图案。5 欧元、10 欧元、20 欧元背面中间用珠光油墨印刷了一个条带，不同角度下可出现不同的颜色，而且可看到欧元符号和面额数字。

（6）全息标识。5 欧元、10 欧元、20 欧元正面右边贴有全息薄膜条，变换角度观察可以看到明亮的欧元符号和面额数字；50 欧元、100 欧元、200 欧元、500 欧元正面的右下角贴有全息薄膜块，变换角度观察可以看到明亮的主景图案和面额数字。

（7）光变面额数字。50 欧元、100 欧元、200 欧元、500 欧元背面右下角的面额数字是用光变油墨印刷的，将钞票倾斜一定角度，颜色由紫色变为橄榄绿色。

（8）无色荧光纤维。在紫外光下，可以看到欧元纸张中有明亮的红、蓝、绿三色无色荧光纤维。

（9）有色荧光印刷图案。在紫外光下，欧盟旗帜和欧洲中央银行行长签名的蓝色油墨变为绿色，12 颗星由黄色变为橙色，背面的地图和桥梁则全变为黄色。

（10）凹印缩微文字。欧元纸币正背面均印有缩微文字，用放大镜观察，真币上的缩微文字线条饱满且清晰。

## 🕮 归纳总结

欧元的防伪特征：（1）水印；（2）安全线；（3）对印图案；（4）凹版印刷；（5）珠光油墨印刷图案；（6）全息标识；（7）光变面额数字；（8）无色荧光纤维；（9）有色荧光印刷图案；（10）凹印缩微文字。

### （三）日元

现行流通的日元主要是 1993 年版 1 000 日元、5 000 日元和 10 000 日元及 2000 年版 2 000 日元的纸币。此外还有一小部分 1984 年版纸币。本书主要介绍 1993 年版和 2000 年版日元。

1. 日元纸币的票面特征

10 000 日元主色调为棕色，票面正面主景是日本教育家福泽谕吉头像，背面主景是两只雉。5 000 日元主色调为深紫色，票面正面主景是日本教育家新渡户稻造头像，背面主景是富士山。2 000 日元主色调为蓝黑色，票面正面主景是日本古代牌楼，背面主景是日本古代书法绘画。1 000 日元主色调为棕色，票面正面主景是日本小说家夏目漱石头像，背面主景是两只仙鹤。

2. 日元纸币的防伪特征

（1）专用纸张。日元钞票纸张呈淡黄色，含有日本特有植物三椏皮纤维，纸张有非常高的韧性和挺度。

（2）水印。日元的水印图案与正面主景图案相同，由于采用了特殊工艺，水印清晰度非常高。

（3）雕刻凹版印刷。日元正背主景、银行名、面额数字等均采用雕刻凹版印刷，图案线条精细、层次丰富，用手触摸有明显的凹凸感。

（4）凹印缩微文字。日元正背面多处印有“NIPPONGINKO”字样的缩微文字。

（5）盲文标记。日元的盲文标记由圆圈组成，用手触摸有明显的凸起，透光观察也是清晰可见。

（6）磁性油墨。日元正背面凹印部位的油墨带有磁性，可用磁性检测仪检测出磁信号。

（7）防复印油墨。日元印刷采用了防复印油墨，当用彩色复印机复印时，复印出来的颜色与原券颜色明显不同。

（8）光变面额数字。2 000 日元正面右上角的面额数字是用光变油墨印刷的，与票面呈垂直角度观察呈蓝色，倾斜一定角度则变为紫色。

（9）隐形面额数字。2 000 日元正面左下角有一装饰图案，将票面置于与视线接近平行的位置，面对光源进行 45 度或 90 度旋转，可看到面额数字“2000”。

（10）珠光油墨。2 000 日元正面左右两侧边采用珠光油墨各印刷了一条条带，转换钞票角度可看到颜色有变化。

（11）隐形字母。2 000 日元背面右上角的绿色底纹处印有隐形字母“NIPPON”，在垂直角度下无法看到，将票面倾斜一定角度即可看到，且前 3 个字母呈蓝绿色，后 3 个字母呈黄色。

1984 年版 1 000 日元、5 000 日元、10 000 日元与 1993 年版相比，无凹印缩微文字，冠字号码为黑色，而 1993 年版的为深棕色。其他防伪特征基本一致。

## 归纳总结

日元的防伪特征：(1) 专用纸张；(2) 水印；(3) 雕刻凹版印刷；(4) 凹印缩微文字；(5) 盲文标记；(6) 磁性油墨；(7) 防复印油墨；(8) 光变面额数字；(9) 隐形面额数字；(10) 珠光油墨；(11) 隐形字母。

### (四) 港元

现行流通的港币纸币是由汇丰银行、渣打银行和中国银行三家银行分别发行的，其中汇丰银行的发行量居多。

1. 汇丰银行港币的票面图案和防伪特征

目前流通的汇丰银行钞票，是该行自1993年起发行的，面额有20元、50元、100元、500元和1 000元。票面正面左侧为铜狮头图案，中间为银行名、中英文面额数字。背面主景图案是汇丰银行总部大厦及坐守大厦入口处的一对狮子雕像。20元、50元、100元和1 000元港币右侧图案，分别为旧火车站钟楼、龙舟竞赛、沙田万佛寺、香港总督府和香港立法局大楼。2000年12月，汇丰银行发行了新版1 000元钞票，新版钞票保留了1993年版的基本设计，并增加了新的防伪措施。汇丰银行港币主要有以下防伪特征。

(1) 水印。票面正面右侧有狮头水印图案。2000年版1 000元港币在石狮图案上方增加“1 000”字样白水印。

(2) 安全线。票面采用了全埋深色安全线，其中，2000年版1 000元港币还在票面正面右侧增加了一条全息开窗文字安全线。

(3) 雕刻凹版印刷。票面正背面主景、行名、面额数字等均采用了凹版印刷，用手触摸有明显的凹凸感。

(4) 凹印缩微文字。票面正面或背面多处印有凹印缩微文字“THE-HONGKONGANDSHANGHAIBNAKINGCORPORATIONLIMITED”字样。

(5) 对印图案。票面正面右侧及背面左侧花边均有一圆形局部图案，迎光透视，可见正背面组成了一个完整的图案。

(6) 隐形面额数字。票面正面右下角的长方形图案中印有隐形面额数字。将票面置于与视线接近平行位置，面对光源旋转钞票，可见该面额钞票的面额数字。

(7) 异形号码。票面正面左下和右侧分别印有横竖异形号码。该号码的特点是数字逐渐增大。

（8）无色荧光图案。在紫外光下，可以看到票面正面有明亮的荧光图案。

（9）无色荧光纤维。2000 年版 1 000 元港币在纸张中增加了红、蓝、绿三色荧光纤维，在紫外光下清晰可见。

2. 渣打银行港币的票面特征和防伪特征

目前流通的香港渣打银行钞票由该行自 1993 年 1 月起发行，面额有 10 元、20 元、50 元、100 元、500 元和 1 000 元。纸币的正面均采用了神话中的瑞兽作为设计主题，10 元券正面是鲤鱼图案、20 元券是神龟图案、50 元券是北狮图案、100 元券是麒麟图案、500 元券是凤凰图案、1 000 元券是龙的图案。背面中间是香港的区花——紫荆花，左侧是渣打银行大厦。2001 年 1 月，渣打银行又发行了新版 1 000 元钞票，新版钞票保留了 1993 年版的基本设计，并增加了新的防伪措施。渣打银行港币主要有以下防伪特征。

（1）水印。票面正面右侧有古罗马军人头像水印及字母“SCB”白水印，2001 年版 1 000 元港币的白水印由“SCB”改为“1 000”。

（2）安全线。票面采用了全埋深色安全线，其中，2001 年版 1 000 元港币还在票面正面右侧增加了一条全息开窗文字安全线。

（3）雕刻凹版印刷。票面正背面主景、行名、面额数字等均采用了凹版印刷，用手触摸有明显的凹凸感。

（4）凹印缩微文字。票面正面右侧边框外印有凹印缩微文字“STANDARDCHARTEREDBANK”字样。

（5）对印图案。票面正面右侧及背面左侧均有一圆形局部图案，迎光透视，可见正背面图案组成了一个完整的圆形图案。

（6）无色荧光图案。在紫外光下，票面正面会出现明亮的荧光图案。

（7）有色荧光图案。在紫外光下，背面局部图案会出现明显的荧光反应。

（8）无色荧光纤维。2001 年版 1 000 元港币在纸张中增加了红、蓝、绿三色荧光纤维，在紫外光下清晰可见。

3. 中国银行港币的票面特征和防伪特征

中国银行于 1994 年开始发行港元纸币，面额有 20 元、50 元、100 元、500 元和 1 000 元。1996 年 8 月，中国银行又推出 1996 年版纸币。1996 年版中国银行港元纸币的面额、规格、主色调、主题图案和防伪特征等与 1994 年版、1995 年版基本相同。为提高防伪性能，1996 年版中国银行券 20 元、50 元、100 元、500 元和 1 000 元五种面额纸币的正面下部含隐形文字的花边图案有所改动。20 元券的主色调为天蓝色，正面主景图为中银大厦、中国银行行标及水仙花，背面为香港中区和湾仔商业楼群的构图。50 元券的主色调为紫色，正面主景为中银大厦、中国银行行标及菊花，背面为香港第一条海底隧道的繁忙景象。100 元券的主色调为红色，正面主景为中银大厦、中国银行行标及荷花，背面为九龙半岛南端的尖沙咀风貌。500 元券的主色调为棕色，正面主景为中银大厦、中国银行行标及牡丹花，背面为香港葵涌货柜码头的构图。1 000元的主色调为金黄色，正面主景为中银大厦、中国银行行标及紫荆花，背面为港岛中区高楼林立的繁华景象。为了加强防伪，2001 年 1 月，中国银行又发行了新版 1 000 元钞票。新版钞票保留了 1996 年版的基本设计，并增加了新的防伪措施。中国银行港币主要有以下防伪特征。

（1）水印。票面正面右侧有石狮水印图案。2001 年版 1 000 元港币在石狮图案上方增加“1 000”字样白水印。

（2）安全线。票面采用了全埋深色安全线。其中，2001 年版 1 000 元港币还在票面正面右侧增加了一条全息开窗文字安全线。

（3）雕刻凹版印刷。票面正背面主景、银行名、面额数字等均采用凹版印刷，用手触摸有明显的凹凸感。

（4）凹印缩微文字。票面正背面边框上方印有凹印缩微文字“BANKOF-CHINA”字样。

（5）对印图案。票面正面右侧及背面左侧花边均有“中”字图案，迎光透视，可见正背面色块组成了一个“中”字。

（6）隐形面额数字。在票面正面右下角的边框中印有隐形面额数字。将票面置于与视线接近平行位置，面对光源旋转钞票，可见该面额钞票的面额数字。

（7）异形号码。票面正面左下和右侧分别印有横竖异形号码，该号码的特点是数字逐渐增大。

（8）无色荧光图案。在紫外光下，可见票面正面有明亮的荧光图案。

（9）无色荧光纤维。2001 年版 1 000 元港币在纸张增加了红、蓝、绿三色荧光纤维，在紫外光下清晰可见。

## 本章小结

港币纸币主要由汇丰银行、渣打银行和中国银行三家银行分别发行，其中以汇丰银行发行量最大。

汇丰银行券的防伪特征：(1) 水印；(2) 安全线；(3) 雕刻凹版印刷；(4) 凹印缩微文字；(5) 对印图案；(6) 隐形面额数字；(7) 异形号码；(8) 无色荧光图案；(9) 无色荧光纤维。

储蓄在历史上经历了实物储蓄、货币储蓄、银行储蓄等发展阶段。银行储蓄是储蓄发展的高级形式，它是建立在银行信用基础上的储蓄。储蓄机构必须严格遵循“存款自愿，取款自由，存款有息，为储户保密”的工作原则。

银行柜员业务指对现金、贵金属、有价证券的收付、兑换、整点、保管和调运的总称。

银行柜员业务现金收付与整点是银行柜员的基础工作，现金整点必须做到点准、墩齐、挑净、捆紧、盖章清楚，现金库房管理、尾箱管理必须严格按照有关规定和原则进行。

商业银行柜面反假是银行柜员工作中的一项重要任务。纸币的一般防伪措施主要有纸质、水印、制版、油墨、印刷、安全线。识别纸币真伪，通常采用“一看、二摸、三听、四测”的方法。假币分为伪造币和变造币两种类型。

| 关键词 |
| --- |
| 银行储蓄　活期储蓄　定期储蓄　反假币 |

# 复习与思考

### 一、填空题

1. 银行柜员业务指对现金、________、有价证券的________、________、________及保管和调运的总称。

2. 银行柜员现金整点中的“五好”钱捆是指点准、挑净、________、__________、______________的钱捆。

3. 银行柜员业务中的“四双原则”是指即双人管库、＿＿＿＿＿＿＿＿、＿＿＿＿＿＿＿＿＿＿、＿＿＿＿＿＿＿＿＿＿。

4. 银行柜员在收入现金时应先收后记，付出现金时应先＿＿＿＿＿后＿＿＿＿＿。

5. 尾箱是便于现金收付而设置的＿＿＿＿＿＿＿＿＿＿及有关业务公章、个人名章的专用箱。

6. 假人民币的类型主要有＿＿＿＿＿＿＿和＿＿＿＿＿＿＿。

7. 识别人民币纸币真伪，通常采用＿＿＿＿＿＿＿＿＿＿的方法。

8. 变造币是指＿＿＿＿＿＿＿＿＿＿＿＿＿。

9. 储蓄的发展经历了漫长的历史过程，其中经历了＿＿＿＿＿＿＿＿＿＿＿几个发展阶段。

10. 实物储蓄能使财富的＿＿＿＿＿与＿＿＿＿＿的保存自然地统一起来。

11. 银行储蓄是建立在＿＿＿＿＿＿＿上的储蓄，储户把货币使用权暂时让渡给银行，从而形成了＿＿＿＿＿＿＿与＿＿＿＿＿＿＿相＿＿＿＿的信用关系。

12. 银行储蓄作为一种金融投资方式，具有＿＿＿＿＿较低的特点。

13. 通过储蓄可以将社会上闲散资金积聚起来，壮大了银行的资金实力，进而将＿＿＿＿＿变为＿＿＿＿＿资金，投入于社会经济活动中，促进社会经济的发展。

14. 银行储蓄的基本职能有＿＿＿＿＿＿、＿＿＿＿＿＿、＿＿＿＿＿＿＿和＿＿＿＿＿＿＿职能。

15. 国家对储蓄实行的政策有＿＿＿＿＿＿＿＿＿＿＿＿＿＿＿＿＿＿＿＿＿＿＿。

16. 为了具体贯彻保护和鼓励人民储蓄的政策，储蓄工作必须坚持遵循＿＿＿＿＿＿＿＿＿＿＿＿＿＿＿＿＿＿＿＿＿＿＿＿＿＿＿＿＿的原则。

**二、简答题**

1. 什么是银行储蓄？它的效益主要体现在哪几个方面？
2. 储蓄工作的原则有哪些？柜员如何执行储蓄工作原则？
3. 结合相关资料分析自从改革开放以来，我国的居民储蓄余额有哪些变化。
4. 商业银行现金柜员操作业务的基本原则是什么？
5. 柜员日常工作中现金收付的基本要领有哪些？
6. 柜员日常工作中现金整点的基本要求有哪些？
7. 如何鉴别真假人民币？伪造币和变造币有什么区别？

# 第四章

# 个人贷款业务

## 第一节　个人贷款业务概述

**能力目标**

了解商业银行个人贷款业务办理流程，掌握贷款业务相关计算。

### 一、个人贷款概念

个人贷款，又称零售贷款，已成为一项重要的贷款业务。我国个人贷款业务能够得到快速发展，主要有以下原因：（1）我国经济发展迅速，人们生活水平得到很大提高，并且传统的消费意识有所改变，人们愿意利用贷款进行消费；（2）我国个人征信体系得到完善，使银行可以方便、快捷地了解借款人的信用状况；（3）各金融机构竞争激烈，并逐步认识到零售贷款业务的重要性。

### 二、个人贷款业务分类

按照个人贷款内容和用途，可以分为以下几种。

（1）个人住房贷款。此类贷款用于个人购买自用普通住房。按资金来源可分为三种形式：政策性个人住房贷款、商业性个人住房贷款、个人住房组合贷款。

（2）个人消费贷款。此类贷款用于向个人发放的有指定消费用途的人民币贷款业务，用途主要有汽车、耐用品、一般助学贷款等消费性个人贷款。按照资金用途可分为以下形式：个人汽车贷款、个人耐用品贷款、个人助学金贷款。

（3）个人助业贷款。此类贷款用于向个人客户发放的用于从事合法生产、经营、投资、临时资金周转等需要，并可在一定期限和额度内循环使用的人民币贷款，用于解决个人的中短期融资需求。

## 第二节　住房贷款业务

### 一、一手房商业住房贷款

#### （一）产品综述

（1）贷款用途：用于支持个人在中国大陆境内城镇购买、建造、大修住房。

（2）贷款对象：具有完全民事行为能力的中国公民、在中国大陆有居留权的具有完全民事行为能力的港澳台自然人、在中国大陆境内有居留权的具有完全民事行为能力的外国人。

（3）贷款额度：最高为所购（建造、大修）住房全部价款或评估价值（以低者为准）的80%。

（4）贷款期限：一般最长不超过30年。

（5）贷款利率：按照国家规定的相关利率政策执行。

#### （二）贷款申请条件

借款人必须同时具备下列条件：

（1）有合法的身份；

（2）有稳定的经济收入，信用良好，有偿还贷款本息的能力；

（3）有合法有效的购买、建造、大修住房的合同、协议以及贷款行要求提供的其他证明文件；

（4）有所购住房全部价款30%以上的自筹资金（购买自住住房且套型建筑面积90平方米以下的，自筹资金比例为20%，具体自筹资金比例根据相关法规调整），并保证用于支付所购住房的首付款；

（5）有贷款行认可的资产进行抵押或质押，或（和）有足够代偿能力的法人、其他经济组织或自然人作为保证人；

（6）贷款行规定的其他条件。

**（三）申请贷款应提交的资料**

（1）身份证件复印件（居民身份证，户口簿，军官证，在中国大陆有居留权的境外、国外自然人为护照、探亲证、返乡证等居留证件或其他身份证件）。

（2）贷款行认可的借款人偿还能力证明资料。

（3）合法有效的购买（建造、大修）住房合同、协议及相关批准文件。

（4）借款人用于购买（建造、大修）住房的自筹资金的有关证明。

（5）房屋销（预）售许可证或楼盘的房地产权证（现房）复印件。

（6）贷款行规定的其他文件和资料。

**（四）贷款流程**

（1）贷款咨询。通过网点、电话或网站了解个人住房贷款对象、贷款条件、贷款额度、期限、利率、还款方式、贷款程序等情况。

（2）贷款申请。提交银行规定的申请个人住房贷款的材料。

（3）签订合同。客户的申请获得批准后，与银行签订住房贷款合同。

（4）贷款发放。银行在条件具备时按合同约定发放贷款。

（5）客户还款。客户按合同约定按时还款。

（6）贷后服务。客户享受银行提供的新产品和增值服务。

**（五）还款方式**

还款方式主要有等额本金还款法和等额本息还款法。

等额本息还款计算公式：

［贷款本金×月利率×(1＋月利率)^还款月数］÷［(1＋月利率)^还款月数－1］。

等额本金还款计算公式：

每月还款金额＝(贷款本金÷还款月数)＋(本金－已归还本金累计额)×每月利率。其中^符号表示乘方。

举例：假设以10 000元为本金、在银行贷款10年、基准利率是6.65%，比较这两种贷款方式的差异。

（1）等额本息还款法：

月利率＝年利率÷12＝0.0665÷12＝0.005541667；

月还款本息＝［10 000×0.005541667×(1＋0.005541667)^120］÷［(1＋0.005541667)^120－1］＝114.3127(元)；

合计还款 13 717.52 元；

合计利息 3 717.52 元。

（2）等额本金还款法：

每月还款金额 =（贷款本金 ÷ 还款月数）+（本金 − 已归还本金累计额）× 每月利率 =（10 000 ÷ 120）+（10 000 − 已归还本金累计额）× 0.005541667；

首月还款 138.75 元每月递减 0.462 元；

合计还款 13 352.71 元；

利息 3 352.71 元。

## 二、二手房商业住房贷款

### （一）产品综述

（1）贷款用途：用于支持个人在中国大陆境内城镇住房二级市场购买各类型再次交易住房。

（2）贷款对象：具有完全民事行为能力的中国公民，在中国大陆有居留权的具有完全民事行为能力的港澳台自然人，在中国大陆境内有居留权的具有完全民事行为能力的外国人。

（3）贷款额度：最高为所购住房全部价款或评估价值（以低者为准）的 80%。

（4）贷款期限：一般最长不超过 30 年。

（5）贷款利率：按照国家规定的相关利率政策执行。

（6）贷款流程：与个人住房贷款流程相同。

### （二）贷款申请条件

借款人必须同时具备下列条件：

（1）有合法的身份；

（2）有稳定的经济收入，信用良好，有偿还贷款本息的能力。

（3）有合法有效的购买住房的合同、协议以及贷款行要求提供的其他证明文件。

（4）有所购住房全部价款 30% 以上的自筹资金（购买自住住房且套型建筑面积 90 平方米以下的，自筹资金比例原则上为 20%，具体自筹资金比例根据相关法规调整），并保证用于支付所购住房的首付款。

（5）有贷款行认可的资产进行抵押或质押，或（和）有足够代偿能力的法人、其他经济组织或自然人作为保证人。

（6）贷款行规定的其他条件。

### （三）申请贷款应提交的资料

（1）身份证件复印件（居民身份证，户口簿，军官证，在中国大陆有居留权的境外、国外自然人为护照、探亲证、返乡证等居留证件或其他身份证件）。

（2）贷款行认可的借款人偿还能力证明资料。

（3）合法有效的购买住房合同、协议。

（4）借款人用于购买住房的自筹资金的有关证明。

（5）所购房屋的房地产权证（复印件）。

（6）贷款行规定的其他文件和资料。

## 三、公积金住房贷款业务

住房公积金，是指国家机关和事业单位、国有企业、城镇集体企业、外商投资企业、城镇私营企业及其他城镇企业和事业单位、民办非企业单位、社会团体及其在职职工对等缴存的长期住房储蓄。

公积金个人住房贷款，是指缴存住房公积金的职工，在本市城镇购买、建造、翻建、大修自住住房时，以其所拥有的产权住房为抵押物，作为偿还贷款的保证而向银行申请的住房公积金贷款。有些房屋也支持本省范围内的住房公积金贷款。

### （一）产品综述

（1）产品优点：贷款利率低，期限长，可缓解借款人的还款压力。

（2）贷款额度：最高额度按照当地住房公积金管理部门的有关规定执行。

（3）贷款期限：在中国人民银行规定的最长贷款期限内由当地住房公积金管理部门根据借款人的实际情况确定贷款期限。

（4）贷款利率：按照中国人民银行规定的个人住房公积金贷款利率执行。

### （二）贷款申请条件

申请住房公积金贷款必须符合当地住房公积金管理部门有关住房公积金贷款的规定。应具备以下基本条件：

（1）有合法的身份；

（2）按时足额缴存住房公积金；

（3）有稳定的经济收入，信用良好，有偿还贷款本息的能力；

（4）有合法有效的购买、大修住房的合同、协议以及其他证明文件；

（5）有规定的最低额度以上的自筹资金，并保证用于支付所购（大修）住房的首付款；

（6）有符合要求的资产进行抵押或质押，或（和）有足够代偿能力的法人、其他经济组织或自然人作为保证人；

（7）符合当地住房公积金管理部门规定的其他借款条件。

**（三）贷款流程**

（1）提出申请。借款申请人提出书面借款申请，并提交有关资料，由银行负责受理后交住房公积金管理部门或直接向住房公积金管理部门申请。

（2）签订合同。借款申请经住房公积金管理部门审批通过后，由银行与借款人签订借款合同和担保合同。选用委托扣款方式的借款人须在银行开立金卡或储蓄账户。

（3）抵押登记和保险。按照借款合同约定和住房公积金管理部门要求，银行办理房屋抵押登记、合同公证及住房保险等手续。

（4）支用款项。银行按借款合同约定，为借款人开立贷款账户，并将贷款资金划入售房人售房款专用账户或其他指定账户内。

（5）按期还款。借款人按借款合同约定的还款计划和还款方式，委托银行分期扣款或到银行柜面按期归还公积金贷款本息。

（6）合同变更。合同执行期间，借款人可向银行或住房资金管理部门提出变更借款期限、还款方式、提前还款等申请，经审核同意后，银行为借款人办理合同变更手续。

（7）贷款结清。银行为借款人出具“贷款结清证明”，借款人取回抵押登记证明等文件，到原抵押登记部门办理抵押登记注销等手续。

**（四）还款方式**

借款期限在1年（含1年）以内的，采用到期一次还本付息方法；借款期限在1年以上的，采用等额本息还款法、等额本金还款法和当地住房公积金管理部门认可的其他还款方式。

## 四、组合住房贷款业务

凡符合个人住房商业性贷款条件、同时缴存住房公积金的借款人，在办理个人住房商业性贷款的同时还可向银行申请个人住房公积金贷款，即借款人以所购本市城镇自住住房作为抵押物可同时向银行申请个人住房公积金贷款和个人住房商业性贷款，这种贷款方式简称个人住房组合贷款。

### （一）产品综述

（1）贷款用途：用银行信贷资金与住房公积金相配套，向在中国大陆境内城镇购买（建造、大修）各类型住房的具有完全民事行为能力且按时足额缴存住房公积金的自然人发放的贷款。

（2）贷款对象：在中国大陆境内城镇购买各类型住房的按时足额缴存住房公积金的自然人。

（3）贷款额度：公积金个人住房贷款和银行自营性个人住房贷款合计最高额度为所购住房销售价格或评估价值（以两者中较低额为准）的80%，其中公积金个人住房贷款最高额度须按照当地住房资金管理部门的有关规定执行。

（4）贷款期限：在中国人民银行规定的最长贷款期限内（目前为30年），由公积金管理部门和贷款行根据借款人的实际情况，分别确定贷款期限。

（5）贷款利率：所贷款项中的商业性个人住房贷款部分按照个人住房贷款利率执行，公积金贷款部分按照个人住房公积金贷款利率执行。

### （二）贷款申请条件

申请中国银行个人住房组合贷款必须同时符合住房公积金管理部门有关公积金贷款的规定和银行有关自营性个人住房贷款的规定，应具备以下基本条件：

（1）有合法的身份；

（2）按时足额缴存住房公积金的自然人；

（3）有稳定的经济收入，信用良好，有偿还贷款本息的能力；

（4）有合法有效的购买（建造、大修）住房的合同、协议以及贷款行要求提供的其他证明文件；

（5）有所购住房全部价款30%以上的自筹资金（对购买自住住房且套型建筑面积90平方米以下的，自筹资金比例为20%），并保证用于支付所购住房的首付款；

（6）有贷款行认可的资产进行抵押或质押，或（和）有足够代偿能力的法人、其他经济组织或自然人作为保证人；

（7）符合当地公积金管理部门规定的借款条件；

（8）符合贷款行规定的其他条件。

### （三）申请贷款应提交的材料

客户向公积金管理部门和银行依次提出借款申请时，需提交以下资料：

（1）身份证件（居民身份证、户口簿或其他有效身份证件）；

（2）公积金管理部门和贷款行认可的借款人偿还能力证明材料，例如收入证明、近3年的个人所得税纳税证明或（和）资产证明等；

（3）合法的购买（建造、大修）住房的合同、协议及批准文件；

（4）借款人用于购买住房的自筹资金的有关证明；

（5）公积金管理部门和贷款行规定的其他文件和资料。

### （四）贷款流程

（1）贷款咨询：通过银行网点、电话或网站了解组合贷款中自营性贷款的有关情况和要求，通过公积金中心网站、电话和银行网点等了解公积金贷款的有关情况和要求。

（2）贷款申请：分别向住房资金管理中心和银行提出书面贷款申请，并提交有关资料。

（3）签订合同：获得公积金个人住房贷款额度之后，持公积金管理部门出具的“公积金个人住房贷款委托通知单”，向贷款行申请组合贷款（公积金个人住房贷款和自营性个人住房贷款）。客户在接到银行同意贷款的通知后，需与贷款行就公积金个人住房贷款和自营性个人住房贷款分别签订借款合同和担保合同。

（4）贷款发放：公积金中心和银行分别在条件具备时按合同约定发放贷款。

（5）客户还款：客户按合同约定按时还款。

# 第三节　其他贷款业务

## 一、汽车贷款业务

### （一）产品综述

（1）贷款对象：年龄在18周岁（含）至60周岁（含），具有完全民事行为能力的自然人。

（2）贷款额度：所购车辆为自用车的，贷款金额不超过所购汽车价格的80%；所购车辆为商用车的，贷款金额不超过所购汽车价格的70%，其中，商用载货车贷款金额不得超过所购汽车价格的60%。

（3）贷款期限：所购车辆为自用车，最长贷款期限不超过5年；所购车辆为商用车，贷款期限不超过3年。

（4）贷款利率：按照银行的贷款利率规定执行。

（5）担保方式：申请个人汽车贷款，借款人需提供一定的担保措施，包括纯车辆抵押、车辆抵押+担保机构、车辆抵押+自然人担保和车辆抵押+履约保证保险。

### （二）申请贷款应提交的材料

（1）“个人贷款申请书”。

（2）个人有效身份证件，包括居民身份证、户口簿、军官证、护照、港澳台同胞往来通行证等，借款人已婚的要提供配偶的身份证明。

（3）户籍证明或长期居住证明。

（4）个人收入证明，必要时需提供家庭收入或财产证明。

（5）由汽车经销商出具的购车意向证明。

（6）购车首期付款证明。

（7）以所购车辆抵押以外的方式进行担保的，需提供担保的有关材料。

（8）如借款所购车辆为商用车，还需提供所购车辆可合法用于运营的证明，如车辆挂靠运输车队的挂靠协议、租赁协议等。

### （三）贷款流程

（1）客户申请。客户向银行提出申请，填写书面申请表，同时提交相关资料。

（2）签订合同。银行对借款人提交的申请资料调查、审批通过后，双方签订借款合同、担保合同，视情况办理相关公证、抵押登记等手续。

（3）发放贷款。经银行审批同意发放的贷款，办妥所有手续后，银行按合同约定以转账方式直接划入汽车经销商的账户。

（4）按期还款。借款人按借款合同约定的还款计划、还款方式偿还贷款本息。

（5）贷款结清。贷款结清包括正常结清和提前结清两种。正常结清：在贷款到期日（一次性还本付息类）或贷款最后一期（分期偿还类）结清贷款；

提前结清：在贷款到期日前，借款人如提前部分或全部结清贷款，须按借款合同约定，提前向银行提出申请，由银行审批后到指定会计柜台还款。

贷款结清后，借款人应持本人有效身份证件和银行出具的贷款结清凭证领回由银行收存的法律凭证和有关证明文件，并持贷款结清凭证到原抵押登记部门办理抵押登记注销手续。

### （四）还款方式

贷款期限在 1 年以内的，可以采取按月还息任意还本法、等额本息还款法、等额本金还款法、一次性还本付息还款法等方式；贷款期限在 1 年以上的，可采取等额本息还款法、等额本金还款法。具体还款方式由经办行与借款人协商并在借款合同中约定。

## 二、国家助学贷款业务

国家助学贷款是指中国人民银行向中华人民共和国境内的（不含香港特别行政区、澳门特别行政区和台湾地区）高等学校中经济确实困难的全日制普通本、专科生（含高职生）、研究生和第二学士学位学生发放的，用于支付学费、住宿费和生活费用的人民币贷款。

### （一）产品综述

（1）贷款对象：中华人民共和国境内的（不含香港特别行政区、澳门特别行政区和台湾地区）全日制普通本、专科生（含高职生）、研究生和第二学士学位学生。

（2）贷款额度：按照每人每学年最高不超过 6 000 元的标准，总额度按正常完成学业所需年度乘以学年所需金额确定，具体额度由借款人所在学校按本校的总贷款额度，学费、住宿费和生活费标准以及学生的困难程度确定。

（3）贷款期限：贷款期限最长不得超过 10 年。

（4）贷款利率：执行中国人民银行规定的同期贷款基准利率，不上浮。

（5）担保方式：信用。

### （二）申请贷款应提交的材料

（1）借款人有效身份证件的原件和复印件；

（2）借款人学生证或入学通知书的原件和复印件；

（3）乡、镇、街道、民政部门和县级教育行政部门关于其家庭经济困难的证明材料；

（4）借款人同班同学或老师共两名见证人的身份证复印件及学生证或工作证复印件；

（5）填写完毕的国家助学贷款申请表；

（6）银行要求的其他资料。

**（三）贷款流程**

（1）申请。由借款人向学校提出申请，填写国家助学贷款申请表，学校对借款人的身份证件及其家庭经济困难情况证明材料的真实性进行初审，并出具意见。贷款行不直接受理借款人的申请。

（2）受理及审批。贷款行收到学校送达的借款人申请表及其他有关资料后，应对借款人申请资料的真实性和完整性进行调查核实，并审查学校是否已签署初审意见、贷款总量是否未超过相应助学贷款管理部门核定给该学校的贷款控制总量。将审查同意发放贷款的学生名单及金额通知借款人所在学校，由学校通知学生。

（3）发放。经审批同意贷款的，由学校组织学生签订国家助学借款合同，国家助学贷款实行借款人一次申请、贷款行一次审批、单户核算、分次发放的方式。其中，学费和住宿费贷款按学年（期）发放，直接划入借款人所在学校在银行开立的账户上；生活费贷款（生活费原则上一年按 10 个月发放。每年的 2 月、8 月为寒暑假，不发放生活费贷款），根据合同约定，定期划入借款人在银行开立的活期储蓄账户。

（4）贷后管理。借款人因毕业、结业、肄业、退学、转学、出国、被取消学籍等原因离校，应在离校前与贷款行签订国家助学借款还款补充协议（以下简称“补充协议”）。补充协议签署后，学校方可为借款人办理离校手续。贷款行须取得借款人离校后的联系方式，借款人毕业、结业、肄业的，贷款行应取得其工作单位的相关信息。

（5）贷款回收。借款人应按借款合同和补充协议的规定偿还贷款本金和利息。借款人可以与贷款行约定还款账户定期扣款或到贷款行营业网点偿还贷款。对于提前偿还贷款的，借款人应符合银行规定的条件并按照银行规定的有关手续办理。

## 三、助业贷款业务

**（一）产品综述**

（1）贷款对象：年满 18 周岁，具有完全民事行为能力的中国公民，且借款人年龄与贷款期限之和不超过60周岁。

（2）贷款额度：最低额度10万元，最高授信额度500万元。

（3）贷款期限：贷款期限一般为1年（含），额度有效期限最长不超过5年。

（4）贷款利率：按照中国银行的贷款利率规定执行。

（5）担保方式：担保采取抵押、质押和保证方式，但是不接受单纯以第三方保证形式提供的担保。

### （二）申请贷款应提交的材料

（1）借款人及配偶身份证、户口簿或有效居住证明、居住地址证明、婚姻状况证明。

（2）借款人配偶承诺共同还款的证明。

（3）从事生产经营的营业执照，从事许可证经营的，应提供相关行政主管部门的经营许可证原件及复印件；合伙或公司制企业还应出具企业合伙经营协议或章程及验资报告、出资协议原件及复印件。

（4）贷款用途证明（如购货合同等）。

（5）生产经营活动的纳税证明。

（6）借款人获得质押、抵押贷款额度所需的质押权利凭证，抵（质）押物清单及权属证明文件，权属人及财产共有人同意质押、抵押的书面文件。

（7）银行二级分行（含）以上认可的评估部门出具的抵押物估价报告，如表4－1所示。

（8）银行需要的其他资料。

**表4－1　　土地估价报告备案表示例**

<table>
<tr><td>估价项目名称</td><td colspan="4">玉湖片区地块一</td></tr>
<tr><td>备案目的</td><td colspan="4">为出让方通过集体决策确定土地出让底价提供价格参考</td></tr>
<tr><td>估价机构</td><td colspan="4">市国土资源评估中心</td></tr>
<tr><td>报告编号</td><td>国土评估（2019）113号</td><td colspan="3">有效期至：2019年7月26日</td></tr>
<tr><td rowspan="4">土地基本情况</td><td>使用权人</td><td colspan="3">拟出让</td></tr>
<tr><td>土地坐落</td><td colspan="3">玉湖片区控规范围内</td></tr>
<tr><td>规划指标</td><td colspan="3">建筑密度≤23%；容积率≥1.0且≤2.6；绿地率≥30%。</td></tr>
<tr><td>权属性质</td><td>国有</td><td>使用权类型</td><td>出让</td></tr>
</table>

续表

| 估价项目名称 | 玉湖片区地块一用地 | | | |
| --- | --- | --- | --- | --- |
| 土地基本情况 | 土地证号 | / | 土地面积 | 54 976.60 平方米 |
| | 土地用途 | 住宅及服务设施用地 | 评估设定用途 | 住宅用地——城镇住宅用地（住宅） |
| | 设定开发程度 | 红线外“五通”及红线内“场地未平整” | | |
| | 设定土地使用年限 | 住用地 70.0 年 | | |
| | 评估结果 | 单位地价：10 463.26 元平方米（合 697.55 万元/亩） | | |
| | | 总地价：57 523.45 万元（大写金额：伍亿柒仟伍佰贰拾叁万肆仟伍佰元整） | | |
| 评估机构意见 | 本机构接受委托，遵循“客观、真实、公正”的估价原则，并根据合同约定和国家规定的土地估价技术规范等要求出具土地估价报告。 | | | |
| 备案部门意见 | 经局长办公会议研究同意备案。<br>2018 年 9 月 1 日 | | | |

资料来源：根据“土地估价报告备案表”实物汇编。

### （三）贷款流程

（1）客户申请。客户向银行提出申请，填定书面申请表，同时提交相关资料。

（2）签订合同。银行对借款人提交的申请资料调查、审批通过后，双方签订借款合同、担保合同，视情况办理相关公证、抵押登记手续等。

（3）发放贷款。经银行审批同意发放的贷款，办妥所有手续后，银行以转账方式向借款人指定个人结算账户发放贷款。

（4）按期还款。借款人按借款合同约定的还款计划、还款方式偿还贷款本息。

（5）贷款结清。贷款结清包括正常结清和提前结清两种。正常结清：在贷款到期日（一次性还本付息类）或贷款最后一期（分期偿还类）结清贷款；提前结清：在贷款到期日前，借款人如提前部分或全部结清贷款，须按借款合同约定，提前向银行提出申请，由银行审批后到指定会计柜台还款。

贷款结清后，借款人应持本人有效身份证件和银行出具的贷款结清凭证领回由银行收押的法律凭证和有关证明文件，并持贷款结清凭证到原抵押登记部门办理抵押登记注销手续。

### （四）还款方式

贷款期限在 1 年以内的，可以采取按月还息任意还本法、等额本息还款法、等额本金还款法、一次性还本付息还款法等方式；贷款期限在 1 年以上的，可采取等额本息还款法、等额本金还款法；具体还款方式由经办行与借款人协商并在借款合同中约定。

## 本章小结

个人贷款，又称零售贷款业务，已成为一项重要的贷款业务。

个人贷款可分为个人住房贷款、个人消费贷款、个人助业贷款。

个人住房商业贷款是银行用其信贷资金所发放的自营性贷款。具体指具有完全民事行为能力的自然人在购买本市城镇自住住房时，以其所购买的产权住房（或银行认可的其他担保方式）为抵押，作为偿还贷款的保证而向银行申请的住房商业性贷款。抵押贷款是商业性贷款的一种贷款方式。

住房公积金，是指国家机关和事业单位、国有企业、城镇集体企业、外商投资企业、城镇私营企业及其他城镇企业和事业单位、民办非企业单位、社会团体及其在职职工对等缴存的长期住房储蓄。

凡符合个人住房商业性贷款条件同时缴存住房公积金的借款人，在办理个人住房商业性贷款的同时还可向银行申请个人住房公积金贷款，即借款人以所购本市城镇自住住房作为抵押物可同时向银行申请个人住房公积金贷款和个人住房商业性贷款，这种贷款方式简称个人住房组合贷款。

汽车贷款是指贷款人向申请购买汽车的借款人发放的贷款，也称汽车按揭。

国家助学贷款是指中国人民银行向中华人民共和国境内（不含香港特别行政区、澳门特别行政区和台湾地区）高等学校中经济确实困难的全日制普通本、专科生（含高职生）、研究生和第二学士学位学生发放的，用于支付学费、住宿费和生活费用的人民币贷款。

个人助业贷款是一种无抵押小额贷款，由银行推出的面向个人或个体工商户推出的贷款。个人助业贷款是银行对以个人名义申请、为临时资金周转需要和从事生产经营的个人发放的贷款，用于解决个人的中短期资金需求。

| 关键词 |
| --- |
| 个人贷款　商业住房贷款　公积金住房贷款　组合住房贷款<br>汽车贷款　个人消费贷款　个人助业贷款 |

## 复习与思考

1. 一手房个人住房贷款的服务对象是什么？
2. 住房贷款额度如何确定？
3. 公积金个人住房贷款的流程是什么？

# 第五章

# 公司业务

## 第一节　活期存款业务

**能力目标**

掌握公司存款账户的概念及特点，掌握公司存款账户的分类，掌握单位活期存款开户、现金存入、转账存取和账户撤销业务规程，在业务实践中能在规定的时间内正确完成商业银行单位活期存款账户的各种业务。

### 一、公司存款概述

公司存款业务是银行吸收资本金的一个重要渠道之一。在介绍各类公司存款业务之前，需了解公司存款客户及其特点、公司存款业务的种类以及存款账户的分类。

**（一）公司存款客户及其特点**

公司存款是企事业单位、个体经营者和机关团体等单位在银行的结算户存款、专户存款和定期存款的总和。公司存款是对公存款的主要组成部分，包括经注册的工商企业绝大部分对公存款。银行可为在中国境内符合中国人民银行规定开户条件的公司客户提供各类存款服务。

公司存款客户具有以下主要特点：一是涉及面广，覆盖范围宽，客户基础广泛；二是相对于储蓄存款，公司存款筹资成本较低；三是户均金额高；四是存款的流动性强，稳定性比较差，波动明显，控制难度大；五是对宏观经济政策比较敏感。

**（二）公司存款种类**

公司存款按支取和计息方式的不同，可分为活期存款、定期存款、单位通知存款、单位协定存款、集团账户存款等。按币种不同，可分为人民币存款和外汇存款。存款账户主要包括活期存款（含单位协定存款和集团账户存款）账户和单位定期存款（含单位通知存款）账户。公司存款账户管理主要包括账户的开立、账户的撤销、账户信息的查询等内容。

一般的账户都包含两个基本要素，即账号和科目号。公司客户的所有经济业务的记录都是通过账户进行的，一般有基本存款账户、一般存款账户、临时存款账户和专用存款账户。

1. 基本存款账户

基本存款账户是企事业单位的主要存款账户，是其办理日常转账结算业务和现金收付业务的账户，企事业单位的工资、奖金等现金支取只能通过基本存款账户办理。开立基本账户应符合以下规定。

（1）公司客户作为存款人，可以自主选择开户银行；银行也可以自主决定是否为存款人开立账户。任何单位和个人不得干预存款人在银行开立或使用账户。

（2）公司客户申请开立基本存款账户时，应出具当地工商行政管理机关核发的企业法人营业执照或营业执照副本；公司附设机构申请开户应提交公司同意开户的证明。

（3）存款人不得开立两个以上基本账户。任何单位和个人不得将单位的资金以个人名义开立储蓄账户。任何个人不得将私款以单位的名义存入金融机构，任何单位不得将个人或其他单位的款项以本单位的名义存入金融机构。

（4）存款人在银行开立基本存款户，实行由中国人民银行当地分支机构核发开户许可证制度。银行对存款人开立或撤销账户必须向中国人民银行分支机构申报。

（5）银行应依法为存款人保密、维护存款人资金自主支配权，不得代任何单位和个人查询、冻结、扣划存款人账户内存款，国家法律规定和国务院授权中国人民银行总行监督的项目除外。

2. 一般存款账户

一般存款账户是存款人在基本存款账户以外开立的账户。存款人可以通过本账户办理转账结算和现金缴存，但是不能办理现金支取。开立一般存款账户应符合以下基本规定。

（1）申请开立一般存款账户须具备下列条件之一：在基本存款账户以外

的银行取得借款，与基本存款账户的存款人不在同一地点的附属非独立核算单位。

（2）须出具下列证明文件之一：借款合同或借款借据，基本存款账户的存款人同意其附属的非独立核算单位开户的证明。

3. 临时存款账户

临时存款账户是存款人因临时经营活动需要而开立的账户，存款人可以通过该账户办理转账结算，并根据国家现金管理规定办理现金收付。销售临时存款账户应符合以下基本规定。

（1）同一个存款人只能开立一个临时存款账户。

（2）存款人必须是外地临时机构或临时经营活动需要才能开立临时存款账户。

（3）申请开立临时存款账户时必须出具当地工商行政管理机关核发的临时执照或当地有权部门同意设立临时机构的批件。

4. 专用存款账户

专用存款账户是企事业单位因基本建设、更新改造或办理信托、政策性房地产开发、信用卡等特定用途需要开立的账户。专用存款账户要专款专用，不得办理日常结算和现金收付业务。因基本建设资金开设的专用存款账户确实需要支取现金的，必须经中国人民银行当地分行批准，按照国家现金管理规定办理现金支取。企事业单位的贷款不能进入该账户。销售专用存款账户应符合以下规定。

（1）存款人专用账户的资金来源必须是基本建设资金或更新改造资金或有特定用途，必须专户管理的资金。

（2）申请开户时必须出具有权部门批准立项的文件或国家有关文件的规定。

5. 集团二级账户

集团二级账户是为在银行开立账户的大企业、大集团提供综合服务而在集团一级账户下为其下属单位或部门建立的账户。利用集团二级账户可以直接在银行系统内所有的对公营业网点办理银行结算业务，执行银行的有关规定。销售集团二级账户必须符合以下基本规定。

（1）申请开立集团二级账户的借款人的上级单位必须与开户行签有开立集团二级账户的协议，且存款人必须持有集团或上级单位开具的证明或意见书进行说明和保证，说明由于开立二级账户引起的责任由其负责。

（2）集团本身开立的账户作为辖属单位账户资金出入的总账户核算与其集团一级账户的核算一一对应。

6. 协定存款账户

协定存款账户是为了吸引客户闲置资金而为其开立的与其基本存款账户或一般存款账户有紧密联系的一种账户。

## 二、活期存款概述

单位活期存款是一种随时可以存取，按结息期计算利息的存款，其存取主要通过现金或转账办理。这种存款的特点是期限不固定、客户存取方便、随时可以支取。

公司客户作为存款人开立账户，应执行中国人民银行《银行账户管理办法》的有关规定。开立账户时，存款人凭中国人民银行当地分支机构核发的开户许可证及有关证明文件，并提交两联盖有与存款人营业执照或有关证明上名称完全一致的单位公章或财务专用章及单位法人代表（或其授权代理人）印章的印鉴卡片。除上述材料外，银行销售不同的账户，要求存款人出具的证明文件及应具备的条件也不相同。

## 三、单位活期存款开户业务流程

1. 受理

客户申请开立单位银行结算账户时，应按照《人民币银行结算账户管理办法》的相关规定，填写开立单位银行结算账户申请书（见表5－1），并提供相应的开户资料（开户资料详见第二章第三节）。

**表5－1　　开立单位银行结算申请书**

<table>
<tr><td>存款人</td><td colspan="2"></td><td>电话</td><td></td></tr>
<tr><td>地址</td><td colspan="2"></td><td>邮编</td><td></td></tr>
<tr><td>存款人类别</td><td></td><td>组织机构代码</td><td colspan="2"></td></tr>
<tr><td rowspan="2">法定代表人（　）<br>单位负责人（　）</td><td>姓名</td><td colspan="3"></td></tr>
<tr><td>证件种类</td><td colspan="3"></td></tr>
<tr><td>行业分类</td><td colspan="4">A（　）B（　）C（　）D（　）E（　）F（　）G（　）<br>H（　）I（　）J（　）K（　）L（　）M（　）N（　）</td></tr>
</table>

续表

<table>
<tr><td>注册资金</td><td colspan="2"></td><td>地区代码</td><td></td></tr>
<tr><td>经营范围</td><td colspan="4"></td></tr>
<tr><td>证明文件种类</td><td colspan="2"></td><td>证明文件编号</td><td></td></tr>
<tr><td>税务登记证编号</td><td colspan="4"></td></tr>
<tr><td>关联企业</td><td colspan="4">关联企业信息填在“关联企业登记表”上</td></tr>
<tr><td>性质</td><td colspan="4">基本（ ）一般（ ）专业（ ）临时（ ）</td></tr>
<tr><td>资金性质</td><td colspan="2"></td><td>有效日期</td><td>年 月 日</td></tr>
<tr><td colspan="5">以下栏由开户银行审核后填写：</td></tr>
<tr><td>开户银行名称</td><td colspan="2"></td><td>组织机构代码</td><td></td></tr>
<tr><td>名称</td><td colspan="2"></td><td>账号</td><td></td></tr>
<tr><td colspan="2">基本存款开户许可证核准号</td><td></td><td>开户日期</td><td></td></tr>
<tr><td colspan="2">本存款人申请开立单位银行结算账户，并承诺所提供的开户资料真实、有效。<br><br>存款人（公章）<br>年 月 日</td><td colspan="2">开户银行审核意见：<br>经办人（签章）：<br>开户银行（签章）<br>年 月 日</td><td>人民银行审核意见：<br>经办人（签章）：<br>人民银行（签章）<br>年 月 日</td></tr>
</table>

资料来源：武飞，朱静. 商业银行柜台业务［M］. 北京：中国人民大学出版社，2019.

2. 审核

开户行对存款人填写的开户申请书内容和提供的开户材料及证明文件的真实性、完整性、合规性进行审查。审核无误后，由主管在开户申请书上签署意见，并加盖业务公章，连同客户提交的证明文件报所属支行审批。对开户时客户提交的证明、证件，开户网点应留存复印件，随开户申请书一并作为重要的会计档案保存，保存期限为银行结算账户撤销后10年。

开户行为单位开立的单位银行结算账户的名称，应与单位出具的申请开户证明文件的名称全称一致。开户行对结算账户的开立与撤销及时予以反映。

申请人开立基本账户、临时账户和预算单位专用存款账户的，开户行审核后，应将存款人的开户申请书、相关的证明文件和银行审核意见等开户资料报送中国人民银行当地分支行，经其核准后办理开户手续；符合开立一般存款账户、其他专用存款账户的，开户行审核后即可办理开户手续。

3. 办理

经办柜员在审核相关证明文件和开户资料、确认符合要求后，发给开户单位空白印鉴卡，开户单位应在印鉴卡的正面加盖预留印鉴（如企业负责人名章），在印鉴卡背面加盖单位公章。经办柜员审核预留印鉴无误后，在印鉴卡上登记启用日期，并在印鉴卡（客户留存联）背面加盖业务公章后退还客户（关于印鉴的介绍详见本书第二章第二节）。

经办柜员在系统中录入客户信息，提交系统成功后，打印两份开户通知书，一份交客户，另一份留存。柜员将系统生成的账号填写在印签卡上。

**【模拟练习】**两人为一组模拟办理活期存款开户业务。

组员中一人扮演公司财务人员，另一人扮演银行柜员，办理公司存款开户业务。

需准备道具：开立单位银行结算账户申请书若干、模拟公司法人名章一个、模拟公司公章一个、柜员名章一个、印鉴卡一张。

4. 相关情况说明

申请开立基本存款账户需要提供的资料包括企业法人的执照或营业执照正本、开户申请书。由法定代表人或单位负责人直接办理的，应出具法定代表人或单位负责人的身份证件；授权他人办理的，应出具其法定代表人或单位负责人的授权书及身份证件以及被授权人的身份证件。

开立一般存款账户、专用存款账户时，除上述材料外，还需要提供基本存款账户开户许可证；开立临时存款账户还需要提供当地工商行政管理机关核发的临时执照或当地相关部门同意设立外来临时机构的批件。

单位存款账户一经开立，银行就必须加强对账户的管理，监督开户单位正确使用账户。各单位通过银行账户办理资金收付，必须遵守以下规定。

（1）一个单位只能选择一家银行的一个营业机构开立一个基本存款账户，不允许在多家银行开立基本存款账户。

（2）存款人可以自主选择开户银行，任何单位和个人不能干预存款人在银行开立或使用账户，银行也不能违反规定强行让客户在本行开户。

（3）单位开立基本存款账户，应凭中国人民银行当地分支机构核发的开户许可证办理，银行不能为未持有开户许可证或已经开立基本存款账户的人开立基本存款账户。

（4）企业、事业单位开立、撤销账户，经办行必须及时向当地中国人民银行报告。

（5）存款人的账户只能办理存款人自身的资金收付，不允许出租或转让给他人。否则将依据账户出租、转让发生的金额处以罚款，并没收非法所得。

## 四、单位活期存款现金存入业务流程

1. 受理

存款单位填制一式两联现金缴款单（见表5－2），连同现金一并交开户银行。

**表5－2　　现金缴款单（代回单）**

缴款日期　　年　月　日　字　第　号

<table>
<tr><td colspan="2" rowspan="2">缴款单位</td><td colspan="2">全称</td><td colspan="10"></td></tr>
<tr><td colspan="2">开户银行</td><td colspan="5"></td><td colspan="2">账号</td><td colspan="3"></td></tr>
<tr><td colspan="4">款项来源</td><td colspan="7"></td><td colspan="3">金额</td></tr>
<tr><td colspan="13">人民币<br>（大写）：</td><td></td></tr>
<tr><td>票面</td><td>壹佰圆</td><td>伍拾圆</td><td>拾圆</td><td>伍圆</td><td>壹圆</td><td>伍角</td><td>贰角</td><td>壹角</td><td>伍分</td><td>贰分</td><td>壹分</td><td>合计金额</td><td>银行盖章</td></tr>
<tr><td>把数</td><td></td><td></td><td></td><td></td><td></td><td></td><td></td><td></td><td></td><td></td><td></td><td></td><td rowspan="4">收款<br>复核<br>记账</td></tr>
<tr><td>叠数</td><td></td><td></td><td></td><td></td><td></td><td></td><td></td><td></td><td></td><td></td><td></td><td></td></tr>
<tr><td>零张数</td><td></td><td></td><td></td><td></td><td></td><td></td><td></td><td></td><td></td><td></td><td></td><td></td></tr>
<tr><td>合计金额</td><td></td><td></td><td></td><td></td><td></td><td></td><td></td><td></td><td></td><td></td><td></td><td></td></tr>
</table>

资料来源：武飞，朱静．商业银行柜台业务［M］．北京：中国人民大学出版社，2019.

2. 审核

柜员接过客户提交的缴款单和现金，应首先审查缴款单日期、户名、账号、大小写金额、券别、款项来源等要素是否齐全，有无涂改，大小写金额是否相符。缴款单要素缺漏或填写有误，应请客户当场补填或重新填写。

3. 办理

审核缴款单无误后，柜员要当着客户的面清点现金并登记现金日记簿，在缴款单上签章，将第一联缴款单加盖现金收讫章后作为回单退交存款人，第二联送交会计部门。会计部门凭第二联现金缴款单代现金收入传票登记单位存款分户账。

**【模拟练习】**两人为一组模拟办理活期存款现金存入业务。

组员中一人扮演公司财务人员，另一人扮演柜员，办理公司存款开户业务。

需准备道具：现金缴款单若干、柜员名章一个、模拟现金清讫章一个、练功券若干。

考核要求：柜员能否在规定时间内清点规定现金，金额大小写是否正确填写。

4. 相关情况说明

清点现金时按“三先三后”的程序操作，即先点大数（卡捆卡把）、后点细数，先点主币、后点辅币，先点大面额票币、后点小面额票币。收入现金必须坚持手工清点，并使用验钞仪逐张核验。在一笔款项未全部收妥前，严禁与已收妥的款项或其他款项调换、混淆；在每捆、把未点完前，不得将原封签和纸条扔掉，现金收妥后应与凭证核对。

柜员在清点现金的过程中发现假币，应依法当场收缴。

柜员清点完现金后发现现金额与凭证不符，应立即向缴款人说明情况，待确认后，可按原缴款凭证多退少补，也可由缴款人按实际金额重新填制现金缴款凭证。

## 五、单位活期存款现金支取业务

1. 受理

存款单位向开户银行签发现金支票（见图5－1），并在支票正面和背面加盖银行预留印章后交送银行。

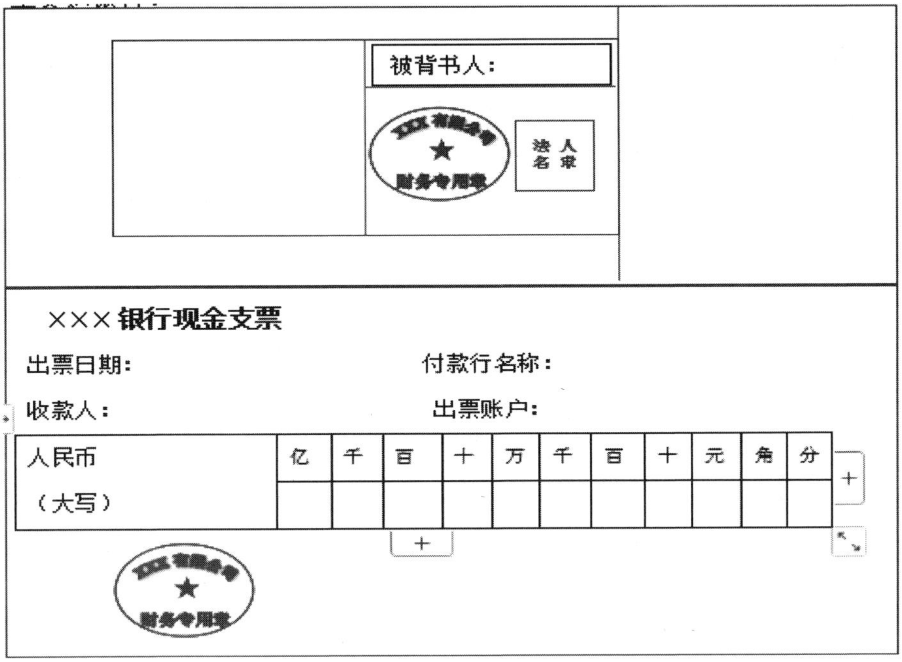


**图5－1　现金支票示例**

资料来源：根据中国农业银行现金支票行实物绘制。

2. 审核

柜员应认真审核现金支票票面要素是否齐全、准确，具体审核要点：(1) 支票是否按统一制定印刷，支票是否真实，提示付款期限是否超过；(2) 支票填明的收款人名称是否为该收款人，收款人是否在支票背面“收款人签章处”签章，签章是否和收款人名称一致；(3) 出票人的签章是否符合规定，并折角核对其签章与预留银行签章是否相符，使用支付密码的，其支付密码是否正确；(4) 支票的大小写金额是否一致；(5) 支票必须记载的事项是否齐全，出票金额、出票日期、收款人名称是否更改。其他记载事项的更改是否由原记载人签章证明；(6) 出票人是否有足够支付的款项；(7) 支取的现金是否符合国家现金管理的规定；(8) 收款人为个人的，还应审核其身份证件，是否在支票背面“收款人签章处”注明身份证件名称、号码及发证机关。

3. 办理

审查无误后，发给铜牌或对号单，交收款人凭以向出纳取款，在计算机系统中借记出票人账户，将支票送出纳凭以付款后作为借方凭证。

出纳柜员根据凭证金额按照从小到大的顺序逐位配款，并依次按照实物券别录入系统，无误后方可对外支付，当面付清，一笔一清。配款操作无误后，在现金支票的背面打印取款信息，款项付清后，在现金支票上加盖现金清讫章。

**【模拟练习】** 两人为一组模拟办理活期存款现金支取业务。

组员中一人扮演公司财务人员，另一人扮演柜员，办理公司现金支取业务。

需准备道具：现金支票一张、模拟对号单一张或模拟铜牌一个、模拟现金清讫章一个、柜员名章一个。

4. 现金使用有关规定

根据国家有关规定，开户单位只可在下列范围内使用现金。

（1）职工工资、各种工资性津贴。

（2）个人劳务报酬，包括稿费和讲课费及其他专门工作报酬。

（3）支付给个人的各种奖金，包括根据国家规定颁发给个人的各种科学技术、文化艺术、体育等各种资金。

（4）各种劳保、福利费用以及国家规定的对个人的其他现金支出。

（5）收购单位向个人收购农副产品和其他物资支付的价款。

（6）出差人员必须随身携带的差旅费。

（7）结算起点以下的零星支出。

（8）确实需要现金支付的其他支出。

## 六、单位活期存款转账存取业务流程

单位活期存款的转账业务按转账收、付款单位开户行是否相同，一般可分为三种类型：收款、付款单位在同一行处开户的转账；收款、付款单位一方在计算机联网通存通兑的不同行处开户的转账；收款、付款单位一方在计算机联网以外的行处开户的转账。前两种情况柜面业务相同，而第三种情况的转账需要通过同城交换处理，本章只叙述前者。

1. 受理

客户（既可以是收款单位，也可以是付款单位）向开户银行提交转账支票和进账单（见图5－2、图5－3）。

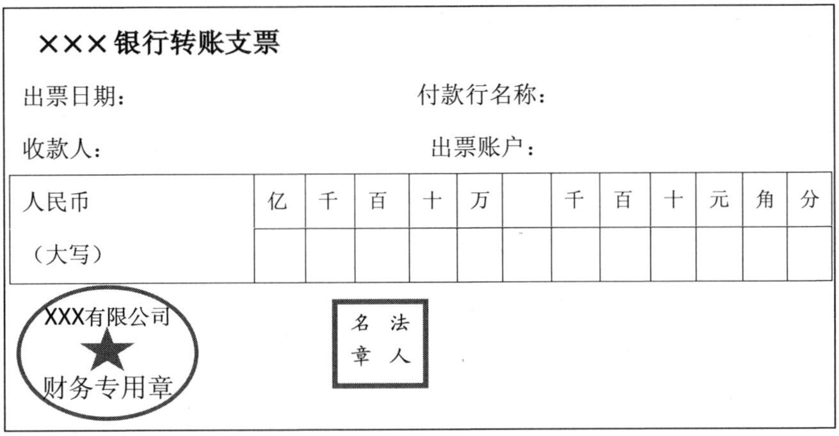
×××银行转账支票

出票日期：　　付款行名称：

收款人：　　出票账户：

| 人民币（大写） | 亿 | 千 | 百 | 十 | 万 | | 千 | 百 | 十 | 元 | 角 | 分 |
|---|---|---|---|---|---|---|---|---|---|---|---|---|
| | | | | | | | | | | | | |



**图 5－2　转账支票示例**

资料来源：根据中国农业银行转账支票实物绘制。

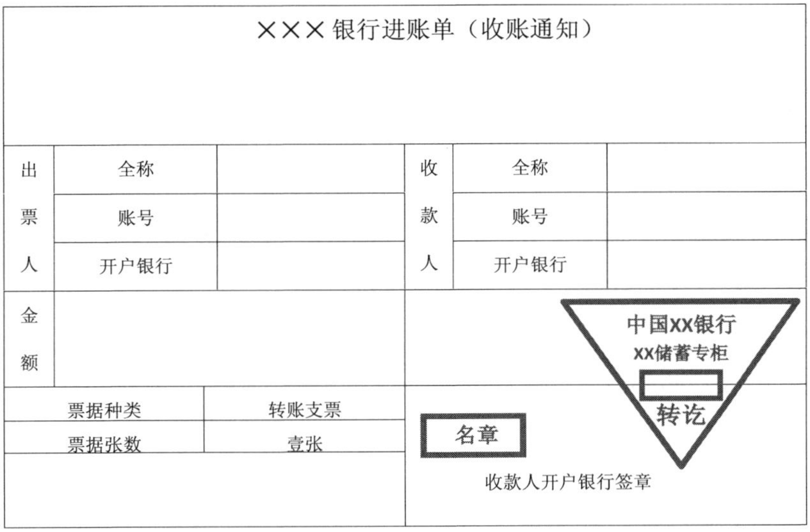
×××银行进账单（收账通知）

| | | | | | |
|---|---|---|---|---|---|
| 出票人 | 全称 | | 收款人 | 全称 | |
| | 账号 | | | 账号 | |
| | 开户银行 | | | 开户银行 | |
| 金额 | | | | | |
| 票据种类 | 转账支票 | | | | |
| 票据张数 | 壹张 | | | | |



**图 5－3　进账单示例**

资料来源：根据中国工商银行进账单实物绘制。

2. 审核

柜员认真审查凭证要素是否齐全、准确，具体审核要点如下：（1）支票是否按统一规定印制，支票是否真实，提示付款期限是否逾期；（2）支票的持票人是否在本行开户，持票人的名称是否为该持票人。与进账单上的名称是否一致；（3）出票人是否有足够支付的款项；（4）出票人的签章是否符合规定，与预留银行的印鉴是否相符，使用支付密码的，其密码是否正确；（5）支票大小写金额是否一致，与进账单的金额是否相符；（6）支票必须记载的事项是否齐全，出票金额、出票日期、收款人名称是否有更改，其他记载事项的更改是否由原记载人签章证明；（7）持票人是否在支票的背面作委托收款背书。

3. 办理

柜员审核无误后，进入计算机系统中的单位活期存款转账交易界面，按要求输入相关内容，提交主机，完成账务的记录。

柜员记账后在支票和进账单上加盖业务清讫章和个人名章，将进账单回单联（第一联）或收账通知（第三联）分别交出票人。支票和进账单第二联分别用作开户银行的借、贷方记账凭证。

4. 相关情况说明

单位从其银行结算账户支付给个人银行结算账户的款项，每笔超过 5 万元的，应向其开户银行提供下列付款依据。

（1）代发工资协议和收款人清单。

（2）奖励证明。

（3）新闻出版、演出主办等单位与收款人签订的劳务合同或支付个人款项的证明。

（4）证券公司、期货公司、信托投资公司、奖券发行或承销部门支付或退还给自然人款项的证明。

（5）债权或产权转让协议。

（6）借款合同。

（7）保险公司的证明。

（8）税收征管部门的证明。

（9）农、副、矿产品购销合同。

（10）其他合法款项的证明。

从单位银行结算账户支付给个人银行结算账户的款项，应纳税的，税收代扣单位付款时应向其开户银行提供完税证明。

**【模拟练习】**两人为一组模拟办理活期存款现金支取业务。

组员中一人扮演公司财务人员，另一人扮演柜员，办理公司活期存款现金支取业务。

需准备道具：转账支票一张、进账单一张、模拟现金清讫章一个、柜员名章一个。

## 七、单位活期存款账户的撤销业务

掌握商业银行单位活期存款账户的撤销业务操作规程，在业务实践中能够在规定时间内正确完成商业银行单位活期存款账户的撤销业务操作。

1. 受理

申请单位填写撤销银行结算账户申请书（见表5－3），并注明销账原因。

**表5－3　　撤销银行结算账户申请书**

<table>
<tr><td>名称</td><td colspan="4"></td></tr>
<tr><td>开户银行名称</td><td colspan="4"></td></tr>
<tr><td>开户银行代码</td><td></td><td>账号</td><td colspan="2"></td></tr>
<tr><td>性质</td><td colspan="4">基本（ ）　一般（ ）　专用（ ）　临时（ ）　个人（ ）</td></tr>
<tr><td>开户许可证核准号</td><td colspan="4"></td></tr>
<tr><td>销户原因</td><td colspan="4"></td></tr>
<tr><td colspan="2">本存款人申请撤销上述银行结算账户。承认所提供的证明文件真实、有效。<br><br>存款人（签章）<br>年　月　日</td><td colspan="2">开户银行审核意见：<br>经办人（签章）<br>开户银行（签章）<br>年　月　日</td><td>人民银行审核意见：<br>经办人（签章）<br>人民银行（签章）<br>年　月　日</td></tr>
</table>

资料来源：武飞，朱静．商业银行柜台业务［M］．北京：中国人民大学出版社，2019.

2. 审核

开户行应确认该账户是否有未达账款和未归还的记账费用，是否有未归还的贷款、欠息等，如有则不能办理销户手续。

3. 办理

确认该账户没有其他遗留问题后，开户行应要求单位交回所有未用完的重要空白凭证，经办人将交回的凭证当面切角或打孔作废。

银行与单位对账，相符后签字并结清该账户的余额和利息。

4. 相关情况说明

开户行得知单位客户宣告破产或被注销、吊销营业执照的，应通知单位客户办理销户手续。自发出通知之日起30日后，如单位客户仍未办理销户手续，开户行有权停止该账户的对外支付。开户行应对一年来未发生资金收付活动（计息入账除外）且未欠开户行债务的单位银行结算账户进行定期清理，并通知单位客户办理销户手续。自发出通知之日起30日内未办理销户手续的，可视为该单位客户自愿销户。

**【模拟练习】** 两人为一组模拟办理活期账户撤销业务

组员中一人扮演公司财务人员，另一人扮演柜员，办理公司活期账户撤销业务。

需准备道具：撤销银行结算账户申请书若干、重要空白凭证若干、模拟公司公章一个、模拟办理银行公章一个、办理银行柜员名章一个、所管中国人民银行经办人名章一个、模拟中国人民银行公章一个。

## 八、单位活期存款利息计算

单位活期存款计息方式采用定期结算的办法，如按季结息，结息日为本季度末月20日，计息期为上季末月21日至本季度末月20日24点。活期存款的利率选取结算当日的挂牌利率计算，因此每一期利率都有可能不同。

若银行活期存款利率不变，可采用积数计息法计算利息，所谓积数是指按实际天数每日累计的账户余额，即：

积数＝账户余额×此余额在银行账户的停留天数

利息＝积数总和×日利率

若某单位于2011年11月15日在本单位活期存款账户中存入20 000元，11月25日取出了6 000元，12月5日存入2 000元，12月25日全部取出。若活期存款利率为2%，则：

| 账户余额 | 停留天数 | 积数 |
|---|---|---|
| （1）20 000 | 11月15日至11月25日<br>共计10天 | 20 000×10＝200 000 |
| （2）14 000 | 11月25日至12月5日<br>共计10天 | 14 000×10＝140 000 |
| （3）16 000 | 12月5日至12月20日<br>共计15天 | 16 000×15＝240 000 |

续表

| 账户余额 | 停留天数 | 积数 |
|---|---|---|
| （4）16 000＋（1）～（3）计算而得的利息 | 12 月 20 日至 12 月 25 日共计 5 天 | 16 032.22×5＝80 161.1 |
| 积数总和（元） | | 264 161.1 |

这里要说明的是，在此活期账户中，从 11 月 15 日到 11 月 25 日，期间为 10 天，在此期间账户余额为 20 000 元，因此可确定此期间的积数为 20 000×10，以此类推计算其他时段的积数。由于每季末 20 日结息，银行活期存款结息日为 3 月 20 日、6 月 20 日、9 月 20 日和 12 月 20 日，因此要计算截止到 12 月 20 日的利息。题目中给出利率为 2%，这里我们应该知道，银行利率只要不作特殊说明都是指年利率，因此要把年利率转化为日利率，方法是：日利率＝年率除以 360。根据利息公式：

利息＝积数总和×日利率＝(200 000＋140 000＋240 000)×(2%/360)＝32.22（元）

那么 12 月 25 日取出所有的本息和的计算如下：

利息＝积数总和×日利率＝264 161.1×(2%/360)＝14.68（元）

则 12 月 25 日取出本息合计 16 046.90 元。

这里要注意的是，只有银行活期存款利率不变，才能采取积数的方法计算利息，若银行采取浮动的利率制度，每日活期存款利率不同，则只能分别计算利息，再把利息加总，则利息＝账户余额×此余额在银行账户的停留天数×支取/结息当天的挂牌利率。

若上例中的活期存款利率不是恒定的，而是在 12 月 1 日前利率为 2%，从 12 月 1 日起调整为 1.5%。则从 11 月 15 日到 11 月 25 日，期间为 10 天，在此期间账户余额为 20 000 元，11 月 25 日当天活期存款挂牌利率为 2%，则此段时间利息计算如下：

利息＝账户余额×此余额在银行账户的停留天数×支取/结息当天的挂牌利率＝20 000×10×(2%/360)＝11.11（元）

从 11 月 25 日到 12 月 5 日，期间为 10 天，在此期间账户余额为 14 000 元，12 月 5 日当天活期存款挂牌利率为 1.5%，则此段时间利息计算如下：

利息＝账户余额×此余额在银行账户的停留天数×支取/结息当天的挂牌

利率 = 14 000 × 10 ×（1.5% ÷ 360）= 5.83（元）

从 12 月 5 日到 12 月 20 日，期间为 15 天，在此期间账户余额为 16 000 元，12 月 20 日当天活期存款挂牌利率为 1.5%，则此段时间利息计算如下：

利息 = 账户余额 × 此余额在银行账户的停留天数 × 支取/结息当天的挂牌利率 = 16 000 × 15 ×（1.5% ÷ 360）= 10（元）

此日为结息日，因此结算利息为 11.11 + 5.83 + 10 = 26.94 元，此时账户余额为 16 026.94 元。

从 12 月 20 日到 12 月 25 日，期间为 5 天，在此期间账户余额为 16 026.94 元，12 月 25 日当天活期存款挂牌利率为 1.5%，则此段时间利息计算如下：

利息 = 账户余额 × 此余额在银行账户的停留天数 × 支取/结息当天的挂牌利率 = 16 026.94 × 5 ×（1.5% ÷ 360）= 3.34（元），因此 12 月 25 日取出本息之和为 16 030.28 元。

## 第二节　定期存款业务

**能力目标**

掌握定期存款开户、现金存入、支取和账户撤销业务规程，在业务实践中能在规定的时间内正确完成商业银行单位定期存款账户的各种业务。

### 一、定期存款概述

定期存款是银行与存款人双方在存款时事先约定期限、利率，到期后支取本息的存款，其利率通常分为三个月、半年、一年三个档次。这种存款是银行稳定的资金来源，具有简便、安全的特点。单位定期存款项一般从本单位基本存款账户转入，支取时也只能以转账方式转入其基本账户，不得将定期存款用于结算或从定期存款账户中提取现金。客户若临时需要资金可办理提前支取或部分提前支取。人民币单位定期存款在存期内按照存入日挂牌公告的定期存款利率计付利息，期间如遇利率调整，不分段计息。

### 二、存款业务基本规定

#### （一）定期存款存入方式

定期存款的存入方式可以是现金存入、转账存入或同城提出代付。起存金额 1 万元，多存不限。

### （二）定期存款支取方式

（1）到期全额支取，按规定利率本息一次结清。

（2）全额提前支取，银行按支取日挂牌公告的活期存款利率计付利息。

（3）部分提前支取，若剩余定期存款不低于起存金额，则对提取部分按支取日挂牌公告的活期存款利率计付利息，剩余部分存款按原定利率和期限执行；若剩余定期存款不足起存金额，则应按支取日挂牌公告的活期存款利率计付利息，并对该项定期存款予以清户。

### （三）定期存款可约定转存

定期存款约定续存，则定期存款到期后，按照原来的存期继续下一个定期存款周期。例如某单位定期存款 2019 年 1 月 3 日的一年定期存款，并约定永久自动转存，到 2020 年 1 月 3 日到期，若客户没有支取，则这部分资金继续下一个一年定期存款的计息。若续存期间未满一年支取的，支取部分按活期计息。

## 三、单位定期存款的开户及存入业务

单位定期存款是单位将款项一次性存入，约定存期，到期支取本息的一种存款业务。单位定期存款 1 万元起存，多存不限，但如果单笔金额超过 1 000 万元（含 1 000 万元）或同一存款单位累计超过 2 000 万元（含 2 000 万元），经办银行实行报告制度，逐级报上级行和当地人民银行。单位定期存款存期有 3 个月、半年、1 年三个档次。

单位定期存款款项一般从本单位基本存款账户转入，支取时也只能以转账方式转入其基本存款账户，不得将定期存款用于结算或从定期存款中提取现金。

单位定期存款利息的计算采取利随本清的办法，即在存款到期日支取本金的同时一并计付利息。利息只能转账，不支付现金。提前支取部分按支取日挂牌公告的活期存款利率计息；逾期支取时，逾期部分按支取日挂牌公告的活期存款利率计息。

## 四、单位定期存款的开户业务流程

1. 受理

已在银行开立基本存款账户的单位开立定期存款账户，应向开户银行提交转账支票及三联进账单。并携带预留银行印鉴及经办人员身份证件到银行办理开户。

2. 审核

柜员应按要求审核单位提交的转账支票及进账单。审查支票内容是否完整、齐全，账号、户名、大小写金额是否相符。进账单的收款单位必须与转账支票的签发名称一致；转账支票用途栏必须注明开立定期存款账户的期限及“开立定期”字样。

3. 办理

柜员审查相关资料无误后，在银行系统中录入客户信息，为客户开立单位定期存款账户，办理预留银行印鉴手续。

柜员通过定期存款转账开户交易在系统中记账，打印单位存款证实书一式两联（见图5－4），第一联银行留存，按顺序专夹保管，第二联加盖公章后交开户单位，同时登记开户登记簿。

单位存款开户证实书

户名：____________ 账号：____________

金额：____________ （小写）____________

存期：________ 年利率（%）：________ 开户日：________ 到期日：________

| 兑付记录 | 支取日 | 金额 | 利息 | 备注 |
| --- | --- | --- | --- | --- |
| | | | | |

备注：本证实书仅对存款人开户证实，不得作为质押的权利凭证

事后监督： 支取时经办： 复核： 存入时经办： 复核： 银行签章

**图5－4 单位存款证实书示例**

资料来源：根据江苏省农村信用社联合社单位存款开户证实书实物汇编。

4. 相关情况说明

单位存款证实书作为银行的重要空白凭证，仅对存款单位办理，不能作为质押的权利凭证。单位如需办理质押贷款，可向开户银行申请开具单位定期存单。单位存款人遗失单位存款证实书的，可到开户行填写挂失申请书办理挂失手续，开户行受理挂失七日后，可为挂失存款人补办。

**【模拟练习】**两人为一组模拟办理定期存款账户开户业务。

组员中一人扮演公司财务人员，另一人扮演柜员，办理公司存款开户业务。

需准备道具：转账支票一张、一式三联进账单一张、模拟公司公章一个、模拟企业法人名章一个、办理人员身份证、单位存款证实书一式两联、模拟银行公章一个。

## 五、单位定期存款的支取及销户业务

应掌握商业银行单位定期存款的支取及销户业务操作规程，在业务实践中能够在规定时间内正确完成商业银行单位定期存款的支取及销户业务操作。

存款单位支取定期存款只能以转账方式将存款转入其基本存款账户。单位定期存款允许提前支取，但只能提前支取一次。如未支取部分大于定期存款起存金额，则按原账号、原利率、原起息日、原定期限重新签发单位存款证实书，并在新证实书上注明原证实书编号。如未支取部分小于定期存款起存金额，应办理定期存款销户手续。

1. 受理

存款单位填写单位定期存款支取凭证一式三联，第二联加盖预留银行印鉴，并持单位存款证实书到开户银行办理支取。

2. 审核

柜员抽出原专夹保管的单位存款证实书底卡联与单位交回的证实书通知联进行核对，应重点审核证实书是否属本行签发、内容是否齐全且无涂改、存款是否已到期、凭证是否正确填写、金额是否相符，并审核加盖的印鉴是否与预留银行印鉴一致。

3. 办理

柜员审核无误后，按规定利率计算利息，开具利息清单。计算后，柜员通过输入单位定期存款转账取款销户交易代码，进入转账取款销户交易界面进行转账处理。

单位定期存款支取凭证借方传票作为付款的记账凭证，贷方传票作为收款的记账凭证，回单联签章后与利息清单一并退存款单位；单位存款证实书收回后，两联证实书注明“结清”字样，一并作为借方传票附件。

**【模拟练习】**两人为一组模拟办理定期账户支取销户业务。

组员中一人扮演公司财务人员，另一人扮演柜员，办理公司支取销户业务。

需准备道具：单位定期存款支取凭证一式三联、已盖章印鉴卡一张、经办人员名章一个。

## 六、单位定期存款利息计算

单位定期存款按照开户当日银行不同规格定期存款挂牌利率计息，不满约定的定期期限支取的部分，则按照支取当日挂牌的活期存款利率计算利息。若定期存款约定自动续存的，存款到期之后，继续按照定期存款约定的利率计息；未约定续存的，则超过期限按照活期存款利率计息，具体利率参照支取当天的活期存款挂牌利率计算。

例：2018 年 1 月 1 日张先生到某银行办理定期存款，定期存款的利率为 3 个月期 3%，6 个月期 3.5%，1 年期为 4%，张先生选择了 1 年期定期存款，存入金额为 100 000 元；该银行 2018 年活期存款利率均为 0.5%，2019 年活期存款利率均为 0.6%，2020 年活期存款利率均为 0.7%。

（1）若张先生于 2018 年 8 月 1 日急需 30 000 元，并从此账户取出，则到期日 2019 年 1 月 1 日时能取出本息和多少钱？

由于 2018 年 8 月 1 日提前支取 30 000 元，因此这 30 000 元按照 2018 年 8 月 1 日当天活期存款挂牌利率 0.5% 计息。

因此，利息 = 30 000 × 0.5% ×（7/12）= 87.5（元）。

另外，70 000 元按照定期存款存款日 1 年期挂牌利率计息。

因此，70 000 × 4% × 1 = 2 800（元）

因此，2019 年 1 月 1 日取出本息和 = 70 000 + 87.5 + 2 800 = 72 887.5（元）。

（2）张先生于 2019 年 1 月 1 日时能取出本息之和多少钱？

本息和 = 本金 ×（1 + 利率 × 期限）= 100 000 ×（1 + 4% × 1）= 104 000（元）

（3）张先生于 2020 年 1 月 1 日支取全部金额，

①若约定续存，本息和为多少？

本息和 = 本金 ×（1 + 利率 × 期限）= 100 000 ×（1 + 4% × 2）= 108 000（元）

②若不约定续存，本息和为多少？

到 2019 年 1 月 1 日的本息和为：

本息和 = 本金 ×（1 + 利率 × 期限）= 100 000 ×（1 + 4% × 1）= 104 000（元）

从 2019 年 1 月 1 日起到 2020 年 1 月 1 日按照支取时活期存款挂牌利率计息，则其利率选择 0.7%，利息 = 104 000 × 0.7% × 1 = 728（元）。因此，2020 年 1 月 1 日可支取本息和 = 104 000 + 728 = 104 728（元）。

# 第三节　其他存款业务

**能力目标**

掌握通知存款开户、存入和支取业务规程，在业务实践中能在规定的时间内正确完成商业银行单位通知存款账户的各种业务。

掌握商业银行保证金存款各种操作规程，在业务实践中能够在规定时间内正确完成商业银行单位保证金存款的开户、存入、保证金存款保留及解除保留业务操作。

掌握商业银行单位协定存款操作规程，在业务实践中能够在规定时间内正确完成商业银行单位协定存款业务操作。

## 一、单位通知存款

单位通知存款是指存款人在存入款项时不约定存期，支取时需提前通知银行，约定支取日期和金额方能支取的存款。凡在开户行开立人民币基本存款账户或一般存款账户的企业、事业、机关、部队、社会团体和个体经营户等单位，只要通过电话或书面通知开户行的公司存款部门，即可申请办理通知存款。客户不需要约定存期，只在支取时事先通知存款银行。存款利率按中国人民银行规定的同期利率执行。单位通知存款实行账户管理，其账户不得作为结算户使用。

### （一）单位通知存款业务基本规定

1. 开户时单位应提交的材料

开户时单位须提交开户申请书、营业执照正本副本影印件等，并预留印鉴。印鉴应包括单位财务专用章、单位法定代表人名章（或主要负责人名章）、财务人员名章及预留银行印鉴（适用于符合条件的分支机构）。

2. 起存金额

通知存款为记名式存款，起存金额50万元，须一次性存入，可以选择现金存入或转账存入，存入时不约定期限。

3. 期限

通知存款不管实际存期的长短，统一按存款人取款提前通知的期限长短划分为一天通知存款和7天通知存款两个品种。

### （二）单位通知存款开户业务流程

1. 受理

开户单位提交开户申请书和营业执照正、副本，并预留印鉴。印鉴包括单位财务专用章、单位法定代表人章（或主要负责人章）、财务人员章，同时提交填写好的转账支票和三联进账单。

2. 审核

柜员认真审核相关资料及支票和进账单（这里只讨论不需要进行同城交换的情况）。进账单的收款单位名称必须与转账支票的签发单位名称一致。转账支票栏必须注明开立通知存款账户的期限及“开立通知存款”字样。

3. 办理

柜员审查无误后，在银行系统中进行通知存款转账开户操作。柜员在支票上加盖业务清讫章和名章，各联进账单全部加盖业务清讫章。转账支票作为借方凭证，第二联进账单作为贷方凭证。

打印单位通知存款证实书，单位通知存款证实书一式两联，一联作银行留底卡专夹保管，另一联与签章后的进账单联一并退存款人。单位通知存款证实书仅为存款单位开户进行研究证实，不得作为质押权利凭证。证实书如果遗失，银行不予办理挂失，不再补发新的证实书。遗失后支取存款时，客户应向银行出具证实书遗失公函，银行按约定的支取方式办理取款手续。

4. 相关情况说明

通知存款遇以下情况，按支取（销户）日挂牌公告的活期存款利率计息。通知存款如已办理通知手续而不支取或在通知期限内取消通知的，通知期限内不计息。

（1）实际存期不足通知期限的，按活期存款利率计息。

（2）未提前通知而支取的，支取部分按活期存款利率计息。

（3）已办理通知手续而提前支取的，支取部分按活期存款利率计息。

（4）支取金额不足或超过约定金额的，不足部分在通知期限内按活期存款利率计息，超过部分按活期存款利率计息。

（5）支取金额不足最低支取金额的，按活期存款利率计息。

（6）单位通知存款账户资金必须一次性存入，存入方式一般采取转账。

**【模拟练习】**两人为一组模拟办理通知存款账户开户业务。

组员中一人扮演公司财务人员，另一人扮演柜员，办理公司通知存款开户业务。

需准备道具：单位通知存款开户申请书、模拟公司营业执照正副本、单位财务专用章、单位法定代表人名章、财务人员名章、转账支票一张、一式三联进账单一份、模拟银行业务清讫章一个、柜员名章一个。

### （三）单位通知存款支取业务

1. 通知

单位客户应在约定支取的前一天或前七天，填写单位通知存款取款通知书，加盖单位预留银行印鉴后，以来人送交方式通知银行约定取款日期和金额，并于约定日期到银行办理支取手续。如约定支取日不到银行取款，此次支取通知自动失效。

如单位客户不能提前将支取通知单送达银行，可采用传真、信函方式通知银行，并于约定日到银行将取款通知书正本提交银行办理支取手续。

柜员审核取款通知书无误后，记录通知登记簿，登记存款人账号、证实书编号、实际金额、通知支取金额、通知支取日期等。

2. 支取

单位通知存款的支取必须到约定支取的网点办理。支取可分为全额支取和部分支取两种情况，但无论哪种情况，都需要提前通知后才能办理。单位通知存款部分支取留存部分高于最低起存金额的，按留存金额、原起存日期、原约定通知存款品种出具新的存款证实书，原证实书收回。留存金额低于最低起存金额的予以清户，按清户日挂牌公告的活期存款利率计息或根据存款人意愿转为其他存款。

3. 单位通知存款支取业务流程

（1）受理。存款人填写一式三联单通知存款支取凭证，加盖预留银行印鉴，并持单位通知存款证实书，经办人持有效身份证件到开户银行办理支取。

（2）审核。柜员审核单位通知存款证实书确由本行签发、内容齐全、填写无误、预留银行印鉴无误后，在系统中使用单位通知存款转账支取交易办理转账手续。

（3）办理。如果是全额支取，柜员打印利息清单、单位利息收入凭证交取款单位，然后将单位通知存款证实书收回，在两联证实书上注明“结清”字样，一并作为单位通知存款支取凭证借方传票的附件。如果是部分支取，则还要打印新的单位通知存款证实书交存款人。

**【模拟练习】**两人为一组模拟办理通知存款账户支取业务。

组员中一人扮演公司财务人员，另一人扮演柜员，办理公司通知存款支取业务。

需准备道具：单位通知存款取款通知书、单位通知存款支取凭证、通知存款证实书、财务人员身份证一张、银行经办人名章一个。

## 二、单位保证金存款

单位保证金存款是指银行为客户办理银行卡、承兑、担保、出具保函、开立信用证、代客外汇买卖、代客债券买卖等业务时，为降低风险而按客户信用等级和信贷管理规定而收取的业务保证金。

保证金账户实行封闭管理，严禁发生保证金账户与客户结算串用、各保证金子账户之间相互挪用等行为。在保证期间，保证金存款只能用于保证项下的支付，一般不得支取现金。

单位保证金存款账户开立时，要经相关业务部门的书面通知方可办理。保证金存款存入时，可以约定存款期限，也可以不约定存款期限。对于约定期限的单位保证金存款，实际存款期限不满约定存款期限的，按照活期存款利率计息；实际存款期限满于约定存款期限的，按照约定存款期限相应档次的定期存款利率计息；如果没有相应档次的定期存款，则按活期存款利率计息。未约定期限的保证金存款按活期存款利率计息。

### （一）单位保证金存款业务流程

1. 受理

存款单位将填写好的转账支票及三联进账单一并提交开户银行。

2. 审核及办理

柜员审核支票及进账单无误后，在银行系统中调用单位保证金存款转账开户交易进行记账处理。打印两联开户通知单并加盖业务公章，一联作为回单交客户，另一联由银行留存。进账单、转账支票上加盖转讫章。转账支票作为借方凭证，第二联进账单作为贷方凭证。第一、第三联进账单分别作为回单和收账通知。

### （二）单位保证金存款保留及解除保留业务

1. 单位保证金存款保留流程

（1）受理。单位申请银行承兑汇票及保函时，银行根据单位实际情况与单位协议保证金保留。

（2）审核及办理。银行柜员录入系统，在系统承兑汇票/保函/信用证开票交易录入保证金账户、保证金金额、协议编号等要素，对该保证金账户作相应金额的保留，保留种类为保证金保留，保留期限为票据到期日。

2. 单位保证金存款解除保留

（1）受理。票据到期日，保证金自动解除保留。

（2）审核及办理。银行柜员通过保证金划回交易将保证金划回出票人账户。如果发生退票或保函支付需要在票据到期日之前动用保证金，柜员应通过系统操作解除保证金的保留。

## 三、协定存款

协定存款是指客户通过与银行签订协定存款合同，约定期限、商定结算账户要保留的基本存款额度，由银行对基本存款额度内的存款按结息日或支取日活期存款利率计息，超过基本存款额度的金额按结息日或支取日中国人民银行公布的高于活期存款利率、低于6个月定期存款利率的协定存款利率给付利息的一种存款。约定结算账户的额度，由银行将结算账户中超额度的部分转入协定存款账户，单独按照协定存款利率计息。

### （一）协定存款的业务规定

协定存款有以下基本业务规定。

（1）单位应与开户行签订协定存款合同，合同期限最长为一年（含一年），到期时任何一方如未提出终止或修改，则自动延期。凡申请在银行开立协定存款账户的单位，须同时开立基本存款账户或一般存款账户（以下简称“结算户”），用于正常经济活动的会计核算，该账户称为A户，同时电脑自动生成协定存款账户（以下简称B户）。如单位已有结算账户，则将原有的结算账户作为A户，为其办理协定存款手续。

（2）协定存款的起存金额为10万元（A户）。

（3）每季末月二十日或协定存款户（B户）销户时应计算协定存款利息。季度计息统一于季度计息日的次日入账；如属协定存款合同期满终止续存，其销户前的未计利息于季度结息时一并计入结算户（A户）。

开户单位可以在基本存款账户或一般存款账户基础上办理协定存款账户。单位协定存款合同中的约定期限最长为1年，到期双方未提出终止或修改，则自动延期。

### （二）协定存款业务流程

单位协定存款账户连续使用两年后仍需继续使用的，须与银行续签单位协定存款合同。

（1）单位客户若需将其某种结算账户设定为协定存款账户，须与开户银行签订单位协定存款合同。

（2）双方确认后，银行将其中一份合同退交单位客户。

（3）柜员在银行电脑系统为单位客户建立结算账户与单位协定存款账户之间的相互对应关系。单位协定存款的存取及其他操作同单位活期存款。

# 第四节　重要存款种类的销售及管理

**能力目标**

掌握外汇存款的概念和种类，掌握外汇存款的销售及管理。

掌握集团账户存款的概念和种类，掌握集团账户存款的销售及管理。

掌握经常项目外汇账户的种类，掌握经常项目外汇账户的销售及管理。

**基础知识**

对公外汇存款是指银行吸收境内依法设立的机构、驻华机构和境外机构外汇资金的业务，其中，银行吸收境外机构的外汇资金应纳入外债管理。

## 一、对公外汇存款账户

### （一）活期对公外汇存款账户开立

存款单位开立外汇账户时，应到拟开户行领取空白开户申请书和印鉴卡一式三份，如实填写各项内容，并加盖与账户名称一致的单位公章和法人章，或根据法人授权书的内容加盖其授权人章；在印鉴卡上还应加盖单位财务专用章和法人章，或加盖财务专用章、法人和财务主管人员章。以上私人名章均可用本人签字代替。同时，开户申请人还应提交：

（1）工商行政机关核发的营业执照；

（2）国家外汇管理局规定须提供的资料和批文；

（3）国家技术监督局颁发的企业标准代码证书；

（4）其他银行内部规定的资料。

### （二）定期对公外汇存款

存款单位须在银行开有外汇活期存款账户或虽未在银行开有外汇活期账户，但符合外汇管理规定允许保留外汇（或书面批准），也可办理。

中资企业外汇定期存款期限有1个月、3个月、6个月、1年、2年五档；外商投资企业、国内外金融机构外汇定期存款期限有7天通知、1个月、3个月、6个月、1年、2年六档。7天通知存款的起存金额不低于50万美元。

## 二、传统外币存款

### （一）小额外币存款

小额外币存款利率按银行业协会的规定执行，期限包括活期、7天通知、1个月、3个月、6个月、1年和2年。对银行业协会未公布币种的小额外币存款利率，如需开办，应报请总行制定。

### （二）大额外币存款

1. 起存金额

按银行协会的规定，目前各币种起存金额为：美元300万（含）、英镑200万（含）、欧元340万（含）、日元3亿（含）、港币2 300万（含）、加拿大元440万（含）、瑞士法郎530万（含）。

2. 币种

美元、英镑、欧元、日元、港币、加拿大元、瑞士法郎及其他可自由兑换货币。

3. 期限

1个月、3个月、6个月、1年、2年或与客户协商一致的其他期限。币种及存款期限超出规定范围的，分行应报经总行批准。

4. 大额外币存款

大额外币存款的基准利率和最高利率由总行以国际金融市场同业拆借利率（LIBOR）为基准，参照银行业协会和同业的利率水平制定和调整，并通知各分行。大额外币存款的基准利率应在外币存款业务经营机构公布，最高利率不对外公布。

5. 其他

各分支机构对重要客户的大额外币存款，如确有必要，可按授权幅度在基准利率基础上上浮。未经总行批准，上浮幅度不得超过总行规定的最高利率及授权限制。

### （三）计息与结息方式

（1）活期外币单位存款按季结息，结息日为每季度末月的 20 日。

（2）定期外币存款利息随本清，到期日前遇利率调整不分段计息。

（3）大额定期外币存款在到期日前若全部或部分提前支取，须事先征得银行同意。全部提前支取的利率按支取日银行业协会公布的活期存款利率执行；部分提前支取的，提前支取部分按支取日活期存款利率计息，未提前支取部分，如果达到大额外币存款的起存金额要求，按原期限、原利率计息，如果达不到起存金额要求，则按支取日活期存款利率计息。

（4）银行需与客户约定是否办理到期自动转存，未约定的定期存款，逾期部分按支取日活期存款利率计息。

## 三、集团账户存款

集团账户存款业务主要是指集团总公司一级账户的存款业务。集团总公司通过集团一级账户资金的上收和下拨，在其子公司之间进行资金的灵活调剂，达到资金的集中管理、提高资金使用效率的目的。

### （一）集团账户的开立与使用

集团总公司和其子公司均作为独立的法人，在银行开立结算存款账户。集团总公司开立的账户作为集团一级分户账账户，集团子公司开立的账户作为集团二级分户账账户，集团二级分户账账户是集团一级分户账账户的补充反映，其账户存款余额、存款积数、存款利息等只作为控制数据，便于与其总公司进行资金清算。由于集团总公司一级分户账账户是其各子公司二级分户账账户的总括反映，因此，集团总公司一级分户账账户应保持一定的存款余额，保证其子公司二级分户账账户的正常结算与支付需要。在集团一级账户存款余额不足的情况下，必须限制其子公司的支付，当集团子公司账户发生款项冻结时，其总公司一级存款账户也应受到相应数额的冻结控制。

### （二）集团账户存款的账务结转

集团子公司二级存款账户每发生一笔结算收付业务，必须及时在其总公司集团一级存款分户账上体现，该过程一般由计算机系统自动完成。通过计算机特定处理，结转之后子公司仍可查阅其账户中已结转的部分，以便于控制其资金头寸。

## 四、经常项目外汇账户

### （一）境内外汇账户的分类

境内外汇账户是指境内机构、驻华机构、个人及来华人员以可自由兑换货币在开户金融机构开立的账户。国家外汇管理局及其分局、支局（以下简称外汇局）为外汇账户的管理机关。

按外汇账户的性质或外汇资金来源，境内外汇账户可分为经常项目外汇账户和资本项目外汇账户。

按外汇账户的功能，境内外汇账户可分为外汇结算账户和外汇专用账户。我国允许外商投资企业和部分符合条件的中资企业设立外汇结算账户，在外汇管理局核定的外汇账户最高限额内保留现汇，超过最高限额的外汇收入，必须卖给外汇指定银行。外汇专项账户包括代收代付账户、暂收待付账户、境外捐助账户、机电项目账户、偿付利息账户、驻华机构经费账户等。

按账户的资金形式，境内外汇账户可分为外汇现钞账户和外汇现汇账户。

### （二）经常项目外汇账户的开立条件

下列经常项目，客户可以开立外汇账户保留外汇：

（1）经营境外承包工程，以及向境外提供劳务、技术合作的境内机构在其业务项目进行过程中发生的业务往来外汇；

（2）从事代理对外或者境外业务的境内机构代收代付的外汇；

（3）境内机构暂收待付或者暂收待结项下的外汇，包括境外汇入的投标保证金、履约保证金、先收后支的转口贸易收汇、邮电部门办理国际汇兑业务的外汇汇兑款、铁路部门办理境外保价运输业务收取的外汇、海关收取的外汇保证金、抵押金等；

（4）经交通部批准从事国际海洋运输业务的远洋运输公司，经外经贸部批准从事国际货运的外运公司和租船公司的业务往来外汇；

（5）保险机构受理外汇保险，需向境外分保以及尚未结算的保费；

（6）根据协议规定需用于境外支付的境外捐赠、资助或者援助的外汇；

（7）免税品公司经营免税品业务收入的外汇；

（8）有进出口经营权的企业从事大型机电产品出口项目，其项目总金额和执行期达到规定标准的，或者国际招标项目过程中收到的预付款及进度款；

（9）国际旅行社收取的、国外旅游机构预付的、在外汇局核定保留比例内的外汇；

（10）外商投资企业在外汇局核定的最高金额以内的经常项目项下的外汇；

（11）境内机构用于偿付境内外外汇债务利息及费用的外汇；

（12）驻华机构由境外汇入的外汇经费；

（13）个人及来华人员经常项目项下收入的外汇；

（14）境内机构经外汇局批准允许保留的经常项目项下的其他外汇。

### （三）外汇结算账户

1. 中资客户外汇结算账户的开立

（1）客户申请开立外汇结算账户的中资机构应满足以下条件：经外经贸部门备案或核准有进出口经营权；在工商行政部门注册登记的法人；年度出口收汇额在等值200万（含200万）美元以上，且年度外汇支出额在等值20万（含20万）美元以上；企业财务状况良好，两年内没有严重违反外汇管理规定的行为。

企业年度出口收汇额依据企业上年度出口收汇核销专用结汇水单或出口收汇核销专用收账通知单计算；年度外汇支出额依据企业上年度进口付汇核销单或非贸易（含资本）付汇申报单计算。

（2）境内客户应当持下列材料向外汇局申请开户，并填写外汇结算账户核定限额申请表和开立外汇结算账户申请书：工商行政管理部门颁发的营业执照及其复印件、外经贸部门备案或核准企业享有进出口经营权的证明文件、上年末资产负债表及会计师事务所或审计师事务所出具的审计报告、上年度出口收汇核销专用结汇水单或出口收汇核销专用收账通知单以及上年度进口付汇核销单或非贸易（含资本）付汇申报单、外汇局要求提供的其他有关材料。

（3）外汇局审核企业提供的材料无误后，为其核定账户限额，在外汇结算账户核定限额申请表上盖章确认，并出具开立外汇账户批准书。企业凭外汇局核发的开立外汇账户批准书和外汇结算账户核定限额申请表到银行办理开户手续。

（4）开户银行为中资企业开立外汇结算账户后，应当在开户回执上注明账号、币种和开户日期，并加盖该银行戳记。企业开户后5日内凭开户回执向外汇局领取外汇账户使用证。

（5）中资企业外汇结算账户最高限额，由国家外汇管理局分支局按企业上年度出口收汇累计额或外汇支出累计额中较小额的25%核定。外汇结算账户限额按年度核定，不得结转使用，不得转让已经开立的外汇结算账户。企业如需调整外汇结算账户限额，应当在每年第一季度内，凭上一年度出口收汇核销专用结汇水单或出口收汇核销专用收账通知单，进口付汇核销单或非贸易（含资本）付汇申报单以及外汇账户使用证，向所在地外汇局申请。对于本年度出口收汇额比上年度有较大幅度增长的企业，如果确因经营需要要求增加外汇结算账户最高限额，当地外汇局可在企业提出申请的前提下，在10%的幅度范围内为其适当调高外汇结算账户的最高限额。

（6）一个企业原则上只允许开立一个外汇结算账户，在同一家银行开立不同币种的账户视同一个账户。对于年度进出口总额1 000万（含1 000万）美元以上的大型企业，确因经营需要要求在不同银行开立多个结算账户的，可以向注册地外汇局申请，经批准后可以允许其开立2～3个账户，但企业的所有结算账户必须合并计算账户最高限额。

（7）企业开立的外汇结算账户，其收入为来源于经常项目的外汇，支出为经常项目外汇支付和经批准的资本项目外汇支付。

2. 外商投资企业外汇结算账户的开立程序

（1）外商投资企业领取中华人民共和国企业法人营业执照后30天内，应当向注册地外汇局申请办理外汇登记手续。申请登记时需填写外商投资企业基本情况登记表，并提交以下材料：审批机关对设立企业的批准文件及批准证书，国家工商行政管理局颁发的中华人民共和国企业法人营业执照及副本，企业经批准生效的合同、章程；结汇登记备案表，以及外汇局要求提供的其他文件。

外汇局对申请登记的企业提交的材料审查后，对符合登记条件的，向企业颁发外商投资企业外汇登记证。

（2）外商投资企业领取外汇登记证后，应当持外汇局核发的外商投资企业外汇登记证和开户通知书到经营外汇业务的银行办理开户手续。

（3）开户金融机构为外商投资企业开立外汇账户后，应当在外商投资企业外汇登记证相应栏目中注明账号、币种和开户日期，并加盖该银行戳记。该账户的资金可以转存为定期存款。贷款专户、还贷专户、外币股票专户等资本专用账户内的外汇资金，可以在同一外汇账户内转为定期存款，但不得跨行转存。定期存款纳入结算账户限额管理。

（4）企业办理外汇登记证后，如有变更名称、地址、改变经营范围或者发生转让、增资、合并等情况，应当在办理工商登记后，及时将有关材料送外汇局备案，并申请更换外汇登记证。企业经营期满或因故导致经营终止，经原审批机关批准解散的，在清盘后30天内，到外汇局办理外汇登记证注销手续，交回外汇登记证，并撤销所开立的外汇账户。

（5）企业的外汇登记证不得伪造、涂改，不得出租、出借、转让、出卖给其他单位使用。

3. 境内机构开立外汇专项账户手续

境内机构申请开立外汇专项账户，需向外汇局领取并填写国家外汇管理局开立外汇账户批准书，同时提供下列材料：

（1）开立外汇账户申请书；

（2）根据开户单位的性质分别提供工商行政管理部门颁发的营业执照和社会团体登记证，或国家授权机关批准成立的有效批件；

（3）国务院授权机关批准经营业务的批件；

（4）外汇局要求提供的相应合同、协议或其他有关材料。

外汇局核准材料后，在国家外汇管理局开立外汇账户批准书上加盖开户专用章，申请单位持批准书到开户行开立外汇账户。开户后，5日内凭开户行回执向外汇局领取外汇账户使用证。

4. 驻华机构向外汇局申请开立外汇账户手续

驻华机构申请开立外汇账户，应当持批准设立机构的文件和工商行政管理局登记证到外汇局办理登记备案手续。外汇局核准后，发给驻华机构驻华机构外汇账户备案表。申请机构凭驻华机构外汇账户备案表到开户行办理开户手续。

5. 出口单位办理出口核销的开户手续

出口单位在初次申领核销单之前，应当凭下列材料到外汇局办理开户登记手续：单位介绍信、开户申请书、外经贸部门批准经营进出口业务批件正本及复印件、工商营业执照副本及复印件、企业法人代码证书及复印件、海关注册登记证明复印件、出口合同复印件。

外汇局对上述材料审核无误后为出口单位办理登记手续并发放核销单。

## 五、资本项目外汇账户

### （一）开立资格

下列资本项目的外汇，可以开立外汇账户并保留外汇：

（1）境内机构借用的外债、外债转贷款和境内中资金融机构的外汇贷款；

（2）境内机构用于偿付境内外外汇债务本金的外汇；

（3）境内机构发行股票收入的外汇；

（4）外商投资企业中外投资方以外汇投入的资本金；

（5）境外法人或者自然人为筹建外商投资企业法人的外汇；

（6）境内机构资产存量变现取得的外汇；

（7）境外法人或者自然人在境内买卖 B 股的外汇；

（8）经外汇局批准的其他资本项目下的外汇。

### （二）开立资本项目外汇账户需提交的材料

外债、外汇转贷款、境内中资金融机构自营外汇专用账户开立时申请人须向外汇局提交如下材料：

（1）开户申请书；

（2）外债登记证、外汇签约情况表；外汇情况表；（转）贷款登记证；外汇（转）贷款签约；

（3）申请人如为外商投资企业，还应当提交外汇登记证。

外商投资企业申请开立资本金、临时、投资专项账户须向外汇局提交以下材料：

（1）开户申请，包括企业基本情况、新开户原因、拟开户银行等内容；

（2）外汇登记证正本（验后返还）；

（3）外商投资企业外汇账户开户通知书（加盖公章）；

（4）申请开立投资专项账户的境内外资非法人经济组织还应提供投资合同和阶段投资计划；

（5）申请开立临时账户的境外法人或自然人应提供汇出银行的汇款证明、投资意向书；

（6）视情况要求补充的其他材料（如合资合同、章程中关于资金到位进度的条款、投资方关于缴付投资款的书面通知等）。

境内发行 B 股和境外上市股票开立外汇专用账户需向外汇局提供的审核

材料：

（1）中国证监会对企业发行境内上市外资股或境外发行股票的批准文件；

（2）关于开立外汇专用账户的申请；

（3）工商企业营业执照副本；

（4）企业法人的代码证；

（5）招股说明书；

（6）视情况补充的其他材料。

## 第五节 贷款业务

**能力目标**

掌握单位贷款的概念和种类，掌握单位贷款的相关规定及业务流程。

### 一、单位贷款业务

单位贷款是指企事业单位为了生产经营等需要，向银行或其他金融机构按照规定利率和期限操作的一种借款方式。单位的贷款主要是用来进行固定资产购建、技术改造等大额长期投资。

单位信贷产品主要有：流动资金贷款、票据业务、房地产开发贷款、人民币额度借款、项目融资、银团贷款、法人账户透支企业发行债券担保业务、融资租赁、并购贷款业务、仓单质押货应收账款融资。

**（一）流动资金贷款**

1. 定义

流动资金贷款是为满足客户在生产经营过程中临时性、季节性的资金需求，保证生产经营活动的正常进行而发放的贷款，或银行向借款人发放的用于满足生产经营过程中长期平均占用的流动资金需求的贷款。

2. 产品分类

流动资金贷款按期限可分为临时流动资金贷款、短期流动资金贷款和中期流动资金贷款。

（1）临时流动资金贷款：期限在 3 个月（含）以内，主要用于企业一次性进货的临时性资金需要和弥补其他支付性资金不足。

（2）短期流动资金贷款：期限3个月至1年（不含3个月，含1年），主要用于企业正常生产经营周转资金需要。

（3）中期流动资金贷款：期限1年至3年（不含1年，含3年），主要用于企业正常生产经营中经常占用资金需要。

3. 适用对象

流动资金贷款流动性强，适用于有中、短期资金需求的工商企业客户。在一般条件下，银行根据“安全性、流动性、营利性”的贷款经营方针，对客户信用状况、贷款方式进行调查审批后，做出贷与不贷、贷多少和贷款期限、利率等决定。

中期流动资金贷款适用客户为生产经营正常、成长性好、产品有市场、经营效益好、无不良信用记录且信用等级较高的客户。对能提供全额低风险担保的客户，不受信用等级限制。

4. 申办条件

根据《贷款通则》，贷款对象应是经工商行政管理机关（或主管机关）核准登记的企（事）业法人、其他经济组织、个体工商户或具有中华人民共和国国籍的具有完全民事行为能力的借款人，应具备的基本条件包括：恪守信用、有按期还本付息的能力、原应付贷款利息和到期贷款已清偿；除自然人外，应当经工商行政管理机关（主管机关）办理年检手续；已经开立基本账户或一般存款账户；除国务院规定外，有限责任公司和股份有限公司对外股本权益性投资累计额不超过净资产的50%；资产负债率符合贷款人的要求；申请中长期贷款的、新建项目的企业法人所有者权益与所需总投资的比例不低于国家规定的投资项目的资本金比例。

有下列情形之一者，银行不对其发放贷款：不具备贷款主体资格和基本条件；生产、经营或投资国家明文禁止的产品、项目；违反国家外汇管理规定；建设项目按国家规定应当报有关部门批准而未取得批准文件；生产经营或投资项目未取得环境保护部门许可；在实行承包租赁、联营、合并（兼并）、合作、分立、产权有偿转让、股份制改造等体制变更过程中，未清偿原有贷款债务、落实原有贷款债务或提供相应担保；有其他严重违法经营行为。

5. 主要品种

（1）流动资金循环贷款。贷款人与借款人一次性签订借款合同，在合同规定的有效期内允许借款人多次提取贷款、逐笔归还贷款、循环使用贷款的流动资金贷款业务。

（2）流动资金整贷零偿贷款。客户可一次性提款、分期偿还的流动资金贷款。

（3）法人账户透支。根据客户申请，核定账户透支额度，允许其在结算账户存款不足以支付时，在核定的透支额度内直接透支取得信贷资金的一种借贷方式。

（4）中期流动资金贷款，指商业银行对借款人发放的，期限为1～3年（不含1年，含3年）的流动资金贷款，主要用于企业正常生产经营中经常占用。

**（二）固定资产贷款**

1. 定义

固定资产贷款是指银行发放的，用于借款人新建、扩建、改造、开发、购置等固定资产投资项目的本外币贷款。

2. 贷款条件

经工商行政管理机关（或主管机关）核准登记，实行独立核算的企业法人、事业法人和其他经济组织，均可以作为借款人向银行申请固定资产项目贷款。但首先应具备以下条件：在银行开立基本存款账户或一般存款账户；实行贷款证管理的地区，须持有人民银行颁发的贷款证；申请外汇固定资产贷款，须持有进口证明或登记文件；信用状况好，偿债能力强，管理制度完善，对外权益性投资比例符合国家有关规定；能够提供合法有效的担保。

同时，拟使用贷款的固定资产投资项目必须具备以下条件：符合国家产业政策、信贷政策和银行贷款投向；具有国家规定比例的资本金；行业资本金占比为交通运输、煤炭项目35%以上，钢铁、邮电、化肥项目25%以上，其他项目20%以上；需要政府有关部门审批的项目，须持有批准文件，应符合国家产业、产品布局和投资项目审批程序，可行性研究经权威部门论证；符合国家产业布局政策、财政税收政策、行业发展规划以及国家和行业的可行性研究设计标准和参数；符合我国银行信贷管理规定、银行评估参数；借款人的主要财务指标项目资本金来源及比例符合国家和银行规定。

借款人提供以下基本资料：借款人营业执照、公司章程、贷款证、借款申请书；借款人（出资人）最近3年的审计报告原件及随审计报告附送的资产负债表、损益表和现金流量表及其报表附注；借款人现有负债清单及信用状况；有权部门对项目立项的批复、项目可行性报告、环保部门及其他有权部门对项目的批复文件、权威部门论证结论；市场供求、产品价格、行业状况分析资料；项目建设资金来源证明文件；项目建设进度表、资金使用计划：贷款偿还方式及还款计划、借款人在项目建设期及贷款偿还期内现金流量预测材料；贷款担保意向或承诺，担保人营业执照财务报表，或有负债状况、抵押（质押）物的情况说明；同级别法律事务部门出具的法律意见书。

### （三）人民币额度贷款

1. 定义及适用范围

对于借款频率高、对财务费用敏感的企业，可向银行申请人民币额度借款，与银行签订一个总的借款合同，在合同有效期内，只要借款本金余额不超过约定的借款额度，就可以循环地向银行借款和还款，而不必每次都与银行签订新的借款合同。额度借款中每笔借款视同独立的一笔流动资金贷款，其期限和利率比照流动资金贷款。

2. 特点

人民币额度借款最大的特点及优势在于单位用款拥有很大的灵活性，一方面在借款额度有效期内，可以对借款额度循环使用，即只要所申请的借款金额与未偿还的借款本金余额之和不超过借款额度，就可以根据需要连续向银行申请借款；另一方面，在额度有效期内发生的单笔借款，其履行期限届满日不受额度有效期间是否届满的限制，且不必每次都与银行签订新的借款合同，简化了贷款程序，保证了用款效率及灵活性。

3. 具体办理程序

（1）申请。单位可向银行提出人民币额度借款申请，提供营业执照、法定代表人身份证明、贷款证（卡），经财政部门或会计（审计）师事务所核准的前 3 个年度及上个月财务报表和审计报告（成立不足 3 年的企业，提交自成立以来的年度报表和近期报表），税务部门年检合格的税务登记证明，公司合同或章程，企业董事会（股东会）成员和主要负责人、财务负责人名单和签字样本等。如果是由授权委托人办理的，需提供企业法定代表人授权委托书（原件）；若公司是有限责任公司、股份有限公司、合资合作公司或承包经营企业，要提供董事会（股东会）或发包人同意申请信贷业务决议、文件或具有同等法律效力的文件或证明；并提供担保人相关材料以及银行要求提供的其他资料。

（2）签订合同。银行进行调查和审批后认为可行，单位将与银行签订

《人民币额度借款合同》和担保合同等法律性文件。如银行认为不可行，将退还申请材料。

（3）落实担保。合同签订后，单位须落实第三方保证、抵押、质押等担保，并办理有关担保登记、公证或抵押物保险、质押交存银行等手续。

（4）贷款获取。单位办妥发放贷款前的有关手续，合同即生效，可随时支用借款额度，可以通过网上银行来办理提款，目前大部分银行暂不支持手机银行 app 直接办理提款。

（5）还款。按合同约定方式偿还贷款本息。

### （四）房地产开发贷款

1. 定义

房地产开发贷款是指与房产或地产开发经营活动有关的贷款。房地产开发贷款的对象是注册的有房地产开发和经营权的国有、集体、外资和股份制企业。

2. 房地产开发贷款的种类

按照开发内容的不同，房地产开发贷款有以下几种类型：

（1）住房开发贷款。是指银行向房地产开发企业发放的用于开发建造向市场销售住房的贷款。

（2）商业用房开发贷款。是指银行向房地产开发企业发放的用于开发建造向市场销售主要用于商业行为而非家庭居住用房的贷款。

（3）土地开发贷款。是指银行向房地产开发企业发放的用于土地开发的贷款。

（4）房地产开发企业流动资金贷款。是指房地产开发企业因资金周转所需申请的贷款不与具体项目相联系，由于最终仍然用来支持房地产开发，因此这类贷款仍属房地产开发贷款。

3. 申请条件

除一般贷款所要求的条件外，申请房地产开发贷款的借款人还应具备以下条件：有企业法人营业执照；已取得贷款项目的土地使用权，且土地使用权终止时间长于贷款终止时间；已取得贷款项目规划投资许可证、建设许可证、开工许可证、外销房屋许可证，并完成各项立项手续、且全部立项文件完整、真实、有效；贷款项目申报用途与其功能相符，并能够有效地满足当地城市规划和房地产市场的需求；贷款项目工程预算、施工计划符合国家和当地政府的有关规定。工程预算投资总额能满足项目完工前由于通货膨胀及不可预见等因素追加预算的需要。

具有一定比例的自有资金（一般应达到项目预算投资总额的30%），并能够在银行贷款之前投入项目建设；在银行开立账户保持正常业务往来；开发商须对建设的房地产进行保险，且第一受益人为贷款银行。

### （五）项目融资

1. 项目融资概念

从广义上讲，为了建设一个新项目或者收购一个现有项目，或者对已有项目进行债务重组所进行的一切融资活动都可以称为项目融资（project finance）。从狭义上讲，项目融资是指以项目的资产、预期收益或权益作抵押取得的一种无追索权或有限追索权的融资或贷款活动。通常提到的项目融资仅指狭义上的概念。

根据这一定义，项目融资中，用来保证贷款偿还的主要来源被限制在被融资项目本身的经济强度中。项目的经济强度，即项目未来的可用于偿还贷款的净现金流以及项目本身的资产价值。

2. 项目融资的种类

（1）无追索权（non-recourse）的项目融资。

无追索权的项目融资也称为纯粹的项目融资，在这种融资方式下，贷款的还本付息完全依靠项目的经营效益。同时，贷款银行为保障自身的利益必须从该项目拥有的资产取得物权担保。如果该项目由于种种原因未能建成或经营失败，其资产或受益不足以清偿全部的贷款时贷款银行无权向该项目的主办人追索。

无追索权项目融资在操作规则上具有以下特点：项目贷款人对项目发起人的其他项目资产没有任何要求权，只能依靠该项目的现金流量偿还；项目发起人利用该项目产生的现金流量的能力是项目融资的信用基础；当项目风险的分配不被项目贷款人所接受时，由第三方当事人提供信用担保将是十分必要的。

（2）有限追索权（limited-recourse）的项目融资。

除了以贷款项目的经营收益作为还款来源和取得物权担保外，贷款银行还要求有项目实体以外的第三方提供担保。贷款行有权向第三方担保人追索，但担保人承担债务的责任，以他们各自提供的担保金额为限，所以称为有限追索权的项目融资。

项目融资的有限追索性表现在三个方面。

时间的有限性。即一般在项目的建设开发阶段，贷款人有权对项目发起人进行完全追索，而通过完工标准测试后，项目进入正常运营阶段时，贷款可能就变成无追索性的了。

金额的有限性。如果项目在经营阶段不能产生足额的现金流量，其差额部分可以向项目发起人进行追索。

对象的有限性。贷款人一般只能追索到项目实体。

3. 项目融资的特点

项目融资用来保证贷款偿还的依据是项目未来的现金流量和项目本身的资产价值，而非项目投资人自身的资信，具有以下特点：

（1）有限追索或无追索；

（2）融资风险分散，担保结构复杂；

（3）融资比例大，融资成本高。

4. 项目融资的申请条件

项目融资的申请必须满足以下条件：项目本身已经经过政府部门批准立项；项目可行性研究报告和项目设计预算已经由政府有关部门审查批准；引进国外技术、设备、专利等已经政府经贸部门批准，并办妥了相关手续；项目产品的技术、设备先进适用，配套完整，有明确的技术保证；项目的生产规模合理；项目产品经预测有良好的市场前景和发展潜力，赢利能力较强；项目投资的成本以及各项费用预测较为合理；项目生产所需的原材料有稳定的来源，并已经签订供货合同或意向书；项目建设地点及建设用地已经落实；项目建设以及生产所需的水、电、通信等配套设施已经落实；项目有较好的经济效益和社会效益；其他与项目有关的建设条件已经落实。

### （六）银团贷款

1. 银团贷款定义

银团贷款是指由两家或两家以上银行基于相同贷款条件，依据同一贷款协议，在约定时间以约定比例，通过代理行向借款人提供的本外币贷款或授信业务。参与银团贷款的银行均为银团贷款成员，银团贷款率头行是指经借款人同意，发起组织银团、负责分销银团贷款份额的银行，是银团贷款的组织者和安排者。根据银保监会《银团贷款业务指引》，有下列情形之一的大额贷款，需要采取银团贷款的方式：单笔授信业务金额超过 10 亿元人民币（含）的；大型集团客户和大型项目的融资以及各种大额流动资金的融资；单一企业或单一项目的融资总额超过贷款行资本金余额的10%；单一集团客户授信总额超过贷款行资本金余额15%的；借款人以竞争性谈判选择银行业金融机构进行项目融资的；该笔贷款业务发生后，存在超过本行年度行业限额、期限限额、客户最高授信额度等情况之一的；总行营销主管部门、风险管理部门认为应该采取银团贷款形式的。

2. 优势

银团贷款的主要优势有：在资产业务的合作上，双方具有内在的动力和合作条件；银团贷款作为多边贷款方式，能够有效解决双边贷款方式下存在的多头授信、过度竞争等问题，改善对项目建设，集团发展的金融服务，形成合作共赢的局面；银团贷款参加银行可以量力而行，通过“同伴监督”，形成信贷风险管理团队，可有效分散单个银行的单户贷款风险，而且有利于银行从共同利益出发，共同防范和控制各类风险。

3. 业务特点

银团贷款主要的业务特点体现在：筹资金额大，贷款期限长，贷款用途受限制少（与政府贷款和出口信贷相比），可满足借款人数额巨大的贷款需求，较长的贷款年限，日常操作简便（仅与代理行接触）。

4. 申请对象

申请对象应该具备的条件：根据国家的产业政策和地方政府经济发展计划，银团贷款重点支持能源、交通、高科技工业以及地方重点工程项目；银团贷款的对象是符合《贷款通则》和《银团贷款暂行办法》规定、在中国境内注册成立的法人或银行认可的其他经济组织（以下简称借款人）。

5. 申请条件及需提供的资料

单位需提供的资料依据用途与流动资金贷款及中长期贷款相同。

借款人以及其中外方股东、担保人有关资料；政府部门批准的项目建议书，可行性研究报告和工程概算等资料以及批准文件；借款人缴纳注册资本的验资报告或证明；借款人公司章程以及外商投资企业、内联企业的合资或合作合同，购买设备、技术的商务合同或其他有关的合同；项目工程建设合同以及承建商的有关资料；原材料、辅料、燃料等供应合同；项目产品的销售合同或意向书，政府部门关于内销或代替进口的批准文件；项目所需水、电供应指标以及供应合同；政府计划部门年终项目审查规模、外债规模的文件和国家外汇主管机关同意借外债的批文；工商、税务、环保、海关等部门关于项目的批件；抵押物的所有权证明文件及其清单和股价报告；银行需要的其他文件或资料。

6. 业务办理程序

业务办理的流程如下：客户经理关注客户的融资需求；收到客户贷款信息/融资招标书；与客户商讨、草拟贷款条款清单、融资结构；银行获得银团贷款牵投行/主承销行的正式委任；银行确认贷款金额；确定银团筹组时间表、组团策略及银团邀请名单；准备贷款信息备忘录，拟定组团邀请函，向有关金融机构发出邀请；参与行承诺认购金额，确认各银团贷款参与行的最终贷款额度；贷款协议、担保协议各方达成一致后签约，各代理行进入工作状态。

7. 收费标准

银团贷款各项收费标准将由银行通过合同约定。

### （七）法人账户透支

1. 定义

法人账户透支业务是指在企业获得银行授信额度后，银行为企业在约定的账户、约定的限额内以透支的形式提供的短期融资和结算便利的业务。当企业有临时资金需求而存款账户余额不足以对外支付时，法人账户透支为企业提供主动融资便利。

2. 重要属性

（1）提供币种：人民币、美元、欧元、港币、日元、英镑。

（2）透支额度：根据单位的额度申请并结合银行给予单位的短期授信综合确定透支业务的额度。透支额度占用授信额度中的短期授信额度。

（3）期限：透支额度一年核定一次，有效期限为 1 年。

（4）利率：透支资金利率执行中国人民银行规定的 6 个月贷款利率，并可以根据可连续透支期的长短，在中国人民银行规定的范围内上下浮动。

（5）担保方式：有银行认可的资产作为抵押或质押，或有足够代偿能力的单位或个人作为偿还贷款本息，并承担连带责任的保证人。

（6）透支资金的使用和偿还：当单位要求动用透支账户的款项金额超过该账户的存款余额时，就视同提出使用透支资金的申请，银行将及时满足单位资金结算的要求。在透支额度有效期间内，单位可以连续使用透支资金，但未偿还透支资金余额不得超过透支额度。如果单位发生的透支资金在日终营业结束前归还，不计收透支资金的利息；日终透支账户中的透支余额，为单位当日发生的透支额。该笔透支额按日计息，按月结息。日终透支账户中的存款余额，按日计息，按季结息。透支账户为基本存款账户的，透支资金不得用于提取现金或直接将款项划入个人存款账户。在透支额度的有效期内，单位可随时归还透支资金本息，归还透支资金本息后，银行按照该透支金额恢复透支额度。

3. 产品特点

与一般流动资金贷款相比，法人账户透支业务最大的特点是简化了客户获得银行短期融资手续、满足客户临时性资金周转的要求，加强企业财务管理水平，减少企业资金的无效闲置提高资金使用效率。

4. 适用对象

信誉良好，经营情况正常，财务管理规范，在银行开立了存款账户，并取得一定授信额度的企业法人。

5. 申请条件

申请需要满足以下条件：借款人为经国家产业主管部门批准设立，在工商行政管理机关注册登记，取得企业法人营业执照并通过年检的境内法人；经营规模较大，经营业绩良好，市场影响力强，具备良好市场发展前景；信誉良好，企业无任何不良的金融信用纪录；已办理当地人民银行颁发的有效的贷款卡（证）；透支资金用途符合国家产业政策和有关法规；具有健全的经营管理机构、合格的领导班子及严格的经营管理制度；有贷款行认可的担保方式；在银行开立基本存款账户或一般存款账户；透支账户必须为基本存款账户或一般存款账户，并是单位在银行经办行开立的除保证金等专用账户以外的唯一结算账户；如果单位尚未获取银行的授信额度，则需先申请银行授信额度、或同时申请银行授信额度及法人账户透支业务等银行要求满足的其他条件。

6. 申请资料

申请资料应包括：借款申请书，列明企业概况，申请开办法人账户透支业务的透支额度、类别、期限、用途，透支还款来源、担保，还款计划等；经年检的企业法人营业执照、法人代码证书贷款卡（证）；公司章程和（或）合资（合作）经营合同；法人代表证明书和（或）法人授权委托书；同意开办法人账户透支业务的董事会决议和授权书、董事会签字样本；经审计的近3年和最近月份的财务报表或新建企业的注册资本验资证明；存款账户设立情况，包括开户行、账号、余额、结算业务及结算量等；主要负债和（或）有负债状况和说明；以往的银行信用评级材料及有关证明材料；担保资料，包括保证人的保证承诺函、背景资料和近 3 年的财务报表、抵（质）押物清单、价值评估文件和权属证明，保险文件或同意保险过户的承诺函；银行要求的其他资料。

7. 申办程序

（1）提交申请。客户向具备开办法人账户透支业务的银行提交法人账户透支申请书以及银行要求的相关资料。客户以后申请新的法人账户透支业务时，如上述所列材料已向银行提供且无变化的，可不重复提供。

（2）贷前评估。银行进行贷前的调查和评估，对申请人的信用等级以及申请的合法性、安全性、营利性等情况进行调查，核实抵押物、质押物、保证人情况，形成评估意见。对符合银行法人账户透支业务初步审查条件的，银行将进行内部评估程序；对不符合条件的，银行将及时予以回复并退还有关资料。

（3）签订合同。经银行审核同意后，客户与银行签订账户透支合同及其他相关的担保合同等。

（4）落实担保。客户与银行签订账户透支合同后，需落实第三方保证、抵押、质押等担保，办理有关担保登记、公证或抵押物保险、质押物交存银行等手续。

（5）收费标准。银行按给予单位的透支额度的一定比例（不超过 0.3%）按年计收透支额度承诺费。具体透支利率和透支承诺费均由银行与单位双方通过合同确定。

### （八）融资租赁

1. 定义

融资租赁（financial leasing）又称设备租赁（equipment leasing）或现代租赁（modern leasing），是指实质上转移与资产所有权有关的全部或大部分风险和报酬的租赁。资产的所有权最终可以转移，也可以不转移。

融资租赁业务的具体内容是指出租人根据承租人对租赁物件的特定要求和对供货人的选择，出资向供货人购买租赁物件，并租给承租人使用，承租人则分期向出租人支付租金，在租赁期内租赁物件的所有权属于出租人所有，承租人拥有租赁物件的使用权。租期届满，租金支付完毕，并且承租人根据融资租赁合同的规定履行完全部义务后，对租赁物的归属没有约定的或者约定不明的，可以协议补充；不能达成补充协议的，按照合同有关条款或者交易习惯确定，仍然不能确定的，租赁物件所有权归出租人所有。融资租赁是集融资与融物、贸易与技术更新于一体的新型金融产业。

2. 融资租赁的主要特征

由于租赁物件的所有权只是出租人为了控制承租人偿还租金的风险而采取的一种形式所有权、在合同结束时最终有可能转移给承租人，因此租赁物件的购买由承租人选择，维修保养也由承租人负责，出租人只提供金融服务。租金计算原则是：出租人以租赁物件的购买价格为基础，按承租人占用出租人资金的时间为计算依据，根据双方商定的利率计算租金。融资租赁实质上是依附于传统租赁上的金融交易，是一种特殊的金融工具。融资租赁的特征一般归纳为5个方面。

（1）租赁标的物由承租人决定，出租人出资购买并租赁给承租人使用，并且在租赁期间内只能租给一个企业使用。

（2）承租人负责检查验收制造商所提供的设备，对该设备的质量与技术条件出租人不向承租人做出担保。

（3）出租人保留设备的所有权，承租人在租赁期间支付租金而享有使用权，并负责租赁期间设备的管理、维修和保养。

（4）租赁合同一经签订，在租赁期间任何一方均无权单方面撤销合同。只有设备毁坏或被证明为已丧失使用价值的情况下方能中止执行合同，无故毁约则要支付相当重的罚金。

（5）租期结束后，承租人一般对设备有留购、续租和退租三种选择，若要留购，购买价格可由租赁双方协商确定。

3. 融资租赁的流程

主要程序为：企业向银行提出融资租赁申请，填写项目申请表；银行根据企业提供的资料对其资信、资产及负债状况、经营状况、偿债能力、项目可行性等方面进行调查；银行调查认为具备可行性的，其项目资料报送金融租赁公司审查；金融租赁公司要求项目提供质押或履约担保的，企业应提供抵押或质押物清单、权属证明或有处分权的同意抵押、质押的证明，并与担保方就履约保函的出具达成合作协议；经金融租赁公司初步审查未通过的项目，企业应根据金融租赁公司要求及时补充相关资料，补充资料后仍不能满足金融租赁公司要求的，该项目撤销，项目资料退回企业；融资租赁项目经金融租赁公司审批通过的，相关各方应签订合同，办理抵押、质押登记、冻结、止付等手续；承租方在交付保证金、服务费、保函费及设备发票后，金融租赁公司开始投放资金；银行监管项目运行情况，督促承租方按期支付租金；租期结束时，承租方以低价回购。

### （九）仓单质押贷款

1. 仓单与仓单质押贷款的定义

仓单是指仓储公司签发给存储人或货物所有权人的记载仓储货物所有权的唯一合法的物权凭证，仓单持有人随时可以凭仓单直接向仓储方提取仓储货物。

仓单质押贷款是指银行与借款人（出质人）、保管人（仓储公司）签订合作协议，以保管人签发的借款人自有或第三方持有的存货仓单作为质押物向借款人办理贷款的信贷业务。

2. 重要属性

期限：办理仓单质押贷款的期限不得超过仓储物储存期限，且最长不得超过1年（含1年）。

金额：仓单质押率一般不超过质押仓单项下仓储物价值的70%。仓储物价值根据仓储物总价值扣除必要的其他费用后确定（仓储物价值=仓储物的单位价格×仓储物数量-预估计的其他费用），仓储物的单位价格通过比较仓储物进价和市场价，以其中较低值为准。预估计的其他费用是指贷款期间可能产生的仓储费用以及仓单尚未支付的其他费用的总和。

3. 产品特点

缓解企业因库存商品而造成短期流动资金不足的状况；促进国内商品贸易，加快市场物资流通；提供融资便利，提高企业资金使用效率；扩大企业销售，增加经营利润。

4. 适用对象

仓单质押贷款业务适用于有经常性货品贸易、销售量大、流动资产占比较高（动产占比高），现金流量较大、没有大量厂房等固定资产可用于抵押且能提供合规仓单质押的贸易客户。客户必须是仓单的所有权人，其融资用途应为针对仓单货物的贸易业务。

5. 申请条件

申请人应该具备的条件：申请人具有一定数量自有资金，是独立核算的企业法人、其他经济组织或个体工商户；仓储公司经银行认可，具有良好的信誉和承担责任的经济实力。

质押仓单必须具备下列条件：必须是出质人拥有完全所有权的货物的仓

单，且记载内容完整；出具仓单的仓储公司原则上必须是银行认可的具有一定资质的专业仓储公司。

质押仓单项下的货物必须具备下列条件：所有权明确；无形损耗小，不易变质，易于长期保管；市场价格稳定，波动小，不易过时和贬值；适应用途广，易变现；规格明确，便于计量；产品合格并符合国家有关标准。

6. 申请资料

申请资料包括：拟质押仓单复印件，仓储合同副本，质押仓单项下仓储物的购销合同、相关发票及完税证明；质押仓单项下仓储物为进口商品的，应提供相关进出口批文、批准使用外汇的有效批件及相关已获海关通关的资料；银行要求的其他资料。

7. 申办程序

仓储公司和货主（借款人）签订仓储保管协议，明确货物的入库验收和保护要求；货主将货物送往指定仓库，仓库经审核确认接收后，开具仓单；货主以仓库开具的仓单为凭证，向银行申请贷款，银行以减少风险为前提对仓单进行审核；货主、银行和仓储公司三方在协商的基础上，达成合作意向并签署仓单质押贷款三方合作协议。货主将仓单出仓背书登记后交银行；包租公司同银行签订不可撤销的协助银行行使质押权保证书，确定双方在合作中各自履行的责任；仓单审核通过，在协议、手续齐备的基础上，银行向货主按货物价值的约定比例发放贷款；货物质押期间，由仓储公司按仓储保管协议的相关规定对货物进行监管，货物的使用权归银行所有，仓库只接受银行的出库指令并按指令将货物出库；货主履行同银行约定的义务，银行解除仓单质押，并将仓单归还货主；如若货主违约，银行有权处置质押在仓库的货物，并将处置指令下达给仓储公司；仓储公司接收处置指令后，依据货物性质，对其进行拍卖或回购来回笼资金。

8. 收费标准

各项收费均通过合同约定。

### （十）应收账款融资

1. 定义

应收账款融资是指企业以自己的应收账款作抵押向银行申请贷款，银行的贷款额一般为应收账款面值的50%～90%，企业将应收账款抵押给银行后一般不通知相关的客户。

2. 服务对象

借款人应当是经国家工商行政管理机关核准登记、按规定办理年检，实现独立核算，建立现代企业制度的企业法人。

3. 申办条件

借款人申请流动资金贷款时除要具备产品有市场、生产经营有效益、不挤占挪用信贷资金、恪守信用等条件外，还必须符合以下基本条件：有按期还本付息的能力，原应付贷款利息和到期贷款已还清；没有清偿的，已经做了经银行认可的偿还计划：应经过工商部门办理年检手续；在银行开立基本账户或一般账户。

4. 申办程序

首先提出书面申请，同时提供以下材料：经过年审的营业执照、近期财务报表和贷款卡（证），商务合同、发（送）货凭证或货物单据和商业发票（增值税发票），拟转让应收账款情况，买方的名称、地址、账号、开户行名称及生产经营状况以及财务状况等情况，银行要求的其他材料。

## 二、贷款风险案例及分析

### （一）成功堵截利用虚假银行流水骗贷的案例

1. 案例经过

近日，某银行支行成功堵截利用虚假银行流水骗贷事件。某一天，客户经理接到一笔个人住房贷款申请，在检查借款人提供相关贷款资料时，发现借款人没有提供银行卡，客户经理在解释需要办理银行卡的原因后，要求其去银行营业大厅办理银行卡，这时，该客户脱口而出称其不会使用银行卡，这话顿时引起客户经理怀疑，如果不会使用银行卡，那提供的近半年的银行流水是从何而来，客户经理看到该客户的工作证明，该客户是某广告公司工作人员，该公司规模不小，工资绝对是通过银行卡发放，此员工从事需要技术的工作，也不至于没使用过银行卡。于是，该行客户经理把客户银行流水仔细观察，发现被银行印章压在其下的借款人名字，姓氏与后两字大小不一，有通过电脑软件更改嫌疑，客户经理当即判断其银行流水及工作证明可能存在虚假，在与客户就此事进行核实时，客户对此矢口否认。

于是，客户经理提出上门核实工作情况的要求。客户见状先是推托，在客户经理一再坚持下，该客户承认自己确实提供了虚假的银行流水和工作证明，但购房行为确属真实行为。该客户提供虚假收入证明，并一再欺骗银行，其故意隐瞒真实工作情况的行为已经使银行对其诚信度产生怀疑。为避免更大的信贷风险，客户经理做出拒贷的决定。

2. 案例分析

工作人员识别和堵截诈骗行为，是坚持银行风险管理基本理念的具体表现，因而把风险管理和内部控制作为实现健康发展的基础，加快形成更加规范、严谨、稳健的风险管理和内部控制文化。随着科技不断发展，金融诈骗的表现形式日益多元化、智能化，这不仅影响了金融行业健康发展，也影响了社会经济的和谐发展。作为银行工作人员，要在思想意识上时刻提高警惕，遇到可疑情况，多问多看多想。

3. 案例启示

（1）严格核实客户所提供贷款资料，加强风险防控。从上述案例可以看出，该借款人对于银行审贷程序比较了解，利用通常情况下银行工作人员在核对银行流水时最关注借款人姓名、银行印章和通常情况下银行只需通过电话核实收入证明的情况，抱着侥幸心理蒙蔽工作人员，这违背了客户资料真实性的原则，实属客户诚信问题，也间接反映出调查人员在调查中应从多方面注意，高度警觉，认真负责。

（2）增强识别和防范犯罪行为的能力，多角度对比资料。银行个人贷款客户经理可充分利用中国人民银行征信系统提供的客户信息核实客户身份，并将客户提供的资料两者进行一些简单比较，包括客户的工作单位、婚姻状况、居住地址、年收入等。如发现疑问的地方，可以进一步调查清楚，以减少风险的发生。

（3）严格监控每一环节，加强业务学习。要充分履行自己工作职责，对其存在的风险进行贷前认真分析，在贷前严格监控每一个环节，在贷后密切关注客户的还款、逾期情况。

### （二）银行出于自身经营目的纵容按揭贷款的违规操作

1. 案例经过

2018 年末，某支行对公不良贷款中有一笔是房产开发贷款，借款人为 A 公司。为化解此笔对公不良贷款，2019 和 2020 年，该支行陆续向 A 公司开发的楼盘发放按揭贷款，抵押房产 42 套（含住宅和商铺）。但是，按揭贷款发放后 A 公司即不能按期还本付息。2020 年 9 月，支行就其中 32 套住宅向法院提起诉讼，2020 年 12 月，支行申请强制执行。法院委托中介机构评估，但在拍卖中因价高而流拍。另有 9 套商铺系开发商违规建设和销售，1 套住宅因涉及抵押人的其他债务被其他法院查封，均无法处理。

2. 案例分析

这个案例中的支行为了化解对公不良贷款而发放按揭贷款，由于是逆程序操作，对于开发商实力、保证条件、楼盘品质、甚至借款人等均未进行严格的贷款三查。按揭借款人中有些是 A 公司的员工，其贷款资金被 A 公司套现使用。最终，不仅没有解决对公不良贷款问题，还增加了个人不良贷款。个人住房（商铺）按揭贷款是为个人购房因自有资金不足而发放的，因此，借款人本人真实的购房行为是贷款的前提，不能因为其他原因而发放贷款。同时，在操作上必须坚持严格的贷款三查，完善抵押登记手续，保证贷款的安全性。

3. 案例启示

从这个案例不难发现，银行有一种错误的观念，认为以房产为抵押物的按揭贷款期限较长，是低风险业务。使用按揭贷款替代对公房地产开发贷款，可以化解对公贷款的风险。但如果因此放松了对按揭贷款的风险控制，那么实际上是一种风险的转嫁，而非真正的化解。更有甚者，在实践中，有些银行在发放完个人按揭贷款以后，并没有能够按原先设想的那样顺利收回对公贷款，这样就形成了对公贷款与对私贷款的双重风险。

### （三）房价评估失真导致的贷款风险

1. 案例经过

某支行在 2004 年 1 ~4 月，先后发放贷款 20 多笔。这些贷款都是来自同一个中介公司推行的二手房按揭，全部是由居住在南汇区的居民购买位于闵行区马桥镇的老式公房（基本上处于同一物业区域之内）。

银行委托评估公司对当地房价进行评估。评估公司参照当时闵行区的房产均价，认可了这批房产的交易价都在 5 800 ~6 500 元/平方米。据此银行同意发放贷款，按揭金额平均为 3 200 ~4 000 元/平方米。

贷款发放后不久，便陆续形成逾期。经催收未果，银行向法院提起诉讼，希望通过拍卖抵押房产，收回贷款本息。然而此时，经银行与法院亲自实地考察发现，马桥镇地处闵行区最偏远之所，离轻轨 5 号线尚距较远的车程，交通十分不便。当地的房价远低于闵行区的平均房价，每平方米最多只值 2 500 ~2 800元，拍卖房产肯定会造成银行一定程度的损失。

2. 案例分析

造成评估价与实际房价存在较大的偏差的原因在于：（1）银行工作人员并没有实地察看抵押物情况，而是委托房产评估公司代为调查，事后轻信了评估结果而没有认真复核；（2）评估公司实际上对该地区的真实房价也不了解。在马桥镇，评估公司发现当地的房地产中介的房产出售挂牌价均达到了6 500～7 000元/平方米，又参照了该区房地产交易中心公布的区房产均价，得出了评估结果。可是事实上，该小区的空房几乎全为当地中介公司自己所有，中介公司提高挂牌价只是骗取贷款的手段之一。

此外，南汇区与闵行区地理位置相隔遥远，在南汇区工作生活的人到闵行区购房，本身就不常见，更何况集中在一个季度之内大批量发生。可惜，这种反常现象当时并没有引起该支行足够的重视。

当贷款发生问题后，该支行只是拒绝该中介在本支行继续办理按揭贷款业，并没有及时向兄弟支行通报相关情况。于是该中介将后续数十笔类似贷款在另一家支行办理。最终造成了该分行在马桥镇地区拥有近百套的抵押房产但无法处理。

3. 案例启示

有的不法房产中介公司先是利用他人名义以低价将某一个物业小区的所有空置房购入，形成对局部地区二手房源的垄断，以便于他们哄抬价格，业内称之为“坐庄”。当房价哄抬过高，而真实购买力有限的情况下，他们便在想办法通过贷款的形式，实际上把房屋高价抛售给银行。

这类贷款风险不同于自然形成的房产市场价格风险。它是事先预谋，利用市场信息不对称制造信贷欺诈而形成的人为风险。

相比较其他按揭贷款欺诈手段，它的隐蔽性更强、危害性更大。首先，这类欺诈中所有的按揭手续都是齐全的，借款人与房产交易背景都是真实存在的，抵押、公证、保险手续都是完整的，其意图就是要以合法的形式掩盖非法的目的，以至于最终逃避法律的制裁。其次，房价虽然失真，但是因为有了评估公司的报告确认，所以在贷前银行无法发现，而贷后银行也无法追究中介公司的责任。再次，这类贷款中的借款人一般是训练有素、主动参与欺诈的共犯，当银行向他们催讨还款并了解情况时，他们不会把事情的真相和盘托出，相反却是编造理由，推托自己的工作发生变化，收入下降，无力还款等。最后，中介公司虽然是这起事件的最终获利者与幕后推手，但隐藏得最深，一般很难有证据对其直接提起诉讼。

从以上这个案例来看，银行应吸取以下教训：（1）对于评估公司的报告不能轻信，对于不熟悉的房地产，银行工作人员应亲临实地考察，必要时可以请多家评估公司同时进行评估；（2）对贷款中不合逻辑的异常情况（如本案中大批南汇人购买闵行区的房屋）应特别予以关注；（3）应加强银行内部之间的沟通。

## 本章小结

公司存款是企事业单位、个体经营者和机关团体等单位在银行的结算户存款、专户存款和定期存款的总和。

单位活期存款是一种随时可以存取、按结息期计算利息的存款，其存取主要通过现金或转账办理。这种存款的特点是不固定期限、客户存取方便、随时可以支取。

定期存款是银行与存款人双方在存款时事先约定期限、利率，到期后支取本息的存款，通常分为 3 个月、半年、1 年三个利率档次。

单位通知存款是指存款人在存入款时不约定存期，支取时需提前通知金融机构，约定支取日期和金额方能支取的存款。

单位保证金存款是指银行为客户办理银行卡、承兑、担保、出具保函、开立信用证、代客外汇买卖、代客债券买卖等业务时，为降低风险而按客户信用等级和信贷管理规定收取的业务保证金。

协定存款是指客户通过与银行签订协定存款合同，约定期限、商定结算账户要保留的基本存款额度，由银行对基本存款额度内的存款按结息日或支取日活期存款利率计息，超过基本存款额度的部分按结息日或支取日中国人民银行公布的高于活期存款利率、低于6 个月定期存款利率的协定存款利率给付利息的一种存款。

对公外汇存款是指银行吸收境内依法设立的机构、驻华机构和境外机构外汇资金的业务。

境内外汇账户是指境内机构、驻华机构、个人及来华人员可以自由兑换货币在开户金融机构开立的账户。

单位贷款是指企事业单位为了生产经营及其他方面的需要，向银行或其他金融机构按照规定利率和期限操作的一种借款方式。单位的贷款主要是用来进行固定资产购建、技术改造等大额长期投资。

单位信贷产品主要有：流动资金贷款、票据业务、房地产开发贷款、人民币额度借款、项目融资、银团贷款、法人账户透支业务、企业发行债券担保业务、融资租赁、并购贷款业务、仓单质押货应收账款融资。

单位贷款中，为了建设一个新项目或者收购一个现有项目，或者对已有项目进行债务重组所进行的一切融资活动都可以称为项目融资。

| 关键词 |
| --- |
| 公司存款　单位活期存款　定期存款　单位通知存款　单位保证金存款<br>协定存款　对公外汇存款　单位贷款　流动资金贷款　项目融资　银团贷款 |

# 复习与思考

**一、思考题**

（1）四种单位活期存款账户的用途有什么不同?

（2）单位存款证实书和单位定期存款存单有什么区别?

（3）应收账款融资的贷款额度如何确定?

（4）项目融资的种类有哪些?

**二、案例与计算题**

若某银行的利率情况如下：

2018 年活期存款利率均为 0.5%，2019 年活期存款利率均为 0.6%，2020 年活期存款利率均为 0.7%，

2018 年定期存款的规格为三个月利率 3%，六个月利率 3.5%，一年期为 4%，2019 年定期存款的规格为三个月利率 3.5%，六个月利率 4%，一年期为 5%，2020 年定期存款的规格为三个月利率 4%，六个月利率 4.5%，一年期为 5%。

（1）某单位于 2018 年 1 月 4 日去该银行在本单位活期存款账户中存入了 20 000 元，3 月 10 日取出了 8 000 元，5 月 20 日存入 4 000 元，7 月 1 日全部取出。请计算取出时的本息和。

（2）2018 年 1 月 6 日张先生选择了半年期定期存款，存入金额为 20 000 元；若张先生于 2018 年 2 月 1 日急需用 5 000 元，并从此账户取出，则到期日 2019 年 1 月 6 日时能取出本息和多少钱？

张先生于 2020 年 1 月 1 日支取全部金额，若约定续存，本息和为多少？若不约定续存，本息和为多少？

# 第六章

# 其他业务

## 第一节　开具证明业务

**能力目标**

了解资信证明业务的概念及特点。

熟悉资信证明业务的办理流程，能在规定时间内开具客户的资信证明。

### 一、个人资信证明

#### （一）个人资信证明业务的概念

资信证明一般因客户出国旅游、留学或商务等目的要出具给签证中心，以证明其资金足以支付境外开销及所有费用的一种证明，又称个人存款证明。

#### （二）个人资信证明业务的特点

（1）一致性：资信证明上的有关存款人的各个资信要素要和实际保持完全一致。

（2）限定性：证明上的金额以存款金额为限。

（3）时段性：资信证明涉及一段时间，一般是在开具证明至客户出境之后，方能解冻。

#### （三）业务流程

1. 受理

客户持本人身份证到同城任一网点申请开立资信证明，并填写开立资信证明申请书（见表6－1）。

**表 6－1　　开立资信证明申请书示例**

客户填写栏

客户姓名＿＿＿＿＿　英文名＿＿＿＿＿　申请日期＿＿＿＿＿

证件名称＿＿＿＿＿　证件号码＿＿＿＿＿＿＿＿＿　开立份数＿＿＿＿＿＿＿

证明用途＿＿＿＿＿＿＿＿＿＿＿＿＿＿＿　证明截止日期＿＿＿＿＿＿＿＿＿＿

| 序号 | 卡号/账号 | 储种 | 定期存款顺序号 | 币种 | 钞汇类型 | 金额 |
|---|---|---|---|---|---|---|
| 1 | | | | | | |
| 2 | | | | | | |
| 3 | | | | | | |
| 4 | | | | | | |
| 5 | | | | | | |

客户申明：本人需贵行提供本人名下上述存款的存款证明书。本人同意：从贵行同意并办理存款证明之日（含当日）起将上述存款冻结至证明截止日（含），并保证自收到存款证明书之日起，在冻结期间，不提取上述存款。本人愿意遵守贵行的有关规定，同时声明本人提供的有关资料均为属实，除上述证明用途外，此存款证明书不作其他用途，否则由此造成的法律责任均由本人承担。

客户签字：

银行确认栏

本人确认以上打印的资料准确无误，并与本人提出的申请一致。

客户签字：

资料来源：武飞，朱静．商业银行柜台业务［M］．北京：中国人民大学出版社，2019.

2．审核

柜员审核申请书和递交的本人身份证、申请书、银行存款证明（包括卡/折/单），确认无误后在申请书上签章，交网点业务主管。

3．办理

开具一式两联存款证明书（见表 6－2），在两联证明书上由网点业务主管签章并加盖业务专用章，同时收取手续费；对全部或部分存款金额作冻结处理，打印一式三联个人挂失/冻结申请书，注明冻结时间冻结期限（一般为 3 个月），开立份数等要素，请客户签字确认。个人挂失/冻结申请书第一联、第二联由网点专夹保管，待冻结期满后为客户办理解冻手续，第三联交事后监督人员专夹保管；将存款证明书正本、卡/折/单、身份证明原件及相关材料交申请人。

**表 6－2　　　　　　　　　个人挂失/冻结申请书示例**

<table>
<tr><td rowspan="12">客户填写</td><td>挂失方式</td><td>正式/临时</td><td>挂失内容</td><td colspan="3">借记卡☑　存折□　存单□　其他□</td></tr>
<tr><td>挂失申请人</td><td></td><td>证件类型</td><td></td><td>证件号码</td><td></td></tr>
<tr><td>挂失代理人</td><td></td><td>证件类型</td><td></td><td>证件号码</td><td></td></tr>
<tr><td>挂失申请人地址</td><td colspan="2"></td><td>户籍地址</td><td colspan="2"></td></tr>
<tr><td>代理申请人地址</td><td colspan="2"></td><td>户籍地址</td><td colspan="2"></td></tr>
<tr><td>挂失申请人联系电话</td><td colspan="2"></td><td colspan="2">代理申请人联系电话</td><td></td></tr>
<tr><td>挂失原因</td><td colspan="2"></td><td colspan="2">密码挂失</td><td>是□　否□</td></tr>
<tr><td>币种</td><td>种类</td><td>账号</td><td>金额</td><td>开户日期</td><td>存期</td></tr>
<tr><td></td><td></td><td></td><td></td><td></td><td></td></tr>
<tr><td></td><td></td><td></td><td></td><td></td><td></td></tr>
<tr><td></td><td></td><td></td><td></td><td></td><td></td></tr>
<tr><td colspan="3">中国××银行　　行　　营业网点：<br>兹有上列遗失、损毁、特申请挂失止付，请按照银行挂失止付规定办理。<br><br>申请人（代理申请人）签名：<br>申请日期：　　年　　月　　日</td><td colspan="3">银行签章：</td></tr>
</table>

资料来源：武飞，朱静．商业银行柜台业务［M］．北京：中国人民大学出版社，2019.

4. 相关情况说明

（1）关于柜员、业务主管或相关银行工作人员签章，一般来说，如果单据上面注明签章处，按照单据注明的位置签章；如果没有，可在任意空白处签章。

（2）除已冻结的存款外，客户存入的各种记名式存款，均可申请开具资信证明。

（3）资信证明不办理挂失，不得用于质押、抵押等担保及其他用途。

（4）网点办理资信证明应按标准收取手续费。

（5）关于证件：客户在境外不能提供身份证原件却要求代理的，需提供委托书、护照传真和代理人的身份证原件及卡/折/单原件。

（6）金额不同的处理：20 万元人民币以下及等值外币（不含 20 万元）的资信证明，由网点业务主管复核后，在申请书上注明“验证属实”，加盖储蓄业务章；20 万元人民币以上及等值外币（含 20 万元）的资信证明，还需该营业场所负责人审批，并在申请书上签章。

（7）客户在冻结期内要求解冻存款，需持所开立的资信证明正本、卡/折/单，身份证原件到冻结网点办理。网点审核无误后办理解冻手续，将资信证明书正本及个人挂失/冻结申请书第一联、第二联送交事后监督人员。

**【模拟练习】**两人为一组模拟办理资信证明业务。

组员中一人扮演客户，另一人扮演柜员，办理资信业务。

准备道具：办理人员名章一个、模拟银行公章一个、资信证明书一张、“个人挂失/冻结申请书”一式三联一份、客户身份证一张、银行卡一张。

## 二、余额证明

余额证明业务是指商业银行根据客户的要求出具的证明。该客户各活期、定期储蓄打印时的存款余额的业务。

### （一）余额证明业务的特点

（1）一致性：余额证明上的姓名等各要素应与实际完全一致。

（2）时点性：证明涉及的期限是某一个时点，而不是一段时间。

### （二）业务流程

1. 柜台业务操作步骤

（1）受理。网点接到客户连同身份证一起提交的卡/折/单，录入银行终端系统，请客户输入正确的取款密码。

（2）办理。柜员打印一式两份无碳复写的证明书，收手续费，核对打印位置无误后加盖储蓄业务专用章，一份交客户，一份编号保管。

2. 终端一体机操作步骤

目前关于余额证明已可在终端一体机上完成，余额证明可凭借身份证和银行卡查询本银行卡余额以及除本银行卡之外客户所有在银行办理卡的余额。余额查询以及余额证明的开具步骤如下。

第一步，在终端一体机的主页面上，找到“账户明细”并点击（见图 6－1）。

第二步，按照提示插入银行卡（见图 6－2），若未带银行卡可用该银行手机银行 app 扫码登录。

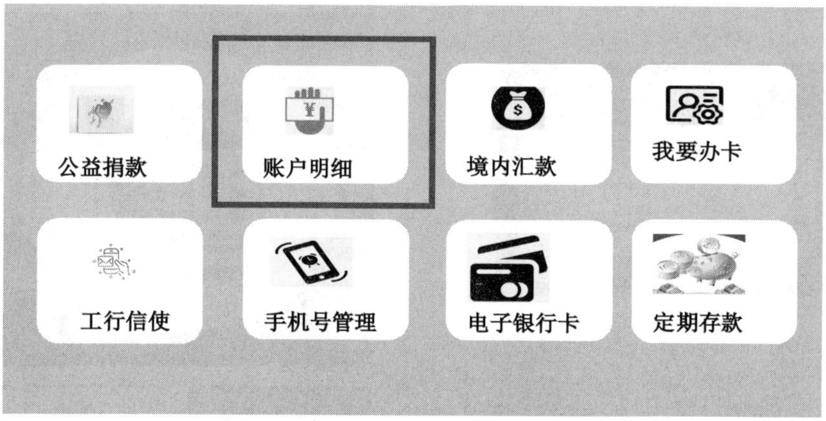


**图6-1 账户明细**

资料来源：根据中国工商银行终端一体机界面绘制。

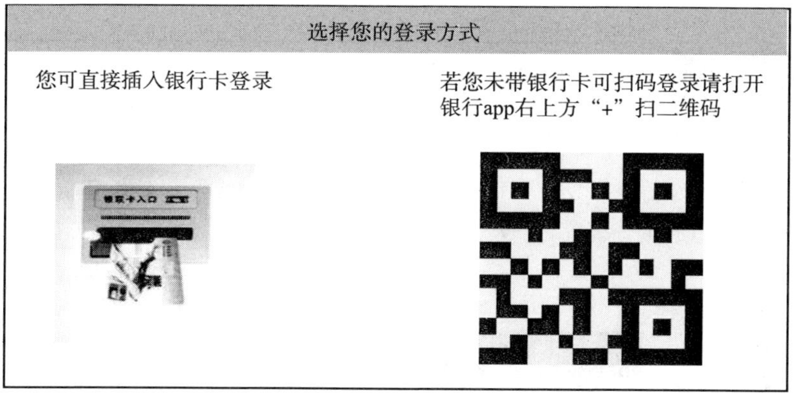


**图6-2 插入银行卡**

资料来源：根据中国工商银行终端一体机界面绘制。

第三步，读卡后按照提示输入密码，点击确认（见图6-3）。

第四步，此时会出现“账户余额查询”和“工资明细”的选项，选择账户余额查询，并把起始日期和截止日期都选择“当日”，点击确认（见图6-4）。

第五步，显示当日明细和余额后，点击“打印凭条”，则可得到显示余额的流水凭条（见图6-5）。

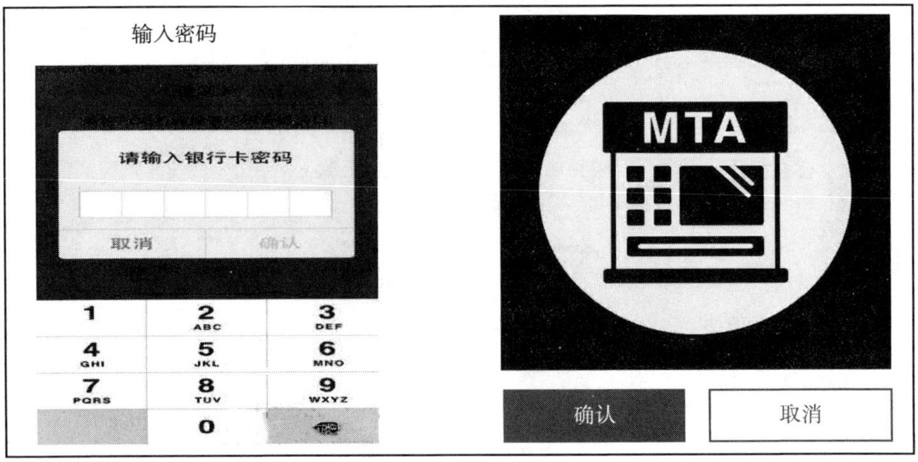


**图 6－3　输入密码**

资料来源：根据中国工商银行终端一体机界面绘制。

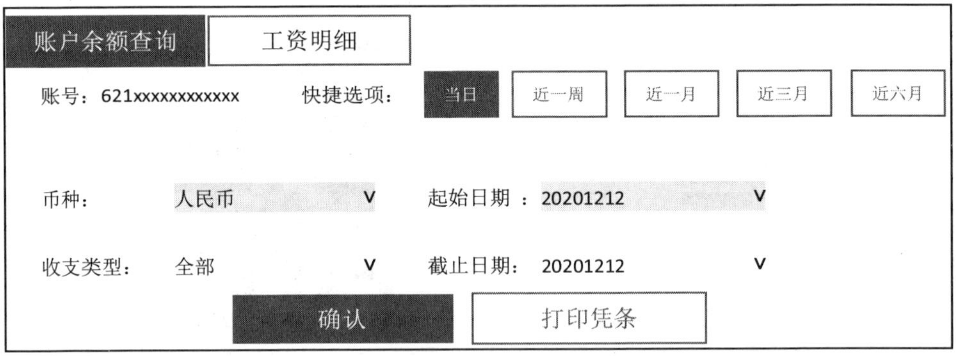


**图 6－4　余额查询**

资料来源：根据中国工商银行终端一体机界面绘制。

**【模拟练习】** 两人为一组模拟办理余额证明业务。

组员中一人扮演客户，另一人扮演柜员，办理余额证明开具业务。

（1）若业务员是大堂经理，指导客户用终端一体机办理余额证明业务。

（2）若业务员是柜员，办理柜台开具余额证明业务。

准备道具：办理人员名章一个、模拟银行的业务储蓄章一个、客户身份证一张、银行卡一张。

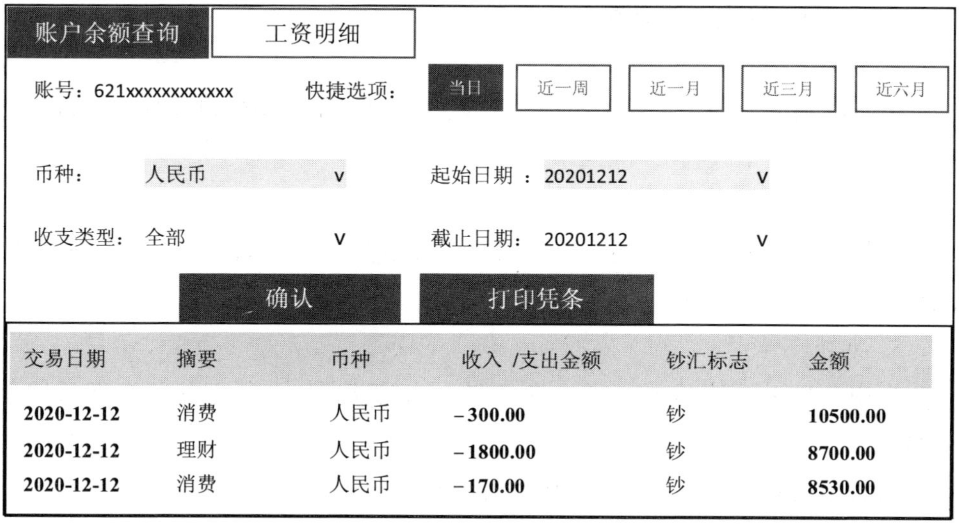


**图 6－5 显示余额**

资料来源：根据中国工商银行终端一体机界面绘制。

# 第二节 挂失业务

**能力目标**

了解商业银行凭证口头挂失业务的概念。

熟悉挂失业务的办理流程，在业务实践中能够为客户在规定时间内完成商业银行凭证口头挂失。

## 一、挂失业务

客户发生丢失卡/折/单时，可进行挂失并重新补办凭证。为防止被盗用，银行可接受口头挂失，也就是通过电话或者网络通知银行冻结丢失的卡/折/单。已挂失的卡/折/单不能正常使用，以保证客户资金安全。除电话和网络挂失外，客户有时间也可去柜面进行挂失办理。

无论口头挂失还是柜面挂失，银行柜员均需在系统中完成个人挂失/冻结申请书信息的填写，其中包括客户姓名卡号、身份证证件号码等。若是电话挂失，需输入客户在该银行查询密码，若是网络挂失，需登录该行网站或 app 办理。

### （一）口头挂失办理流程

1. 受理

网点收到客户的口头挂失申请后，立即在银行系统中作口头挂失处理，并打印一式三联的个人挂失/冻结申请书。

2. 审核

审核打印在个人挂失/冻结申请书上的信息与客户提供的信息是否一致，冻结类型是否为口头冻结。

3. 办理

在申请书上注明挂失时间，将三联个人挂失/冻结申请书送交事后监督人员。

口头挂失后客户必须在5日内去开户行办理正式的书面挂失手续。

客户递交身份证原件，柜员核对信息之后，确认打印的个人挂失/冻结申请书无误，请客户在申请书上签名，按照标准收取手续费，将客户身份证和个人挂失/冻结申请书第一联交给客户，并把客户身份证复印件和个人挂失/冻结申请书第二联留交事后监督人员。

### （二）书面挂失与解挂办理流程

通常情况下，柜面挂失业务和解挂业务是一起办理的。

1. 受理

客户提交本人身份证，并填写一式两联的个人挂失/冻结申请书。

2. 审核

审核个人挂失/冻结申请书与本人信息是否一致。

3. 办理

审核完成后，将个人挂失/冻结申请书交客户签字，并收取手续费。之后将第一联个人挂失/冻结申请书交客户保管，第二联交事后监督人员。最后把新的卡/折/单和身份证交还客户。

4. 相关情况说明

（1）若是口头挂失，挂失业务与解挂业务需要分两次完成，而书面挂失业务常常与解挂业务同时进行，也就是挂失后可立刻补卡。

（2）目前柜台办理书面挂失可当即补发卡/折/单，但新的卡/折/单账户号与之前的不一致，需提醒客户通知有往来业务的部门更换卡号，防止补办后转账或打款失败。也有少部分银行可以做到“补卡不换号”。

## 二、解挂业务

### （一）口头解挂办理流程

1. 受理

客户提交个人身份证明。

2. 审核

审核客户资料，特别应审核的是解挂人是否是客户本人，以保证客户资金安全。核对留存的身份证复印件以及事后核查情况记录审核。

3. 办理

在银行系统中做“凭证解冻处理”，在个人挂失/冻结申请书上注明新卡/折/单的凭证号和解冻时间，请客户签字确认，然后将身份证和新卡/折/单交还客户，将个人挂失/冻结申请书第一联和身份证交还客户。第二联和客户身份证复印件交送事后监督人员。

### （二）书面解挂办理流程

书面解挂业务通常与书面挂失业务一同受理，详见本书“书面挂失业务”章节。

## 三、取消挂失业务

客户挂失后，又找到卡/折/单，可凭身份证和卡/折/单到开户行办理取消挂失业务。解除挂失后，客户可重新启用已找到的卡/折/单。

1. 受理

客户提交身份证原件和找回的卡/折/单。

2. 审核

柜员审核申请人和身份证明是否同一人，个人挂失/冻结申请书上的信息与客户提供的信息是否一致。

3. 办理

在银行系统中作不换凭证解冻处理，打印个人挂失/冻结申请书，在个人挂失/冻结申请书上注明取消挂失时间，请客户确认签字，将个人挂失/冻结申请书一式两联一并交事后监督人员。

**【模拟练习】**两人为一组模拟办理借记卡挂失业务。

组员中一人扮演客户，另一人扮演柜员，办理借记卡业务。

准备道具：个人挂失/冻结申请书一式两联一份、客户身份证一张。

## 四、密码挂失和更改业务

密码挂失分为口头办理和柜面办理两种形式。一般是在发现密码被旁人知晓的情况下，为避免造成经济损失，则需立即采取电话或网络挂失的方式称为口头挂失。若客户忘记密码而无法使用卡/折/单，到柜面更换密码则称为柜面挂失。一般来说，此时无论密码忘记或者泄露，都需更换密码，因此密码的挂失和更换是一起进行的。密码挂失也可以在银行终端一体机上进行。

### （一）终端一体机密码挂失流程

第一步，插入要挂失密码的银行卡，在主页面点击“密码管理”（见图6-6）。

**图6-6　密码管理**

资料来源：根据中国工商银行终端一体机界面绘制。

第二步，点击忘记密码会显示“忘记借记卡密码”“忘记电子银行密码”“修改密码”的选项（见图6-7）。

**图6-7　界面选项**

资料来源：根据中国工商银行终端一体机界面绘制。

若是发现密码泄露，客户记得自己的密码且需要更换的点击“修改密码”，若是客户忘记银行卡密码，则点击忘记借记卡密码，若是忘记电子银行密码，则选择“忘记电子银行密码”。

第三步，客户身份确认。指定处插入身份证，此时屏幕中会出现人脸识别的提示，把脸的正面对准屏幕中提示的位置，通过人脸识别，确认办理业务的是本人。

第四步，身份认证后则根据自己的需求进行密码修改。

若是客户忘记银行卡密码，则点击忘记借记卡密码，插入身份证并通过人脸识别后，即可输入新密码。

若是忘记电子银行密码，选择“忘记电子银行密码”，操作步骤同“忘记银行卡密码”。

若是修改密码，除身份验证外，需输入原密码进行再次验证后，方可输入新密码。

#### （二）存取款一体机（或取款机）密码挂失

无论取款机是否配置存款功能，都能修改密码。

在存取款一体机的主页面找到修改密码，此时屏幕提示输入原密码，输入正确后，提示输入新密码并确认即可修改密码。修改密码流程与终端一体机类似，参照终端一体机流程即可。

**【模拟练习】**两人为一组模拟办理密码挂失业务。

组员中一人扮演客户，另一人扮演大堂经理，办理密码修改业务。

## 第三节　中间业务概述

**能力目标**

了解中间业务和表外业务概念、共同点和区别。了解中间业务和广义表外业务之间的关系。

### 一、表外业务的概念

广义的商业银行表外业务是指所有未列入资产负债表的业务，包括狭义的表外业务和中间业务。而本章所学的中间业务是指商业银行的信托类业务、代理业务、信息咨询业务和其他中间业务。

## 二、中间业务的特点

### （一）自由度大

中间业务与商业银行传统的体现在资产负债表中的业务不同，中间业务受到金融法规的限制相对较少。不仅如此，中间业务的交易场所也比较灵活，既可以是场内交易，也可以是场外交易。中间业务不需要资本金的准备，这既为商业银行拓展了业务范围，增加了业务的灵活性；同时，过度膨胀的中间业务也可能带来了许多潜在的风险。

### （二）透明度差

由于商业银行的中间业务不在资产负债表中体现，这对银行外部人员了解商业银行真实的运营状况蒙上了一层面纱。对于已经上市的商业银行来说，外部投资者（购买股票者）很难通过商业银行的资产负债表获取有效信息，也增加了银保监会这样的监管部门对商业银行监管的难度。

### （三）多数风险分散于银行各个业务之中

虽然中间业务不体现在资产负债表中，但其与资产负债表中各业务息息相关。中间业务的风险潜伏于各业务之中，这无疑为商业银行自身的监管与风险控制增加了难度。

### （四）高杠杆作用

高杠杆功能通常出现在金融的衍生产品之中，如期货、期权等。商业银行的中间业务中包括了对于这些高风险高杠杆产品的代理和资金托管等（中国银行业协会中间业务专业委员会，2017）。

# 第四节　信托类业务

**能力目标**

了解商业银行信托业务的概念和分类。

掌握我国商业银行信托业务规范化发展坚持的原则。

了解我国商业银行信托业务新的发展。

## 一、信托类业务概述

### （一）信托业务的概念

商业银行的信托业务是指商业银行承担受托人的角色，依照契约规定，接受委托人基于自己或受益人利益，将财产的占有、管理和使用权利转让给商业银行，并处分收益的业务。

### （二）条件

商业银行信托业务的四个条件分别是：（1）以信用为基础；（2）有特定的目的；（3）以信托财产为标的或主体；（4）为了第三者（受益人）或委托人的利益，委托人授权财产的占有、管理和使用权。

### （三）商业银行信托业务要素

1. 委托人

委任人包括个人、公司、政府。

2. 信托内容

信托的内容包括动产、不动产、投资信托、融资信托。其中，融资信托包括了信托存款、信托贷款、买方信贷和卖方信贷。

信托存款也称信托基金，是指商业银行与委托人签订信托合同后，接收和代为管理委托人用于指定项目的资金。

信托贷款是指商业银行与委托人签订信托合同后，将委托基金按照合同中指定的对象、用途、期限、利率与金额等发放的贷款。

进口买方信贷和出口买方信贷是国际信贷的两种形式。

信托贷款有三种类型。

（1）甲种委托贷款。委托单位在已经确定了贷款对象、用途、期限后，把规定提留的可自主支配的各种预算外资金交存商业银行作为委托基金，并委托银行按指定贷款对象、用途、期限发放贷款。这类贷款风险由委托人承担，银行除信誉担保外基本不承担风险，只是按规定收取1% ~2.5%的手续费。

（2）乙种委托贷款。委托单位在尚未完全确定贷款对象或者项目细节情况下，先于商业银行商议信托事宜，并交存委托贷款基金，一旦单位确定发放贷款，再将乙种委托基金转为甲种委托基金。未转前，银行按照信托存款利率支付利息，并可动用这笔资金，但必须承担全部风险。

（3）专项委托贷款。商业银行接受地方政府和企业单位委托，办理经国家计划批准的能源开发、交通运输、新技术和新产品开发等专项资金筹集，并对指定对象发放委托贷款。

（4）其他信托业务，如公益基金信托：公积金信托、社会保险基金信托。

（5）信托投资：由信托机构将个人、企业或集体的投资基金集中，代替投资者进行有价证券投资，最后将投资者和本金偿还给受益人，商业银行收取手续费，商业银行作为第三方资金托管机构保障资金的安全。详见代理业务中第三方存款业务章节。

### （四）商业银行信托业务规范化发展坚持的原则

（1）法律契约原则；

（2）忠实责任原则；

（3）审慎管理原则；

（4）资金独立原则。

## 二、信托产品实务操作与经典案例

### （一）贷款类资金信托

贷款类资金信托是商业银行接受委托人的委托，将受托资金用于发放贷款。其业务有以下流程。

（1）商业银行与委托单位签订信托合同。

（2）委托人将委托基金委托商业银行在指定的时间向指定的对象发放贷款。

（3）委托对象以还本付息的方式归还贷款给商业银行。

（4）商业银行收到贷款对象的本金和利息后收取一定的管理费和手续费，把本金和利息归还委托人。

贷款类信托业务的整个流程中，还涉及商业银行的贷款办理流程，详见公司业务中的贷款业务。

### （二）股权投资类资金信托

委托人将其合法拥有的资金委托给商业银行，按照委托人意愿以商业银行的名义对项目公司进行股权投资，从而达到受益人利益最大化。其主要包括法人股权投资信托、管理层股权信托和职工持股信托。

1. 法人股权投资信托的业务流程

（1）委托公司和商业银行签订信托合同。

（2）商业银行投资拥有项目公司的股权，成为项目公司的股东。

（3）商业银行承担股东的责任同时获得股东的收益。

（4）商业银行把股东的收益返还给委托人，同时收取管理费用。

2. 管理层股权信托的业务流程

（1）商业银行和委托人（目标公司管理层）签订收购协议。

（2）委托人申请贷款作为信托基金，商业银行利用信托基金买断项目公司的股权，成为目标公司股东。

（3）委托人获取股东收益，并用收益归还商业银行贷款本金和利息。

（4）商业银行在委托人的还本付息后，交还股份。

### （三）职工持股信托

职工持股信托是指企业职工委托商业银行，将自己的委托基金用于股权投资，从而通过股东权利的行使，参与职工管理政策的制定，从而达到加强职工在公司管理中话语权的目的。职工持股管理的业务流程如下。

（1）项目公司职工与商业银行签订信托合同，并由商业银行对项目公司股权投资成为股东。

（2）商业银行行驶股东权利，在会议上提出职工代表参与表决公司决策的建议。

（3）选举职工代表，并行使表决权，同时商业银行作为股东，行使其股东表决权（与职工代表保持一致意见）。

（4）商业银行获取股东收益，扣除手续费和管理费后，把股东收益归还职工代表。

### （四）证券投资类信托

证券投资信托是指商业银行将委托人的信托资金投资于证券市场的一种信托业务，具体投资品种包括股票、债券、基金及金融衍生品。证券投资类信托业务流程如下。

（1）委托人与商业银行签订信托合同。

（2）商业银行进行证券投资并通过证券组合的方式规避风险使利益最大化。

（3）商业银行收到通过证券投资获取的收益并扣除手续费、管理费，归还给委托人。

### （五）权益收购类信托

权益收购类信托是指商业银行将委托人的信托资金用于购买具有未来稳定现金流入的财产权信托业务。权益收购类信托业务流程如下。

（1）委托人与商业银行签订信托合同。

（2）商业银行利用委托人的信托基金购买财产并获取其财产权。

（3）商业银行通过该财产权获取收益。

（4）商业银行在扣除管理费和手续费后，将财产权获取的收益归还委托人。

# 第五节　代理业务

**能力目标**

了解商业银行代理业务的知识，在业务实践中能够规范运用。

掌握商业银行代缴代扣自来水费等生活费用业务操作规程，在业务实践中能够为客户完成代缴代扣费用业务处理。

掌握商业银行代发工资业务操作规程，在业务实践中能够为客户完成代发工资业务处理。

掌握商业银行三方存管业务操作规程，在业务实践中能够在规定的时间内为客户完成第三方存管业务处理。

## 一、代理业务的概念

商业银行的代理业务是指商业银行与委托单位签订协议，以代理人的身份为协议单位代收费用以获得相应手续费的一种业务。

## 二、代理其他生活业务

代理其他生活业务时，收费单位与用户均在代理银行开立活期存款账户。商业银行定期在协议规定的收费日，从缴费用户的账户扣划费用给收费账户，并赚取手续费。

代收业务可分为实时代缴和主机批量扣划两类。实时代缴是指利用收费单位与银行之间的计算机专线联网，及时传送标准统一的收费数据和收费结果，需客户进行柜台缴费、电话缴费、自助缴费和网上缴费等。主机批量则是目前我国大部分客户选择使用主机批量代缴，缴费人只需绑定银行卡且保证银行卡内有足额的资金即可自动扣费。

代理生活类业务中，代扣自来水费是最常见的一种业务，以下以代收自来水业务为例，阐述收费流程。

1. 收费业务流程

（1）受理：自来水公司到商业银行完成代扣协议，并提交组织机构代码、营业执照等企业证件、法人代表身份证和经办人身份证给柜员，同时提供代缴代扣水费基本账户。

（2）办理：柜员审核资料并在银行系统内确认身份后，在银行系统中签“签订代扣水费协议”并绑定其提供的活期账户。

（3）扣费：商业银行收到自来水公司发来的缴费通知单如表6－3所示，商业银行从客户账户中扣划费用并收取手续费后转入自来水公司账户。

**表6－3　代缴水费电费申请书示例**

20　年　月

<table>
<tr><td colspan="13">用户编号：</td></tr>
<tr><td rowspan="2">表示数</td><td colspan="3">上次：</td><td colspan="3">单价</td><td colspan="4">元/立方米</td><td colspan="2">最迟缴费日期：<br>月　　日</td></tr>
<tr><td colspan="3">本次：</td><td colspan="3">使用量</td><td colspan="4"></td><td colspan="2">营业站电话：</td></tr>
<tr><td rowspan="2">本次应交水费金额</td><td>千</td><td>百</td><td>十</td><td>万</td><td>千</td><td>百</td><td>十</td><td>元</td><td>角</td><td>分</td><td rowspan="2">计费日</td><td rowspan="2">月　日</td></tr>
<tr><td></td><td></td><td></td><td></td><td></td><td></td><td></td><td></td><td></td><td></td></tr>
<tr><td>说明</td><td colspan="9">1. 请自计费次日起十日内交×××银行、×××银行、×××银行。<br>2. 过期按日加收1%滞纳金。<br>3. 本收执若经涂改，即行作废。<br>4. 本收执经加盖银行收款章即为有效。<br>5. 可凭收执在两个月内向自来水销售部门更换正式发票。<br>6. 此收执请保留一年，以备查询。</td><td></td><td colspan="2" rowspan="2">收款章：<br><br>收款员</td></tr>
<tr><td colspan="11">用户编号：</td></tr>
</table>

资料来源：武飞，朱静．商业银行柜台业务［M］．北京：中国人民大学出版社，2019.

2. 柜台缴费业务流程

除了利用终端一体机，缴费客户也可以到商业银行柜面办理代缴水费业务。

（1）受理。客户到商业银行填写需要代缴自来水费的申请书，并绑定活期存款账户（一般为银行卡），将身份证、银行卡和申请书一并交给柜员。

（2）办理。柜员审核申请书信息无误后，在申请书上盖名章和支行公章。在银行系统内选择“自助缴费”项目的自动代扣栏，选择“水费”项目，输入绑定的银行卡号并选择所在城市，点击确定录入系统。同时交申请书给复核人员。

（3）扣费。商业银行收到自来水公司发来的缴费通知单，商业银行从客户账户中扣划费用并收取手续费后转入自来水公司账户。

3. 电子系统收费业务

有的银行在电子银行以及终端一体机业务发展得比较快，因此客户已经不用排队到柜台办理纸质化业务了。

进入所要申请代扣银行的电子银行或手机应用并登录。找到“自助缴费”项，在“自助缴费”项的下拉菜单中找到“生活缴费”。生活缴费中一般有以下选项：我要缴费、自动代缴、缴费号码管理、交易查询、缴费额度设置。其中“我要缴费”功能一般是实现当期水费的网上缴纳，有的客户住所经常更换，若选择自动代缴业务，则会经常要变换缴费号码，因此选择只缴纳当期水费的网银功能较为合适。

自动代扣则比较适合长期居所，水费来自同一地点，几乎不会发生变更的客户。这种客户与银行签订协议，在自来水公司发来扣费通知后，从客户绑定的银行卡中，自动代扣水费是一种银行的代理功能。

缴费号码管理一般是缴费地点变更时，已经签订了自动代缴服务的用户，需要变更其号码。一般用于偶尔需要变更住所的客户。

交易查询则是查看缴费记录，包括金额、时间、缴费地点及方式。也可作为报销凭证。

缴费额度设置，则是设置在自动扣费时的最高限额。有的公司承诺为职员缴纳一定额度的水费时可使用此功能设置。

4. 终端一体机收费业务

终端一体机是近几年银行发展起来的，摆放在银行网点的大堂中，代替柜员部分柜面业务的智能化业务设备。可办理较为简单的个人业务。代缴生活费用都可通过终端一体机完成，缓解了某些银行由于客户众多而导致的长时间排队现象。终端一体机与电子银行页面类似，因此操作流程参照电子银行缴费步骤。

5. 相关情况说明

代缴电费、天然气费、交通费（ETC、交通罚款和油卡充值）、电视收视费、固定电话费和手机费、宽带费、供暖费等生活类费用的业务流程和操作与代缴自来水费类同。

【模拟练习】两人为一组模拟办理银行代缴代扣业务。

（1）组员中一人扮演客户，另一人扮演电话客服指导客户完成网银版代缴电视费业务。

（2）组员中一人扮演客户，另一人扮演柜员，办理代缴供暖费业务。

准备道具：办理人员名章一个、模拟银行公章一个、缴费申请书一张。

## 三、代发工资业务

代发工资是指商业银行与委托单位签订委托代发工资协议，将本单位在某一规定日大批量发放工资、奖金等业务，由传统的现金发放改为银行直接转账的一项业务。

### （一）签订协议

委托单位经办人（一般是财务人员）到商业银行申请代发工资业务。提交委托单位证件、企业法人身份证、经办人身份证并留存公司印章。同时签订代发工资协议，柜员在终端操作后，打印协议并盖名章存底。

### （二）开户

委托单位按照现行银行实名制的要求提供职工姓名、身份证号码等相关代发清单资料，开户行为职工办理工资发放的银行卡，同时为委托单位开“代发工资过渡账户”。

### （三）资金划拨

（1）发放工资时，委托单位财务带电子档工资加密清单并打印工资加密清单盖公司公章作为原始凭证到商业银行办理工资发放。

（2）柜员核对工资加密清单上公司公章后，按照协议约定将代发工资资金足额划转到本单位开户行的代发工资过渡账户。

### （四）履约上账

开户行根据协议规定，在银行系统中批量发放工资到每位职工的储蓄账户，同时系统中按约定的标准收取代发工资手续费。之后柜员在盖有公司公章的加密清单上盖名章交复核人员。

### （五）客户查询和取款

工资到账后，若开通了手机银行则会有短信提醒，开通网银的职工也可登录该银行网银或 app 进行查询；若未开通短信提醒和网银服务，则可拨打该行服务电话号码进行查询。这样就达到了足不出户，也能收款并查询的目的。

### （六）相关情况说明

代发工资有以下优点：（1）操作灵活，方便快捷；（2）批量处理，入账及时；（3）信息保密，降低风险；（4）交易安全，全国统一。

工资加密清单是银行系统升级以后所采用的电脑终端系统发放工资方式。银行柜员不能看到每位员工的工资分别是多少，只能查看一个总的额度。这方式和传统的非加密清单相比，更保证了员工的资金安全。

社保养老金领取业务和代发工资非常相近。不同于工资发放的是，社保养老金的领取需提供退休证明。

## 四、第三方存管业务

第三方存管业务是指在证券公司和证券投资者之间，由商业银行（也称为第三方）作为一个存管客户资金机构，以确保投资者资金安全的业务。

### （一）开户流程

（1）客户提交身份证原件和证券账户卡到证券公司营业部柜台，开立证券保证金账户，指定一个商业银行为资金存管银行（一般是客户自己常用账户的银行），并签署“××银行、××证券公司客户交易结算资金银行存管协议”。

（2）受理流程：客户携带本人身份证件，指定银行的银行卡及由证券公司营业部签署的存管协议书，到指定银行网点柜台办理存管银行确认手续，填写证券交易结算资金第三方存管申请表，交给柜员。

（3）客户指定银行审核流程：柜员审核客户填写的申请表要素是否齐全，填写是否正确。

（4）客户指定银行办理流程：经办人员查验无误后，建立存管关系，通知客户已经开通银证转账功能，客户收回有关证件和经办人已盖业务用公章的证券交易结算资金第三方存管业务申请表（见表6－4）第二联。（武飞、朱静，2019）

**表 6-4　　客户证券交易结算资金第三方存管业务申请表示例**

<table>
<tr><td colspan="16">客户填写栏</td></tr>
<tr><td colspan="16">业务类型：☑建立存管关系　□变更银行账号　□修改银行端簿记联系资料</td></tr>
<tr><td colspan="2">申请人/机构名称</td><td colspan="14">张三</td></tr>
<tr><td colspan="2">开户行</td><td colspan="2">××银行××支行</td><td colspan="5">银行账户</td><td colspan="7">622×××××</td></tr>
<tr><td colspan="2">证券公司名称</td><td colspan="2">×××××公司</td><td colspan="5">证券保证金账号</td><td colspan="7">××××××××</td></tr>
<tr><td colspan="2">证券类型</td><td colspan="2">股票</td><td colspan="5">证件号码</td><td colspan="7">22344×××××××××</td></tr>
<tr><td colspan="2">联系地址</td><td colspan="14"></td></tr>
<tr><td colspan="2">邮政编码</td><td colspan="2"></td><td colspan="4">固定电话</td><td colspan="4"></td><td colspan="4"></td></tr>
<tr><td colspan="2">E-mail</td><td colspan="2"></td><td colspan="5">手机</td><td colspan="7"></td></tr>
<tr><td colspan="2">法定代表名称</td><td colspan="2"></td><td colspan="5">经办人姓名</td><td colspan="7"></td></tr>
<tr><td colspan="2">法定代表证件类型</td><td colspan="2"></td><td colspan="5">经办人证件类型</td><td colspan="7"></td></tr>
<tr><td colspan="2">法定代表证件号码</td><td colspan="2"></td><td colspan="5">经办人证件号码</td><td colspan="7"></td></tr>
<tr><td colspan="2">币种</td><td colspan="14">☑人民币　□港元　□美元（开通多币种时，须按币种分别填写申请表）</td></tr>
<tr><td rowspan="4">设定转账限额</td><td rowspan="2">单笔银转证限额</td><td rowspan="2">□不限</td><td rowspan="2">□限额</td><td>拾</td><td>亿</td><td>仟</td><td>佰</td><td>拾</td><td>万</td><td>仟</td><td>佰</td><td>拾</td><td>元</td><td>角</td><td>分</td></tr>
<tr><td></td><td></td><td></td><td></td><td></td><td>2</td><td>0</td><td>0</td><td>0</td><td>0</td><td>0</td><td>0</td></tr>
<tr><td rowspan="2">单日银转正累计限额（指单日银转证和证转银轧差后银转正限额）</td><td rowspan="2">□不限</td><td rowspan="2">□限额</td><td>拾</td><td>亿</td><td>仟</td><td>佰</td><td>拾</td><td>万</td><td>仟</td><td>佰</td><td>拾</td><td>元</td><td>角</td><td>分</td></tr>
<tr><td></td><td></td><td></td><td></td><td></td><td>5</td><td>0</td><td>0</td><td>0</td><td>0</td><td>0</td><td>0</td></tr>
<tr><td colspan="2" rowspan="2">变更银行账号</td><td colspan="2">原银行账号</td><td colspan="12"></td></tr>
<tr><td colspan="2">新银行账号</td><td colspan="12"></td></tr>
<tr><td colspan="2" rowspan="2">银行填写栏</td><td colspan="14">推荐人单位：</td></tr>
<tr><td colspan="7">推荐人姓名：</td><td colspan="7">员工编号：</td></tr>
<tr><td colspan="16">银行打印栏</td></tr>
<tr><td colspan="16"></td></tr>
</table>

本人已详细阅读《客户证券交易结算资金第三方存管业务协议书》，接受协议书及业务规定中载明的所有法律，充分知晓客户证券交易结算资金第三方存管的各项业务规定和风险提示，并自愿申请办理客户证券交易结算资金第三方存管业务。本人保证提供的资料和填写的信息完全合法、真实和准确，并自愿承担因信息瑕疵给证券公司和银行带来的全部损失。

机构客户签字：张三

经办：柜员名章　　复核：主管名章　　经办网点（章）：

资料来源：武飞，朱静．商业银行柜台业务［M］．北京：中国人民大学出版社，2019.

### （二）相关情况说明

（1）目前电子信息化手段已将传统柜台业务简化许多，相比传统的第三方存管业务，只要客户有银行卡，可以足不出户办理证券的开户及资金托管业务。

（2）虽然电子信息化方便了许多年轻人，但对于一些不能接受信息化服务的年长人群，柜台业务不能完全取消。因此对于商业银行来说，目前是一个信息化业务和传统柜台业务相结合的阶段，对于柜员掌握的业务范围要求更广。

# 第六节　信息咨询类业务

**能力目标**

了解商业银行信息咨询业务的概念及内容。

了解商业银行信息咨询业务的分类和特点。

## 一、信息咨询类业务

### （一）商业银行信息咨询业务概述

信息咨询业务是指商业银行利用在知识、信息、人才、技术和信誉等方面的优势，接受客户委托，根据客户需要，采取科学手段和方法，对信息进行收集、整理、分析、论证后，向客户提供具有一定权威性、可靠性的经济金融信息、企业管理方案等相关业务。随着信息技术的不断发展，该项业务必将有着极为广阔的发展前景。

### （二）商业银行信息咨询的内容

自商业银行账号企业化经营以来，各家商业银行充分利用其作为经济枢纽的地位及其工作环境和方式，相继开办了一些信息咨询业务。主要包括：（1）接受委托进行经济金融信息咨询；（2）股票、债券级别评定；（3）投资项目评估；（4）企业信用度调查分析和评审；（5）有关经济、金融问题的专题调查咨询。

### （三）商业银行信息咨询业务的分类

（1）按照咨询内容可划分为信息咨询、投资项目咨询、信用咨询、专门问题咨询等。

（2）按照咨询的方式可划分为当面咨询、电话咨询、书面咨询、专题调研咨询等。

（3）按照咨询者隶属关系可划分为本单位咨询、国内其他部门咨询、国外咨询、集团式咨询等。

（4）按咨询内容的性质可划分为评估审核类咨询、委托中介类咨询、综合管理类咨询等。其中，评估审核类咨询主要包括工程项目评估、信用等级评估、验证企业注册资金；委托中介类咨询主要包括技术贸易中介、经济合同中介、商品交易中介；综合管理咨询主要包括专题调查咨询、常年经济信息咨询、管理咨询、地区经济发展战略咨询。

评估审核类咨询业务较为广泛。工程项目评估是在对一些工程项目提供贷款的同时，接受客户的委托，对该工程项目进行投资决策评估。这项业务不仅可以为项目投资决策提供依据，而且能够为银行自身的贷款安全提供保障。企业信用等级评估是商业银行对某一企业进行信用认定的业务。企业信用等级一般是从企业的资金信用、经济效益、经营管理、企业发展前景四个方面确定具体的评估标准和分值。商业银行的该项业务也常常与其贷款业务相联系，因此，企业信用等级评估也是银行信贷择优选择的前提。验证企业注册资金这项业务，是受工商行政管理部门的委托，对准备登记开业的企业、事业单位、个体商户在申请开业登记时的注册资金进行验证，以及对企业、事业单位确认和变更时的注册资金进行验证。

### （四）商业银行信息咨询业务的特点

商业银行的信息是一种看不见的商品，它与其他有形商品最大的区别就是信息在消费中不会减少。这种信息商品像其他看得见的商品一样，需要经由适当的分配机构才能最终到达用户手中。

## 二、租赁性业务

### （一）经营性租赁

经营性租赁（operating leasing）又称服务租赁、管理租赁或操作性租赁，是指出租人将自己经营的租赁资产进行反复出租给不同承租人使用，由承租人支付租金，直至资产报废或淘汰为止的一种租赁方式。这种租赁的出租人除提供租赁物外，还负责租赁物的维修和保养等服务。

特点：（1）租赁物由出租人采购；（2）租期较短；（3）出租人不仅提供融资便利，还提供维修、保养等技术性服务；（4）经营性租赁合同是可撤销的。

经营性租赁的业务流程：（1）商业银行根据市场需求从供货方选择设备，签订购货合同并支付货款；（2）商业银行将已购设备出租给承租人 A，合同期满后收回设备，再租给下一个承租人 B，商业银行的出租业务就这样持续直到设备报废为止。

### （二）回租租赁

售后回租（sale-leaseback）是将自制或外购的资产出售，然后向买方租回使用。回租是承租人将其所拥有的物品出售给出租人，再从出租人手里将该物品重新租回。采用这种租赁方式可使承租人迅速回收购买物品的资金，加速资金周转。回租的对象多为已使用的旧物品。它的优点是使设备制造企业或资产所有人（承租人）在保留资产使用权的前提下获得所需的资金，同时又为商业银行提供有利可图的投资机会。

特点：（1）在出售回租的交易过程中，出售/承租人可以不间断地使用资产；（2）资产的售价与租金是相互联系的，且资产的出售损益通常不得计入当期损益；（3）出售/承租人将承担所有的契约执行成本（如修理费、保险费及税金等）；（4）出售/承租人可从出售回租交易中得到纳税的财务利益。

回租租赁的业务流程：（1）承租人（即供货人）与商业银行同时签订自有设备的买卖合同和租赁合同；（2）商业银行支付货款后，得到已购设备的所有权；（3）商业银行将已购设备根据签订的租赁合同回租给承租人（即供货方）；（4）承租人（即供货方）通过出售和回租设备达到既能满足企业自身资金的周转，又能继续生产的目的。

### （三）转租赁

转租赁简称转租，是指承租人在租赁期内将租入资产出租给第三方的行为。转租至少涉及三方（原出租人、原承租人和新承租人）和两份租约（原出租人和新出租人）。

当事人：设备供应商，第一出租人、第二出租人，第一承租人、第二承租人。

合同：购货合同、租赁合同、转让租赁合同。

租赁届满，租赁资产的所有权转移给承租人，而用包含有承租人以廉价购买租赁资产的选择权，原承租人可以任何方式转移该资产。至于转租究竟属于何种性质，则由新租约的特点决定，可根据一定的标准加以归类，也可作经营租赁处理，或作销售式融资租赁、直接融资租赁处理。

若原租约不符合以上两个条件，但符合融资租赁应具备的两个条件：租赁期长于或等于租赁资产预计经济寿命的75%，最低租赁付款额的现值高于或等于租赁资产公允价值的90%，则原承租人也可以经营租赁、直接融资租赁和销售式融资租赁等方式转租新租约不可包含所有权将转移、或允许承租在租期届满时以名义价款购入租赁资产的条款。

若原租约属经营租赁性质，转租也只能是经营租赁。无论在哪种租赁方式下，原租赁下尚未摊销的租赁资产余额，一般应作为新租赁的租赁资产的成本处理（季候、陈文君，2001）。

**[案例]**

2019年5月8日，ABC商业银行（合同甲方）与XYX展览中心（合同乙方）签订一份租赁合同，约定：甲方根据乙方租赁委托书的要求，向HK star汽车公司购买汽车，购进10辆奔驰大型客车，5辆丰田大客车及3辆小轿车（以下简称租赁物件）出租给乙方使用。在租赁期间，租赁物件的所有权属于甲方，乙方对租赁物件只有使用权，没有所有权；合同计算租金的年利率为9%；租赁期限3年；租金分6期支付。同日，ABC商业银行与HK star公司、XYX展览中心签订了购货合同。合同签订后，ABC商业银行分别于2019年5月20日、2019年8月15日将1 185 200美元电汇到XYX展览中心账户内。

问：（1）此项业务属于商业银行的什么业务？

（2）此项业务的承租人、出租人和供货人分别是谁？

## 本章小结

资信证明是用以证明客户资金足以支付境外开销及所有费用的一种证明，又称个人存款证明。

资信证明的特点为：一致性、限定性、时段性。

余额证明业务是指商业银行根据客户的要求出具的证明该客户各活期、定期储蓄在打印时的存款余额的业务。

余额证明业务的特点：一致性，余额证明上的姓名等各要素应与实际完全一致。时点性，余额证明涉及的期限是某一个时点，而不是一段时间。

客户发生丢失卡/折/单时，可进行挂失并重新补办凭证。银行可接受口头挂失，也就是通过电话或者网络通知银行冻结丢失的卡/折/单。

密码挂失分为口头办理和柜面办理两种形式。

中间业务隶属于广义的表外业务之中，指的是所有未列入资产负债表的业务。

商业银行的信托业务是指商业银行承担受托人的角色，依照契约规定，接受委托人基于自己或受益人利益，将财产的占有、管理和使用权利转让给商业银行，并处分收益的业务。

商业银行的代理业务是指商业银行与委托单位签订协议，以代理人的身份为协议单位代收费用以获得相应手续费的一种业务。其中包括代理生活类业务、代发工资业务和第三方存管业务。

信息咨询业务是指商业银行利用在知识、信息、人才、技术和信誉等方面的优势，接受客户委托，根据客户需要，采取科学手段和方法，对相关信息进行收集、整理、分析、论证后，向客户提供具有一定权威性，可靠性的经济金融信息，企业管理方案等相关业务。

融资性租赁又称金融租赁，它是指承租人选定机器设备后，商业银行先购置，然后再出租给承租人使用，承租人按期交付租金的一种融资与融物相结合的经济活动。

经营性租赁是指出租人将自己经营的租赁资产进行反复出租给不同承租人使用，由承租人支付租金，直至资产报废或淘汰为止的一种租赁方式。

售后回租是将自制或外购的资产出售，然后向买方租回使用。

转租赁简称转租，是指承租人在租赁期内将租入资产出租给第三方的行为。

**关键词**

存款证明　口头挂失　书面挂失　凭证挂失　密码挂失　取消挂失
解除挂失　冻结　解冻　中间业务　信托存款　买方信贷　卖方信贷
甲种委托贷款　乙种委托贷款　第三方存管　评审类信息咨询
工程项目评估　租赁性业务

# 复习与思考

## 一、思考题

(1) 开立存款证明的意义是什么?

(2) 口头挂失和书面挂失有无先后顺序?

(3) 取消挂失和解除挂失的区别?

(4) 第三方存管的意义是什么?

(5) 甲种委托贷款和乙种委托贷款有什么区别?

## 二、案例分析题

(1) 王太太某天发现自己的银行卡丢失,担心遭受经济损失,于是打电话到银行办理挂失,致电银行时,发现忘记了电话银行的查询密码,此时王太太应该怎么办?

(2) ×××大学想委托贵州银行为其办理代发工资业务,问:该大学和贵州银行应该怎么做?

(3) 某信托计划成立于20××年×月,ABC商业银行将XY公司的信托资金集合起来,以贷款的形式发放给××市结构调整土地收购中心,用于当地地方企业重组改制;同时,贷款利息收入(每年付息一次)在年度信托利益分配前,可以进行短期金融投资。信托计划规模3.5亿元人民币,期限为2年。问:案例中的委托人、受托人和受益人分别是谁?计划中各单位如何实施计划?各单位通过此计划获取的收益是什么?

(4) GHY集团数字通信有限公司为其职工和管理人员解决入股资金困难。CV商业银行与职工签订信托协议时,公司提供以下服务:提供员工内部贷款、提供员工和管理人员还款能力证明。问:案例中的委托人、受托人和受益人分别是谁?计划中各单位通过计划如何实施?各单位通过此计划获取的收益是什么?

(5) ABC银行于2015年4月向社会公众募集资金进行证券投资。募集资金为5亿元,期限为5年,预期收益为6%。问:案例中的委托人、受托人和受益人分别是谁?计划中各单位通过计划如何实施?各单位通过此计划获取的收益是什么?

(6) ××市于2009年10月发起设立某信托计划,募集资金规模为5亿元，信托期限为 3 年，用于该市 ABC 有限公司收购水上乐园项目权益，并由该市政府提供不可撤销的连带担保。问：案例中的委托人、受托人和受益人分别是谁？计划中各单位通过计划如何实施？各单位通过此计划获取的收益是什么？

# 参考文献


［1］宝山，文武．法定数字货币［M］．北京：中国金融出版社，2018.

［2］才凤玲．商业银行实务［M］．北京：清华大学出版社，2007.

［3］财政部国库司．预算单位银行账户管理工作手册（修订本）［M］．北京：经济科学出版社，2006.

［4］陈雪松．传票翻打技能训练实用教程［M］．北京：科学出版社，2015.

［5］崔婕，杨南．会计出纳税务财务报表从入门到精通［M］．北京：清华大学出版社，2014.

［6］董瑞丽．商业银行综合柜台业务［M］．北京：中国金融出版社，2016.

［7］段引玲，中华人民共和国人民币管理条例学习辅导读本［M］．北京：中国金融出版社，2000.

［8］惠平，童频．商业银行内部控制［M］．北京：中国金融出版社，2017.

［9］季候，陈文君．商业银行租赁与信托［M］．上海：上海财经大学出版社，2001.

［10］姜秀文，赵萍．点钞技术与实务［M］．北京：人民邮电出版社，2014.

［11］雷玉华．点钞与计算技术［M］．北京：中国物资出版社，2008.

［12］李良，张苏红．商业银行业务与实训［M］．北京：国防工业出版社，2017.

［13］李文明．认识人民币［M］．西安：西安出版社，2020.

［14］刘杰．商业银行产品介绍公司存款业务［DB/OL］．百度文库，https：//wenku. baidu. com/view/0bdf15439a89680203d8ce2f0066f5335a8167bb. html.

［15］刘淑娥．商业银行外汇业务［M］．北京：中国人民大学出版社，2011.

［16］ 吕艳芝，纪亚飞．银行服务礼仪标准培训［M］．北京：中国纺织出版社，2014.

［17］ 蒙山县教育局．五笔字型输入法［DB/DL］．百度文库，https：//wenku. baidu. com/view/4cc1b09fa7c30c22590102020740be1e640ecc2d. html？ qq-pf-to = pcqq. c2c.

［18］ 孟鲁生，郭映璞．银行柜员管理规范［M］．北京：中国财政经济出版社，2004.

［19］ 冉启文．信托业务相关知识及实务操作和经典案例［DB/OL］．道客巴巴文档网，https：//www. doc88. com/p-572886427154. html.

［20］ 唐友清．商业银行信贷实务（第2版）［M］．北京：清华大学出版社，2017.

［21］ 王家申．银行柜员岗位知识与技能［M］．北京：机械工业出版社，2015.

［22］ 王汝梅．银行柜员实训［M］．北京：中国劳动社会保障出版社，2015.

［23］ 武飞，朱静．商业银行柜台业务［M］．北京：中国人民大学出版社，2019.

［24］ 杨晏忠，信息咨询服务：商业银行新的效益增长点［J］．中国金融电脑，2006（5）：15.

［25］ 张树基．商业银行信贷业务［M］．杭州：浙江大学出版社，2005.

［26］ 张瑜．人民币收藏知识汇编［M］．北京：北京艺术与科学电子出版社，2020.

［27］ 中国人民银行南京分行．纸币真假鉴别［M］．南京：中国人民银行南京分行，2000.

［28］ 中国银行业协会中间业务专业委员会．商业银行中间业务创新案例［M］．北京：社会科学文献出版社，2017.